IRRÉDUCTIBLES
QUÉBÉCOIS

« Terres d'aujourd'hui »
Collection dirigée par
Yannick Le Bourdonnec

Ouvrages parus dans la même collection :

L'Île de France et les Franciliens, Xavier Panon, Syrtes, 2004.
Que veulent donc les Bretons, Yannick Le Bourdonnec, Syrtes, 2004.

Valérie Lion

IRRÉDUCTIBLES QUÉBÉCOIS

ÉDITIONS DES SYRTES
74, rue de Sèvres, 75007 Paris

Avant-propos

Mon premier voyage au Québec remonte à 1992. C'était le mois de juin. Montréal fêtait son 350ᵉ anniversaire. La ville était en ébullition : spectacles sur les places, animations aux coins de rues, sons et lumières devant la cathédrale Notre-Dame. Des drapeaux québécois fleurissaient aux fenêtres et aux balcons. Une sorte de joie partagée éclatait partout. Il m'a fallu revenir pour comprendre que cette atmosphère si spéciale n'était pas exceptionnelle. Chaque mois de juin, Montréal explose de vie avec le retour de l'été, et une sorte de liesse populaire s'empare de la ville. En juin 1992, la fête avait simplement une charge symbolique plus forte. Trois siècles et demi plus tôt, en 1642, Paul de Chomedey, sieur de Maisonneuve, et Jeanne Mance avaient en effet établi sur une île de quarante kilomètres de long et quinze kilomètres de large, à l'emplacement d'un village iroquois du nom d'Hochelaga, les fondations de Ville-Marie, future Montréal. Les rapides de Lachine, quelques kilomètres en amont sur le fleuve Saint-Laurent, les empêchaient de poursuivre plus loin. Leur entreprise était davantage mystique qu'économique : ils voulaient s'approprier l'âme des Indiens pour la convertir à la foi catholique. En 1992, Montréal fêtait sa – courte – histoire, et cet anniversaire avait l'insouciance de la jeunesse. Entrepôts vides, immeubles à vendre, chômage et pauvreté en hausse, la métropole québécoise n'était pourtant pas au meilleur de sa forme. Depuis le premier référendum sur l'indépendance en 1980, le pouvoir financier s'était replié à Toronto, tandis que le destin politique de la province était âprement discuté entre Québec, la capitale provinciale, et Ottawa, la capitale fédérale. La question nationale n'allait pas tarder à revenir sur le devant de la scène avec la naissance, en 1993, d'un parti indépendantiste au Parlement fédéral, et le retour au pouvoir, en 1994 à Québec, d'un gouvernement souverainiste.

Depuis 1992, je suis régulièrement revenue au Québec. De la rue Sherbrooke à Montréal, l'une des grandes artères de la ville, j'ai remonté la route 138 jusqu'à Québec, Tadoussac, Baie-Comeau, Sept-Îles, Havre-Saint-Pierre et, finalement, Natashquan, le village natal du chanteur-compositeur Gilles Vigneault, sur la basse côte nord, là où la route s'arrête, à plus de mille deux cent cinquante kilomètres de Montréal. Un matin d'août, je me suis réveillée à Natashquan... sous une averse de neige. Été, hiver, printemps, automne, j'ai vu bien des paysages, sous toutes les saisons : des cantons de l'Est, à quelques encablures de la frontière américaine, aux îles de la Madeleine, dans le golfe du Saint-Laurent, entre la Gaspésie et Terre-Neuve. Sur l'île d'Entrée, j'ai rencontré des Québécois, descendants d'Écossais, ne parlant pas un mot de français. Leurs compatriotes de Chicoutimi, au fond du fjord du Saguenay, là où se dressent les usines de pâte à papier, ne connaissent pas un mot d'anglais. J'ai roulé en voiture sur des routes droites sans fin, traversé en train des étendues de forêts et de rivières, navigué sur le Saint-Laurent jusqu'au moment où il devient une mer. Je suis « tombée en amour » de ce pays, et j'ai voulu comprendre pourquoi. Pourquoi, au-delà de la beauté des paysages et du charme des habitants, j'avais sans cesse envie de revenir, comme pour puiser là-bas une énergie qui manque en France. J'ai ressenti cette « attraction » québécoise comme beaucoup d'autres Français. Mais elle ne se résume pas aux clichés : nos « cousins », leur accent, leur chaleur, leur authenticité, tout cela ne suffit pas à expliquer comment, de plus en plus, le Québec séduit le monde.

Il ne faut pas croire que le Québec est un paradis oublié. Pays complexe, tiraillé entre ses multiples héritages – français, britannique, nord-américain –, déchiré entre son rêve – une nation, un État, l'indépendance – et le principe de réalité – une fédération canadienne confortable –, il s'enlise dans des discussions sans fin sur ses rapports avec le ROC (Rest of Canada), le reste du Canada. Il jongle entre la tentation américaine, miser sur les États-Unis, le puissant voisin, et l'attachement à la France, l'ancienne mère patrie. Les Indiens y vivent encore dans des réserves. Les forêts ont été sacrifiées, les rivières sont en danger, les routes défoncées par des nids-de-poule dus au gel de l'hiver, les hôpitaux surchargés, la médecine de ville est quasi-inexistante, et les trains sont terriblement lents ! Les Québécois font de moins en moins d'enfants et la population vieillit encore plus vite que chez nous. Mais les Québécois possèdent une qualité précieuse : un optimisme et une confiance dans l'avenir qui les guident dans leur existence. Celle-ci a souvent rimé avec résistance – on a parlé de survivance. Aujourd'hui est venu le temps de la reconnaissance.

Il s'est en effet produit dans ce jeune pays de quatre cents ans et parmi sa poignée de sept millions et demi d'habitants une alchimie étonnante. Un sentiment d'appartenance très fort, doublé désormais d'une assurance décomplexée et d'une envie de vivre, comme celle d'un adolescent émancipé. Le Québec s'est battu pour sa survie, mais il est sorti de la logique défensive : il accueille une immigration de plus en plus mélangée, il prône la diversité culturelle, il a trouvé des arrangements avec le capitalisme. À l'heure de l'uniformisation pour cause de mondialisation, les Québécois nous donnent une belle leçon d'identité et d'altérité. Obligés sans cesse de se confronter au regard de l'autre, ils ont fait de leur minorité une valeur ajoutée.

Les Québécois ont bien plus qu'un accent. Il faut partir à leur rencontre, au-delà des idées préconçues ou des visions caricaturales, celles de ces cousins, coureurs des bois ou bûcherons, à la fois rustres et accueillants. Partir à la découverte d'un pays qui ne se résume pas au sirop d'érable, aux baleines et à la motoneige : le Québec abrite des entreprises devenues leaders mondiaux dans leurs secteurs, l'imprimerie, la construction aéronautique et ferroviaire, les services informatiques ou encore la finance. La famille Desmarais, l'une des plus grandes fortunes du Québec, est actionnaire de BNP-Paribas et de Total...

Il faut comprendre cette province canadienne qui se rêve en État... et reste souvent identifiée à une seule ville, Montréal, sa porte d'entrée, la plus grande métropole francophone du monde après Paris. Cosmopolite, culturelle et moderne, elle tranche avec Québec, la capitale administrative, ou encore avec les régions plus reculées, industrieuses comme le Saguenay-Lac-Saint-Jean, ou rurales comme l'Abitibi-Témiscamingue. Le grand Montréal regroupe trois millions et demi d'habitants, près de la moitié de la population québécoise. Montréal n'est certes pas le Québec. En revanche, il en est l'avant-poste, le phare. Montréal est incontournable au Québec... et le Québec est incontournable au Canada : on ne peut saisir cet immense pays, distendu entre l'Atlantique et le Pacifique, sans un détour par la Belle Province. Le Québec s'annonce déjà comme l'un des principaux champs de bataille pour les prochaines élections fédérales. Tous les partis politiques du Canada, à l'exception du Parti libéral, faute de salle disponible, vont d'ailleurs y tenir leur congrès d'orientation en 2005 !

Irréductibles Québécois : impossible de les réduire à leur dimension canadienne, américaine ou européenne. Vous ne viendrez jamais à bout de leurs contradictions. Ils ne se résoudront jamais à être vaincus par la culture américaine, même si celle-ci a largement pénétré leurs mentalités et leurs modes de vie. Ils n'abandonneront jamais les armes pour défendre la langue française. Le Québec, un village qui résiste vaillamment à l'envahisseur ? L'analogie fait sourire les Québécois qui ne s'identifient pas plus aux Gaulois qu'aux Yankees. Mais elle est si juste qu'ils n'y résistent pas ! Canadiens au XVII siècle, Canadiens français au XVIII siècle après la conquête anglaise, Québécois depuis la Révolution tranquille de 1960, sont-ils en train, à l'aube du XXI siècle, d'inventer une nouvelle identité ?

L'attraction québécoise

En ce début août à Paris, la torpeur estivale semble s'être emparée de toute la capitale. Toute ? Pas vraiment. Elle s'est arrêtée aux portes du 87-89, rue La Boétie, derrière les Champs-Élysées. À l'entrée de cet immeuble moderne, un drapeau fleurdelisé bleu et blanc signale les services d'immigration du Québec. À l'intérieur, dans une salle sans fenêtre et parfaitement climatisée, une jeune fonctionnaire s'apprête à recevoir des Français tentés par l'aventure québécoise. Une trentaine de participants « seulement ». Habituellement, ils sont plutôt cinquante, voire plus, à s'inscrire aux réunions d'information hebdomadaires organisées tout au long de l'année par la Délégation générale du Québec à Paris, exception faite de la semaine du 15 août ! Quand la Délégation organise une tournée en province, elle remplit des amphis entiers. « En 2003, nous avons rencontré 13 000 personnes à Paris et en région », raconte Yvan Bourgeois, le directeur du service d'immigration. Ce lundi 2 août, l'assistance est plutôt jeune. Il y a là quelques couples, mais surtout des gens seuls, hommes et femmes, certains d'origine africaine, maghrébine ou asiatique. Quelques-uns ont déjà séjourné au Québec, chez des amis ou en vacances. Un jeune homme, boulanger, veut y créer son entreprise. Un radiologue, la quarantaine, caresse le projet d'y ouvrir un cabinet privé. Une jeune femme, un nourrisson dans les bras, espère une meilleure qualité de vie. Un beur assure que son intégration sera plus facile là-bas.

Marie-Joëlle, conseillère en promotion, entame sa présentation. En trois quarts d'heure, elle va brosser le portrait d'un pays grand comme trois fois la France, peu peuplé, vieillissant, et soucieux d'offrir son meilleur visage pour attirer des francophones. La machine de la « grande séduction » est lancée. Objectif du gouvernement québécois : préserver le « fait français » et assurer le développement démographique et économique du pays. De l'hiver au logement, en passant par les prestations sociales et le système d'éducation, tous les sujets sont abordés avant d'en venir aux formalités d'immigration et à l'enjeu professionnel. Quand la jeune fonctionnaire détaille le coût de la vie – loyer, téléphone, l'Internet, cinéma –, un murmure d'aise parcourt les rangs. Quand elle indique le niveau des salaires et rappelle la durée légale des congés annuels – deux semaines –, l'assemblée se refroidit. Pour la plupart des participants, le Québec est un rêve, celui d'une Amérique en français. Ils sont prêts à s'engager dans une procédure de huit à quatorze mois et à débourser quelque 1 400 euros, le coût des formalités pour une personne seule, pour prendre le chemin d'une nouvelle vie.

En 2004, plus de 3 500 Français ont largué les amarres pour le Québec. Un nombre qui ne faiblit pas depuis 1999. Pourtant, là-bas, il faut apprivoiser l'hiver, trouver un travail, renouer des relations amicales, bref, repartir de zéro. Et faire preuve d'humilité pour se défaire de l'image de « maudits Français » : ces Français qui, en 1760, ont abandonné leur colonie aux mains des Anglais, deux cent vingt-cinq ans après la première expédition du Breton Jacques Cartier et cent cinquante ans après les voyages fondateurs du Charentais Samuel de Champlain. On n'imagine pas la portée des propos de Voltaire s'interrogeant sur la pertinence de se battre pour sauver quelques « arpents de neige » en Nouvelle-France. Ils ont longtemps marqué les esprits ! Au XVIIe siècle, 3 000 colons, issus essentiellement de Normandie, d'Île-de-France, du Poitou et du Perche, sont allés s'établir sur les rives du Saint-Laurent. Des pionniers, paysans, religieux, militaires, attirés par les promesses d'une terre à défricher, à évangéliser, à défendre. Et d'un pays à peupler. Ainsi, 200 familles du Perche ont donné naissance à une descendance de deux millions et demi de personnes : les Gagnon, Tremblay et autres Pelletier. Pourquoi reprendre, presque quatre siècles plus tard, le chemin emprunté par ces ancêtres, à l'image de Marie Rollet et Louis Hébert, la première et seule famille française installée au Canada jusqu'en 1634 ? Aujourd'hui, les candidats au départ sont séduits par un pays que la France a appris à redécouvrir, un pays reconnu sur la scène internationale pour sa créativité culturelle et son combat en faveur de la langue française. Un morceau d'Amérique insolite : francophone mais tourné vers les États-Unis, libéral mais social, au caractère extrême : à Montréal, le thermomètre affiche jusqu'à − 35 °C l'hiver et + 35 l'été !

Malgré l'histoire complexe des relations entre la France et le Québec, l'émigration française n'a jamais vraiment cessé vers la bien nommée Belle Province, sauf durant le premier siècle qui a suivi la conquête britannique de 1760. En 1855, pour la première fois depuis la défaite française face aux Anglais sur les plaines d'Abraham à Québec, *La Capricieuse,* un navire battant pavillon tricolore, remonte le Saint-Laurent. Le consulat général de France à Québec ouvre ses portes en 1859. Mais il faudra attendre encore plus de cent ans pour voir renouer des relations diplomatiques dignes de ce nom entre Québec et Paris. En 1882, le Québec parvient à envoyer à Paris un représentant permanent, Hector Fabre, avocat, rédacteur en chef du journal patriote *Le Canadien* puis fondateur de *L'Événement.* Il milite pour que son peuple puisse « rester français ». Il a pour mission d'attirer des Français au Canada, afin de faire contrepoids à l'immigration britannique. L'Union française, première association de Français implantés au Québec, est fondée en 1886. Au cours de l'année 1910, plus de 2 000 Français rejoignent le Canada ! C'est le meilleur chiffre jamais obtenu par Hector Fabre depuis son arrivée. Mais sa mort, en 1911, met fin à sa mission : il ne sera pas remplacé.

La même année, au mois d'octobre, un jeune journaliste français, originaire de Brest, embarque à Liverpool pour le Québec. Il a trente et un ans et vient de vivre huit ans en Angleterre ; il part chercher l'aventure, la vraie, au Canada. Il débarque à Québec, une ville qui respire la France par son architecture, sa langue, ses souvenirs. À peine posé le pied sur le quai où, bien avant lui, entre 1663 et 1673, débarquèrent les Filles du Roy chargées d'assurer le peuplement de la colonie, Louis Hémon est ému et fasciné par cette terre française en Amérique. Après Québec, le jeune baroudeur découvre Montréal, puis s'aventure dans la région du lac Saint-Jean, prêt à y affronter la rudesse de l'hiver et de la vie rurale. Il y rencontre un fermier qui l'accueille dans sa cabane au fond des bois, le long d'une rivière, près du village de Péribonka. Pendant plusieurs mois, Louis Hémon partage la vie de la famille du fermier, rythmée par les travaux agricoles et la lutte contre le climat. Il se lie d'amitié avec une ancienne institutrice qui va l'aider à comprendre l'âme des Canadiens français à travers les contes et les récits traditionnels. C'est là, au cours de l'hiver 1912-1913, qu'il écrit *Maria Chapdelaine,* LE roman du Québec du début du XXᵉ siècle. D'abord publié en feuilleton dans *Le Temps* au début de 1914, *Maria Chapdelaine* est édité en livre en 1916. Depuis, il a été tiré à plus de dix millions d'exemplaires et traduit dans une vingtaine de langues ! Ce roman exemplaire du terroir québécois est donc l'œuvre d'un Français qui y a vécu deux ans, avant de partir pour l'Ontario où il a connu un destin tragique : renversé par un train en juillet 1913, il ne saura jamais à quel point son livre fut un succès !

Louis Hémon est le premier à faire entendre la voix du Québec hors du Canada, « la voix du pays de Québec, qui était à moitié un chant de femme et à moitié un sermon de prêtre. [...] Tout ce qui fait l'âme de la province tenait dans cette voix : la solennité chère du vieux culte, la douceur de la vieille langue jalousement gardée, la splendeur et la force barbare du pays neuf où une racine ancienne a retrouvé son adolescence. Elle disait : Nous sommes venus il y a trois cents ans, et nous sommes restés... Ceux qui nous ont menés ici pourraient revenir parmi nous sans amertume et sans chagrin, car s'il est vrai que nous n'ayons guère appris, assurément nous n'avons rien oublié. Nous avons marqué un pan de continent nouveau, en disant : Ici toutes les choses que nous avons apportées avec nous, notre culte, notre langue, nos vertus et jusqu'à nos faiblesses deviennent des choses sacrées, intangibles et qui demeureront jusqu'à la fin. Autour de nous des étrangers sont venus, qu'il nous plaît d'appeler des barbares ; ils ont pris presque tout le pouvoir ; ils ont acquis presque tout l'argent ; mais au pays de Québec rien n'a changé. Rien ne changera, parce que nous sommes un témoignage. De nous-mêmes et de nos destinées, nous n'avons compris clairement que ce devoir-là : persister... nous maintenir. [...] Au pays de Québec, rien ne doit mourir et rien ne doit changer[1] ».

---

1. Louis Hémon, *Maria Chapdelaine*, Bibliothèque québécoise, 1994.

Malgré le succès de *Maria Chapdelaine,* le Québec et la France s'ignorent superbement entre 1911 et 1961. De 1940 à 1960, à peine un millier de Français émigrent chaque année au Canada. Tout change avec l'arrivée d'un gouvernement libéral à Québec en 1960. En 1961, une Délégation générale du Québec s'installe à Paris : la province obtient une représentation diplomatique officielle, distincte de l'ambassade du Canada. Pour la première fois, un Premier ministre québécois est reçu à l'Élysée en grande pompe, comme le chef d'un État souverain : cocktail avec un millier de personnes et grand dîner de gala avec 300 invités. À l'issue de la soirée, le général de Gaulle prononce un toast enflammé en l'honneur des « Canadiens français plus proches qu'ils ne le furent jamais des espérances de la France ». Le réchauffement des relations franco-québécoises est consacré par le mémorable voyage du général à Québec et Montréal en 1967, au cours duquel il lance son fameux : « Vive le Québec libre ! » « Nous avions l'éloignement en héritage, il a décidé de construire le rapprochement », résume Louise Beaudoin, ancienne ministre des Relations internationales du Québec[2].

Entre 1962 et 1969, 36 000 Français émigrent au Québec. Parmi eux, on trouve d'anciens coloniaux, partis d'Indochine ou d'Afrique du Nord. « Certains ont fait preuve d'un zèle excessif dans la promotion des vertus de la culture française, se sentant investis d'une mission civilisatrice », souligne Jean-Pierre Dupuis, professeur à HEC Montréal[3], ce qui n'a pas manqué d'alimenter le ressentiment vis-à-vis

---

2. Louise Beaudoin, discours à l'Assemblée nationale pour la remise des insignes de commandeur de la Légion d'honneur, 23 septembre 2004.

3. Jean-Pierre Dupuis, « Être un "maudit Français" en gestion au Québec. Un portrait et une interprétation », Cahier de recherche HEC, Montréal, juin 2004.

des « maudits Français ». Dans la décennie 1970, ils sont encore plus de 16 000 à émigrer au Québec. Parmi les 5 000 coopérants venus en mission temporaire à cette même période, beaucoup vont rester et faire leur vie là-bas. Ces immigrants et ces jeunes professionnels contribuent alors à la construction de l'État québécois moderne. À la même époque, les Québécois traversent l'Atlantique en masse pour venir étudier dans les plus grandes universités françaises, à la Sorbonne ou à Sciences-Po. De retour chez eux, ils créent l'École nationale de l'administration publique sur le modèle de l'ENA, et la Caisse de dépôt et placement du Québec sur le modèle de la Caisse des dépôts et consignations. L'Office franco-québécois pour la jeunesse, ainsi que l'association France-Québec (5 000 adhérents aujourd'hui), nés en 1968, favorisent aussi les échanges. Des familles québécoises viennent dans l'Hexagone à la recherche de leurs racines. Des jumelages locaux sont organisés.

De leur côté, les immigrants français sentent le souffle d'un pays en train de (re)naître : « Après avoir vécu mai 68 en France, c'était un changement de société où tout était possible », raconte Pierre Georgeault, arrivé en 1970 pour seize mois dans le cadre de la coopération militaire. Trente-cinq ans après, il est toujours là : « À l'époque, j'avais été affecté au ministère de l'Éducation, dans une équipe jeune, multidisciplinaire, avec des moyens financiers importants, somme toute des conditions de travail rêvées que je n'aurais pu trouver alors en France, explique-t-il. J'ai poursuivi ma mission comme contractuel avant d'entreprendre une car-rière dans la fonction publique à partir de 1977. » Aujour-d'hui, il dirige la recherche au Conseil supérieur de la langue française. « J'ai été séduit d'emblée par la nature du Québec et ses grands espaces, son vouloir vivre en français et son américanité, l'esprit d'initiative et d'entreprenariat ainsi que la rapidité à incarner le changement souhaité. Mon intégration s'est faite rapidement. Elle a été facilitée par l'accueil chaleureux des collègues, comme savent le faire les Québécois. En d'autres mots, bien accueilli, je m'y suis plu et j'y ai pris pays.» Son exemple n'est pas isolé et de nombreux Français occupent des postes importants dans l'administration : leur maîtrise de la langue et leur niveau d'éducation ont fait des alliés précieux de la Révolution tranquille, quand les francophones, souvent cantonnés à des métiers peu qualifiés sous la domination économique anglophone, manquaient de formation et d'expérience. Certains ont pu prendre des airs conquérants, mais la plupart ont été adoptés quand ils ont su, selon le joli mot de Pierre Georgeault, « prendre pays » au Québec. Ils ont assimilé jusqu'à l'accent !

L'Assemblée nationale du Québec compte même un député né en France, Henri-François Gautrin, qui avait quitté son Nord natal avec ses parents, pour ne jamais revenir. Diplômé de McGill, il a enseigné à l'université de Montréal avant de se lancer dans une carrière politique. Depuis 1989, il siège dans les rangs du Parti libéral à Québec. Le président de la première agence de publicité québécoise est aussi un Français arrivé il y a trente ans au Québec. François Duffar, diplômé de la Sorbonne, travaillait pour l'AFP quand il a rencontré Claude Cossette et l'a rejoint en 1974 pour ouvrir le bureau montréalais de sa petite affaire : il a bâti avec lui l'une des plus belles réussites de l'économie francophone, Cossette Communication, un groupe qui compte aujourd'hui 1300 salariés et affiche des revenus proches de 165 millions de dollars. Pierre Foglia, le plus illustre chroniqueur du quotidien *La Presse* depuis 1972, est né en Italie et a grandi en France. Ses deux sœurs ont émigré en Amérique, il a suivi, prenant le chemin de la Californie... qui l'a conduit à vingt et un ans au Québec : « J'ai rencontré une jeune fille de Saint-Jean-sur-le-Richelieu. On est revenu au Québec. On a eu deux enfants. Et voilà. » Voilà comment Pierre Foglia, journaliste sportif, est devenu l'une des plumes les plus lues, admirées ou détestées de la presse québécoise francophone. Voilà comment on peut suivre chaque été dans *La Presse* les coulisses du Tour de France alors que pas un cycliste québécois n'est en course !

Désormais, une nouvelle génération d'émigrants français tente l'aventure québécoise. Souvent une aventure personnelle, par amour du Québec ou d'un(e) Québécois(e), par ambition, ou tout simplement par réalisme : le Québec offre en effet un espace en français où tout est encore possible et où les immigrés sont les bienvenus. Il apporte aussi une bouffée d'oxygène à des citoyens déçus par les blocages et les ratés de la société française. Lancez le mot Québec dans un dîner, vous récoltez dix histoires ! Pas un convive qui n'ait un enfant, un frère ou un cousin installé là-bas pour quelques mois ou pour la vie. À moins qu'il n'en revienne lui-même. Partout, le Québec produit les mêmes effets : une espèce de fascination et d'attraction qui pousse à aller voir sur place comment ces Québécois, pourtant peu nombreux, ont réussi à séduire le monde. L'engouement a d'abord été touristique : certaines années, en 2000 notamment, jusqu'à 400 000 Français sont partis en vacances au Québec. Le voyage d'agrément débouche parfois sur un projet d'émigration. Outre les immigrants reçus, le Québec accueille de plus en plus d'étudiants français (5 000 l'an dernier) pour une ou deux années... alors que les étudiants québécois délaissent l'Hexagone, préférant se tourner vers les grandes universités américaines. Enfin, la France est le premier investisseur étranger au Québec, derrière les États-Unis.

L'arrivée à Matignon de Jean-Pierre Raffarin, grand ami du Québec de longue date, n'a fait qu'amplifier l'intérêt de la France pour le Québec. Président de la Région Poitou-Charentes, le futur Premier ministre avait fait du salon Futurallia l'occasion d'une rencontre franco-québécoise annuelle de PME autour des nouvelles technologies. Les ministres de son gouvernement sont encouragés à visiter leurs collègues québécois, histoire de constater sur place comment ils gèrent leur pays. « Les échanges existent depuis longtemps et ils sont évidemment très nombreux, expliquait Clément Duhaime, Délégué général à Paris depuis 2000, au quotidien *Le Soleil* le 11 septembre 2004. Mais désormais, on sent chez les Français le besoin d'aller vérifier ce qui se passe au Québec. Le Premier ministre Raffarin a lui-même dit à ses ministres : "Allez voir le modèle québécois !" » On ne compte plus les membres du gouvernement qui ont fait le voyage : Jean-François Mattéi, alors chargé de la santé, et Christian Jacob, quand il était responsable de la famille, Nicole Guedj, secrétaire d'État aux Droits des victimes, Jean-François Lamour, ministre de la Jeunesse et des Sports... Lors de la première visite officielle du nouveau Premier ministre québécois Jean Charest en France, au printemps 2004, un an après son arrivée au pouvoir, pas moins de sept ministres français, en plus du premier d'entre eux, ont répondu à l'invitation du Délégué général au dîner officiel à sa résidence de l'avenue Foch. Du jamais vu ! Pour Clément Duhaime, la période est exceptionnelle quant à l'intensité et à la qualité des échanges : « Nous recevons tellement de demandes de la France, à tous les niveaux, des ministères aux Régions, on ne peut pas répondre à tout ! » Pour la première fois, le Québec et la France sont entrés dans un dialogue d'égal à égal, peut-être moins affectif, mais plus constructif.

Le Québec n'est plus une *terra incognita*. « Avant, les Français avaient pour nous le regard des Parisiens sur les provinciaux, raconte le Délégué général à Paris. Aujourd'hui, le Québec est vu comme un pôle de modernité, surtout par les jeunes Français. » Le Québec, qui s'est modernisé en moins de quarante ans, a brûlé les étapes. Sur bien des sujets, il est devenu une source d'inspiration pour les Français. Nos conservateurs de musées ont sillonné la province dans les années 1990 à la découverte des centres d'interprétation : ils en ont ramené des techniques nouvelles, capables de rendre une exposition à la fois ludique et pédagogique. « C'est le choix de mettre en avant des sujets de société plutôt que des objets de collection, de viser le plaisir et l'émotion autant que la connaissance, de toucher non seulement les initiés mais surtout le grand public », explique René Rivard, consultant en muséologie. Un métier inconnu en France mais très répandu au Québec, dont la devise pourrait être : « C'est le public qui fait le musée. »

Dans les années 1980, tous les spécialistes de la famille se s'étaient précipités au Québec pour voir comment la médiation familiale permettait de régler des séparations douloureuses. « Les gens faisaient le voyage au Québec comme à la Mecque, raconte la sociologue Irène Théry. Ils en revenaient illuminés, avec LA solution. » Plus récemment, Christian Jacob, ministre de la Famille, a fait le voyage en préparation de sa loi sur le divorce à l'amiable. Bernard Stasi, mandaté par le gouvernement français pour produire un rapport sur la lutte contre les discriminations, a voulu voir sur place comment les Québécois font fonctionner depuis bientôt trente ans une Commission des droits de la personne à l'efficacité reconnue par tous les citoyens. Enfin, les pistes lancées par le Québec pour moderniser l'État sont examinées attentivement par la France, qu'il s'agisse de la déclaration de service aux citoyens sur laquelle s'engage toute administration depuis 2000, du rapport de gestion établi chaque année par les ministères ou encore du guichet unique sur l'Internet, Portrait Québec, ouvert fin 2004.

Aujourd'hui, environ 100 000 Français vivent au Québec. Il existe à Montréal plus d'une vingtaine d'associations de Français émigrés : les Bretons et les Basques côtoient les Alsaciens, les Occitans et même les Corses ! Certains sont installés depuis trente ans, d'autres depuis dix ans, ou un an seulement. Il y a ceux qui passent là-bas une poignée d'années, puis repartent, et ceux qui y font leur vie. Ceux qui mûrissent longuement leur projet et ceux qui se décident à partir en quelques semaines. À l'image de Damien et Clotilde : une opportunité professionnelle pour lui et ce fut le grand saut. En deux mois, ils ont quitté dix ans de vie à Munich pour s'installer avec leurs trois enfants à Drummondville, à une heure de Montréal et une heure trente de Québec. La majorité des Français se retrouve cependant à Montréal. Professeur à l'université, journaliste dans les médias, directeur de musée ou artiste, ils ne passent pas inaperçus. Depuis 1998, le musée des Beaux-Arts de Montréal est dirigé par un Français, Guy Cogeval, qui s'est mué en véritable entrepreneur à la tête d'une institution de 250 salariés. On lui doit notamment les expositions « Hitchcock et l'art » et « Vuillard », montées à Montréal puis montrées à Paris. Dans un tout autre genre, le chroniqueur « foot » du quotidien *La Presse* (eh oui, cela existe, même au pays du hockey roi) est un ancien journaliste de *L'Équipe*, émigré au Québec en 1993, avec sa femme, une Canadienne anglophone. On peut l'entendre commenter les matchs de *soccer* et ceux de la Ligue sur RDS, le réseau des sports. Sur les ondes, on peut aussi capter les mélodies électroniques d'un certain Jérôme Minière, chanteur-compositeur de trente ans originaire d'Orléans, installé depuis sept ans au Québec. Il y a produit ses quatre derniers albums. Il a même été, en 2003, le premier Français à recevoir au Québec le prix du meilleur auteur-compositeur-interprète de l'année pour son album *Petit Cosmonaute*. Une véritable prouesse dans un marché qui défend mordicus ses artistes et rechigne par exemple à ouvrir ses prix littéraires à toute la francophonie. Les Français au Québec ne sont pas tous visibles, mais on en rencontre sans cesse, arrivés dans le sillage d'une entreprise, telle UbiSoft, qui a installé à Montréal son plus grand site de production hors de France, ou L'Oréal, qui a choisi le Québec pour son siège social canadien, ou tout simplement venus par eux-mêmes. Ils sont ingénieurs, consultants, chefs d'entreprise, commerçants, agriculteurs... Et si par malheur vous devez faire un séjour à l'hôpital, vous serez peut-être soigné par une infirmière née en Auvergne ou en Alsace.

Que viennent chercher tous ces Français au Québec ? Qu'ont-ils trouvé là-bas qu'ils n'avaient pas ici ? « Trois mètres de neige en hiver ! » répond avec humour Patrick. Ce fonctionnaire, technicien en environnement, a franchi l'Atlantique avec femme et enfants en novembre 1999. « Nous habitions en région parisienne et je demandais en vain ma mutation pour ma région natale, la Corrèze, depuis près de dix ans. Nous nous sommes laissé bercer par quelques émissions de télé ; puis un séjour de trois semaines en novembre, pourtant le pire mois au Québec, nous a convaincus ! » À défaut de rejoindre sa province, il met le cap sur la Belle Province ! Aventurière, la famille s'installe à Joliette, ville de 30 000 habitants à une heure trente au nord-est de Montréal. « Notre rêve québécois, c'était la maison au fond des bois. » Un rêve exaucé quelques mois plus tard lorsque Patrick et son épouse achètent un bois d'un hectare traversé par une rivière et font construire une maison de 300 m² avec piscine ! Le couple trouve son équilibre : elle, expert-comptable, décroche très vite un emploi stable ; lui enchaîne les petits jobs, puis retourne en faculté se former à la gestion financière informatisée et finit par créer un commerce de produits du terroir français ! Fonctionnaire devenu chef d'entreprise ? « Ce n'était pas du tout dans mes projets », reconnaît-il, encore étonné de ce hasard. L'aventure québécoise a duré quatre ans, avant que des raisons familiales les obligent à rentrer en France. Ce qu'ils ont aimé du Québec ? « Le *way of life* [en anglais dans le texte], répond sans hésiter Patrick. C'est plus calme, plus décontracté. Mais attention, ce n'est pas un coin de France, ce sont des Nord-Américains qui parlent français ! »

Sandrine et son mari, tous deux cadres supérieurs, ont aussi choisi la Belle Province plutôt que la province française, à la recherche d'une meilleure qualité de vie et d'une « aventure familiale ». Ils sont venus à Montréal avec leurs deux jeunes enfants pour... le Canada, ses grands espaces et son bilinguisme. Ils ont découvert le Québec, sa spécificité et sa défense acharnée des francophones. À Montréal, on peut vivre sans jamais parler anglais... à moins de devoir passer un coup de fil à Toronto. Mais on peut également vivre dans un milieu uniquement anglophone ! « Nous avons découvert un pays beaucoup plus complexe que nous l'imaginions, raconte Sandrine. Aller habiter à Toronto ou Vancouver, ce serait repartir à zéro. » À Montréal où ils se sont installés, ils ont appris à vivre de nouveau au rythme des saisons : l'été et ses festivals, l'automne, ses marchés de pommes et de citrouilles, l'hiver et ses sports de glisse. Arrivés en plein mois de février il y a trois ans, ils savent maintenant que, pour supporter les six mois de neige, de froid et de verglas, mieux vaut être très actif !

Souvent, les projets d'émigration naissent après une visite chez un ami ou un parent ayant déjà franchi l'Atlantique. Ce fut le cas pour Laurence, journaliste, et Anne-Laure, traductrice. À trente-cinq ans passés, elles ont débarqué à Montréal pour une nouvelle vie. La première est arrivée en mars 1996, la deuxième en juin de la même année. Deux valises, trois noms dans un carnet d'adresses, tout à bâtir mais rien à perdre. Les hasards de l'expatriation les ont fait se croiser au Québec. Elles y sont devenues amies. Je les rencontre dans le quartier préféré des Français émigrés à Montréal, le Plateau Mont-Royal. Pour Laurence, qui avait vécu à Los Angeles, et Anne-Laure, qui a grandi à l'étranger, notamment aux États-Unis, le Québec, c'est d'abord l'Amérique du Nord. Elles le savaient et cela explique en grande partie la réussite de leur intégration : pas de risque de déception chez elles. « Je connaissais le mode de vie nord-américain, je savais que j'étais d'abord en Amérique du Nord et non chez des lointains cousins », raconte Laurence. Anne-Laure recherchait même ce mode de vie nord-américain et « une certaine ouverture d'esprit, au niveau personnel et professionnel ».

L'une et l'autre ont rencontré un *chum*[4] au Québec et cela n'est sans doute pas étranger à leur enracinement. Ces deux Françaises vivent chacune avec un « pure laine », des Québécois francophones, volontiers indépendantistes. Elles ont trouvé des hommes comme on n'en fait pas (encore ?) en France : « Pour une Française, l'homme québécois, c'est un bonheur ! s'exclame Laurence. Le Français ouvre le frigo, s'écrie : "Il n'y a plus de lait"... et referme la porte. Le Québécois ouvre le frigo, voit qu'il n'y a plus de lait et descend

---

4. *Chum* : compagnon.

en acheter chez le dépanneur[5] du coin. » C'est toute la différence. En fait, le Québec est devenu en l'espace de trente ans une société scrupuleusement égalitaire, où hommes et femmes sont traités sans distinction. Il n'y a pas si longtemps pourtant, le déséquilibre était total, et ce n'est qu'en 1980 que la réforme du Code civil a introduit l'égalité juridique complète entre les époux. Ici, les femmes regardent les hommes droit dans les yeux... et les hommes hésitent à soutenir ce regard. « Même les hommes sont féministes, constate un Français. Les femmes ont une grande influence sur la pensée collective. Regardez la publicité : si quelqu'un passe pour un idiot, c'est forcément un homme ! Une femme ridicule, c'est sexiste. »

La notion de classe sociale n'existe pas non plus. « On a juste un peu plus ou un peu moins d'argent », résume Laurence. « Ici, on n'aime pas les privilèges », assure Anne-Laure. Il n'y a pas d'aristocratie au Québec. Une formule comme « la France d'en bas » y est inimaginable... De ce fait, le mythe de la réussite à l'américaine en prend un coup. « Les possibilités de réussite professionnelle à très haut niveau sont finalement limitées », poursuit Anne-Laure. « Ce doit être le seul endroit en Amérique du Nord où l'ambition n'est pas valorisée, ajoute Laurence. La réussite ne doit pas être trop visible. Ici, les gens sont souvent gênés, c'est presque une qualité d'ailleurs. » « Né pour un petit pain »... Ce qualificatif colle à la peau des Québécois et ils n'ont de cesse de s'en débarrasser, d'apprivoiser l'argent et le pouvoir, longtemps monopolisés par les anglophones. Résultat : les Français découvrent un individualisme et un matérialisme souvent ignorés, en tout cas en rupture avec l'imagerie québécoise traditionnelle. « J'avais huit à douze cartes de crédit dans mon portefeuille, au

---

5. Dépanneur : épicier de quartier ouvert tard le soir.

moins une pour chaque jour de la semaine, se souvient Patrick, amusé. Au Québec, on gagne moins d'argent qu'en France mais on en dépense plus ! C'est vraiment la société de consommation. Acheter trois télés dans l'année n'étonne personne !» *Cash City*, chantait Luc de la Rochellière en 1990. Bertrand, qui a vécu cinq ans au Québec, acquiesce : « Si tu n'as pas de cash, tu ne fais rien... et tu n'es rien. L'argent est vraiment roi. C'est à qui aura la plus grosse voiture, la plus clinquante tondeuse à gazon !» « Les gens travaillent beaucoup, pour l'argent car tout est payant, même retirer du liquide dans un distributeur automatique !» constate de son côté Joséphine, jeune infirmière arrivée au Québec en novembre 2003. Un Québécois ne se privera pas de juger quelque chose trop cher. L'argent, ici, a un prix, il n'est pas donné par l'origine sociale. Ni classe sociale, ni classe politique d'ailleurs, ce qui surprend beaucoup les Français. Au Québec, comme dans le reste du Canada, on ne fait pas carrière en politique. Les allers-retours entre les fonctions électives et les fonctions privées – avocat, professeur, chef d'entreprise – sont fréquents. Lucien Bouchard, Premier ministre de 1996 à 2001, a démissionné de son poste pour reprendre une activité professionnelle. Il est désormais avocat d'affaires dans l'un des plus grands cabinets de Montréal. Il n'avait pas fait mystère de sa volonté d'améliorer son niveau de vie ! Ainsi, un jeune avocat stagiaire chez Davies Ward Phillipps & Vineberg aura-t-il comme voisin de bureau un ancien Premier ministre avec lequel il échangera comme avec n'importe quel autre collègue !

Les barrières formelles n'existent pas au Québec. Mais cela ne veut pas dire que l'intégration est facile pour les Français. « La familiarité première est trompeuse, tout comme la langue commune », résume Joséphine. Annik est chercheure à l'Institut de recherche clinique de Montréal depuis six ans ; elle confirme : « Les comportements au travail sont très différents. Les Québécois sont beaucoup moins directs que nous, ils peuvent être choqués facilement. Ils sont plus diplomates. » Les Français découvrent au Québec le poids du « politiquement correct ». Jamais d'affrontement, pas un mot plus haut que l'autre. « Les gens ont cette forme de relation, pas seulement polie et respectueuse, mais naturellement sympathique », reconnaît toutefois Joséphine. Une simplicité générale qui huile bien les choses et facilite le quotidien. « Je suis devenue plus relax, plus souple, plus positive, moins cynique », constate Laurence. Les esprits chagrins dénoncent l'hypocrisie rampante, les enthousiastes se réjouissent de la chaleur des rapports humains et surtout de l'absence de jugement de valeur. Pour Sandrine, cadre chez L'Oréal, « le civisme et le respect des autres est extraordinaire... parfois un peu extrême mais tellement agréable ! ». Pour elle, c'est un bonheur de travailler au Québec : « Il y a une vraie volonté de collaborer, d'avancer ensemble, c'est très pragmatique, très efficace et, au final, on a l'impression d'en faire dix fois plus. » « La manière de penser n'est pas la même, ajoute Laurence. Les Français aiment le discours, l'argumentation. Au Québec, la pensée n'est pas chargée de références, c'est une pensée *straight to the point*. Pour eux, les Français font du bla-bla. »

La vie professionnelle n'est pas forcément de tout repos pour le Français émigré au Québec. Avant même de découvrir les subtilités du mode de pensée québécois, il faut franchir plusieurs obstacles. Le premier d'entre eux est la fameuse « expérience québécoise », souvent réclamée par les employeurs avant une embauche. Ingénieur, Bertrand aurait dû repasser des examens pour exercer son métier. Et, pour cela, commencer par débourser cent dollars ! Il a préféré cumuler les petits boulots et entamer une formation de naturopathe. Un virage professionnel tout ce qu'il y a de plus naturel au Québec, difficile selon lui à imaginer en France : « Ici, les gens ont l'habitude de changer d'orientation, de reprendre des cours, d'apprendre un nouveau job, à n'importe quel âge. » Joséphine, elle, a été recrutée pour combler la pénurie d'infirmières dont souffre le pays. Une fois ses papiers obtenus, elle a fait le tour des hôpitaux de Montréal et est repartie avec trois propositions d'emploi ! Mais malgré son diplôme et ses trois années d'expérience en France, il lui a fallu refaire ses preuves : elle ne pouvait exercer que pendant un an, munie d'une équivalence temporaire, et elle a dû se présenter à l'examen de l'ordre pour devenir infirmière confirmée. Car son métier, comme celui d'ingénieur ou encore d'architecte, comptable, etc., fait partie des professions réglementées au Québec. Régies par un ordre professionnel, leur exercice est soumis à une accréditation délivrée uniquement par cet ordre, à condition de remplir certaines conditions, notamment de réussir les mêmes examens que les Québécois. Nombre de Français se heurtent à cette contrainte, et les plus âgés renoncent souvent à reprendre une formation. Du coup, ils sont sous-employés par rapport à leur qualification... quand ils ne repartent pas directement pour la France. Ou quand ils ne décident pas, comme Bertrand, de changer carrément de métier.

Ceux qui échappent à cette contrainte trouvent leur place dans la société québécoise à condition d'être mobiles et réactifs. Et d'en comprendre le fonctionnement. Il a fallu près d'un an au mari de Sandrine pour trouver un emploi. Gestionnaire d'un grand compte chez un équipementier automobile en France, son métier était pourtant sur la liste des professions recherchées par le Québec. Malgré de nombreuses lettres de candidature, il n'a jamais été convoqué à un entretien. Jusqu'à ce qu'un contact personnel le mette sur la piste d'une entreprise à laquelle il avait pourtant déjà écrit dans le cadre d'une offre d'emploi. « Le Québec fonctionne énormément par réseau, explique Sandrine. Nous avions sous-estimé cet élément : nous n'avions aucune relation en arrivant, mais mon mari pensait trouver un job en trois mois. » Ce n'est pas un hasard s'il existe au Québec des spécialistes du *réseautage,* discipline enseignée par la grande prêtresse Lise Cardinal, auteur de deux best-sellers sur le sujet. Les échanges de courriels (e-mails) et de cellulaires (le téléphone portable) sont un sport national. Depuis son bureau de moins de 10 m² installé dans sa maison au cœur de Montréal, Lise Cardinal, la soixantaine hyperactive, mène son affaire rondement, multiplie les conférences, ateliers et séminaires à travers tout le Québec et jusqu'en Suisse, où elle a formé au réseautage les cadres de la banque UBS ! Une leçon d'efficacité et de modestie, à l'image du Québec. Là-bas, il faut savoir faire preuve d'humilité. « Mon mari a fait un sacrifice, reconnaît Sandrine. Il est revenu cinq ans en arrière, tant au niveau de sa qualification que de son salaire. » L'univers professionnel peut aussi se révéler violent. « J'ai fait une, deux, trois... quatre fois l'expérience du licenciement en dix minutes ! énumère Anne-Laure. Ce qui est rassurant, c'est que c'est pareil pour les P-DG ! En fait, c'est d'une grande banalité. » Les Français se blindent et apprennent à moins attendre du système de protection sociale. Si les allocations chômage existent au Québec, elles ne concernent que 40 % de la population active.

Pour tous ceux qui ont la fibre de créateur d'entreprise, le Québec offre un terrain de jeu hors pair. « En Europe, la première réponse à tout, c'est non, constate Hubert Mansion, auteur du *Guide de survie des Européens à Montréal*[6].

---

6. Agence Serendipity, 2004.

Au Québec, c'est oui, pourquoi pas. » Le gouvernement cherche d'ailleurs à attirer aussi les travailleurs autonomes et les gens d'affaires. Patrick Pierra était journaliste quand il est parti. Quinze ans après, il est patron d'une petite société cotée en Bourse. *Branchezvous.com* emploie cinq personnes et des pigistes pour réaliser un portail Internet dédié aux nouvelles technologies. « Mon envie de créer une entreprise explique en partie ma fascination pour l'Amérique du Nord, reconnaît-il. J'aurais peut-être pu le faire en France, mais je ne pensais pas en avoir les moyens ! Je sentais que j'aurais beaucoup plus de facilités ici. Au Québec, avec une bonne idée et beaucoup de travail, on peut y arriver. Il y a une plus grande fluidité, moins de rigidité, le diplôme est moins important, l'administration est incroyablement efficace, c'est une attitude générale plus favorable. De plus, le marché est petit. La différence entre une petite et une grande entreprise locale est moins énorme, le chemin à parcourir pour grandir est plus court ! » Patrick avait passé un an au Québec, à l'âge de huit ans, sa mère, enseignante, ayant participé à un échange franco-québécois. Il ne regrette pas un instant son choix de venir vivre ici, d'abord comme coopérant après ses études, puis comme immigrant reçu. « Depuis mon installation en 1989, je ne me suis pratiquement jamais senti étranger ici », avoue-t-il. Marié à une Québécoise, père de deux enfants, il n'imagine pas quitter le Québec. Il a même convaincu sa mère d'acheter un appartement près de chez eux où elle les rejoint six mois de l'année.

Patrick fait partie des convertis. Tout comme Jean, le chroniqueur foot de *La Presse,* tellement bien à Montréal qu'il a carrément fait venir toute sa famille – sa mère, son frère et sa belle-sœur ! Ou encore Jean-Pierre, qui a quitté un job de consultant à Paris à neuf semaines de congés payés annuels pour un job de consultant à Montréal à quatre semaines de congés payés annuels. Masochiste ? « Pragmatique, rétorque-t-il. J'ai moins de congés, mais je rentre rarement chez moi après dix-neuf heures. Donc je vois mes enfants toute l'année de façon régulière, et pas seulement pendant les vacances. Nous habitons une maison avec jardin en plein centre-ville. En travaillant tous les deux et avec deux enfants, nous profitons d'une qualité de vie impensable à Paris. » Les petits Français installés au Québec baignent dans un milieu particulièrement attentif à leur bien-être et à leur développement personnel. « Au parc, on reconnaît tout de suite une maman française, raconte Sandrine, mère de deux garçons de huit et cinq ans. Si son enfant se risque sur le toboggan et tombe, elle se précipite en râlant : "Je te l'avais bien dit, c'est dangereux." La maman québécoise, au contraire, ne va pas ménager ses encouragements : "Recommence, tu vas y arriver !" Ici, mes enfants ont appris une phrase essentielle : "Je suis capable", ils développent une incroyable confiance en eux. »

Les allocations familiales sont moins élevées qu'en France ? Certes. Mais le système de congé parental y est plus avantageux ! Et les garderies publiques coûtent sept dollars par jour seulement... Les Français partis au Québec et conquis par le pays ont de toute façon dépassé ce type de comparaisons. Ce qu'ils ont trouvé là-bas se définit comme un mélange de qualité de vie et de grande liberté individuelle dans une société dont la cohésion se révèle pourtant bien plus forte que la nôtre. « C'est chose fréquente à Montréal : venir pour trois mois et s'apercevoir soudain que trente ans se sont écoulés », écrit le Lyonnais Jean-Yves Loude dans sa *Sonate d'automne à Montréal*[7]. Depuis le

---

7. Éditions du Laquet, 2001.

musée des Beaux-Arts, Guy Cogeval ne tarit pas d'éloges sur la métropole québécoise : « La ville la plus tolérante et sympa d'Amérique du Nord. Peu de flics, pas de violence. Une vraie démocratie. On m'a accueilli à bras ouverts[8]. » Strasbourg ne manque guère à Joséphine, l'infirmière venue d'Alsace : « J'ai découvert en Montréal une ville accueillante, conviviale, chaleureuse, sans agressivité ni pollution sonore. On s'y sent tout de suite bien. On apprend ici à se détendre. » « Où que tu sois, tu te sens moins enfermée qu'à Paris, c'est moins bruyant, moins pollué, c'est facile de faire du vélo l'été, du ski l'hiver », renchérit Annick. « Il y a une ouverture extraordinaire, une qualité de vie remarquable, des opportunités intéressantes, l'offre en santé et éducation est satisfaisante, et ce pays est ouvert à l'immigration. Que demander de plus ? s'interroge Patrick, l'heureux patron de *branchezvous.com*. Il n'y a pas beaucoup d'endroit où l'herbe est plus verte. Quand je rentre en France, ça me déprime un peu. J'ai plus confiance dans le pragmatisme d'ici. Si les Québécois quittent leur pays, ce n'est pas parce qu'ils ne s'y sentent pas bien, c'est pour gagner plus d'argent. » Où l'on retrouve le matérialisme nord-américain...

La santé et l'éducation font pourtant partie des points noirs montrés du doigt par les nombreux Français rentrés au pays après quelques années passées au Québec, souvent à cause de leurs enfants. Là-bas, le confort médical n'a pas le même sens qu'en France : la carte Soleil donne accès gratuitement aux soins, mais la médecine privée de ville est quasiment inexistante et le seul recours en cas d'urgence reste l'hôpital et ses longues heures d'attente. À l'école et dans la rue, la lutte pour imposer un français de qualité est quoti-

---

8. *Le Monde*, 27 décembre 2003.

dienne, mais les universités sont de très bon niveau et accessibles. L'enfant est rare – le taux de natalité stagne autour de 1,4 enfant – mais il est roi ! L'individualisme est fort, que ce soit au travail ou dans le privé, mais l'engagement associatif et l'entraide communautaire sont très répandus. Le Québec est une société tissée très serrée, habituée à se serrer les coudes. Revers de la médaille : elle donne parfois le sentiment d'être très refermée sur elle-même.

Martine Géronimi, professeur de géographie à l'Université du Québec à Montréal (Uqam), vit au Québec depuis dix ans, entre Montréal et les cantons de l'Est. Elle y a franchi un véritable parcours du combattant, pour décrocher des cours, publier ses travaux et, enfin, être titularisée dans un poste. Elle a souvent rencontré des Français déçus ou amers. L'un d'entre eux, Yann Takvorian, a même lancé un site où les immigrants français étalent leurs désillusions et échangent des conseils pour réussir leur intégration... ou leur futur retour ! Lancé en janvier 2002, *immigrer-contact.com* revendique près de 5 000 membres. Extrait d'un témoignage livré sur le site par un Français bien décidé à repartir après quatorze mois de séjour : « Les Québécois ? Ils sont beaucoup plus accueillants lorsqu'on est de passage comme touriste. Nous sommes, dans ce cas-là, des cousins. Lorsque nous sommes immigrants, nous devenons de maudits Français ! » Mais le plus grand reproche est ailleurs. Ingénieur, Yann n'a jamais pu faire valoir sa qualification au Québec. Au bout de huit ans, il a finalement plié bagages pour l'Australie. Il dénonce les discours attractifs des services d'immigration québécois en France. L'absence de reconnaissance des diplômes français au Québec, les ratés des services de santé, gratuits mais inexistants, et le poids des impôts sur le revenu seraient autant de réalités soigneusement omises.

La réalité n'est-elle pas à la hauteur du rêve ? « L'imaginaire collectif de l'Amérique chez les Français repose sur de vieilles histoires qui n'ont plus rien à voir avec la réalité québécoise, assure Martine. Tant que les Français viendront avec, gravé dans leur tête, le paradis rural de la vieille province, ce paradis perdu des grands horizons et de la liberté dans un éden loin des contingences françaises, ils seront désillusionnés. Le Québec, ce n'est pas l'Eldorado, ni même la Californie ! Le Québec, ce n'est pas une autre douce France ! Le Québec, avant d'être une terre, c'est une société qui se débat dans sa reconfiguration au sein de l'Amérique, qui cherche à conserver des acquis identitaires tout en refusant de se faire dicter son avenir par quiconque, et surtout pas par les Français. » Le Français n'est pas n'importe quel immigrant au Québec, et il doit le savoir. Ce n'est pas pour rien que « Je me souviens » est devenue la devise nationale... Au bout de quelques minutes de conversation, un Québécois vous rappellera forcément d'où il vient : d'une communauté longtemps dominée, pauvre et sans éducation, dure à la tâche, ne renonçant jamais à se battre pour finalement relever la tête. Dans cette mythologie collective, qui résume l'âme d'un peuple, restent tapis tout au fond à la fois l'amour pour la mère patrie et la rancœur contre cette France qui a capitulé face à l'Empire britannique.

Les rapports franco-québécois sont donc complexes : une espèce de fascination mutuelle, entachée d'un complexe de supériorité des Français et d'infériorité des Québécois... À moins que ce ne soit l'inverse ! L'histoire, la distance et finalement la méconnaissance sont passées par là. Certaines caricatures persistent encore des deux côtés de l'Atlantique : les Français voient les Québécois comme des bûcherons à l'accent charmant mais au français dénaturé ; les Québécois craignent notre impérialisme culturel et nous imaginent privés d'eau dans un pays aux ressources naturelles bien pauvres. On peut encore entendre parfois au Québec : « Un bon Français, c'est un Français qui a son billet de retour. » On se croirait dans de vieilles querelles de famille ! Pourtant, le Québec a besoin de la France. La reconnaissance de Paris lui donne une existence internationale, tous les artistes québécois rêvent de se produire à l'Olympia et le *must,* pour un écrivain, c'est bien sûr d'être publié chez Gallimard ! En même temps, la France a compris que le Québec pouvait être un allié précieux, dans la promotion de la diversité culturelle ou dans l'approche de grands marchés comme l'Alena. N'a-t-on pas vu, en novembre 2004, les Premiers ministres français et québécois partir ensemble au Mexique en mission commerciale, à la tête d'une impressionnante délégation franco-québécoise d'entreprises ? C'était une première, qui a fait grincer des dents à Ottawa, mais qui témoigne de la capacité des Québécois à s'affirmer sur la scène internationale.

Les Québécois nous étonnent sans cesse par leur obstination à vouloir exister comme peuple, à vivre ensemble malgré leurs différences, une obstination qui tourne parfois à la recherche obsessionnelle du consensus. C'est, pour nous Français, volontiers contestataires, une formidable leçon. Le meilleur moyen de se sentir bien au Québec, c'est sans doute d'y venir... sans espoir démesuré. À l'image d'Annick, de Joséphine ou de Martine. « J'étais très bien en France ! Je n'avais pas d'attente particulière par rapport au Québec, raconte Annick. Je suis venue ici par amour pour un... Égyptien qui a fui son pays à l'âge de vingt ans, au moment de la prise de pouvoir de Nasser. Le Canada l'a accueilli, il vit ici depuis trente ans ! » D'emblée, Joséphine a décidé d'être positive, d'éviter les Français pleurnichant sur le climat, le système scolaire ou sanitaire. Elle est venue pour

« changer d'air ». Quant à Martine, née en Tunisie, élevée en France, elle n'était pas particulièrement attirée par l'hiver ni par les grands espaces : « Je suis une urbaine qui aime la mer et le soleil. » Aujourd'hui, son *chum* est québécois et son passeport canadien. « Pour réussir dans ce pays, il faut s'accrocher, non pas à ses certitudes, mais à son désir de construire un avenir commun, analyse Martine Géronimi. Il faut savoir apprécier l'autre, l'hôte. Il faut vouloir changer, apprivoiser une culture plus modérée dans ses élans et plus individualiste dans son expression. »

Sur *immigrer-contact.com,* tous les témoignages ne sont pas négatifs. Une jeune femme, mariée avec un homme d'origine maghrébine, raconte leur intégration réussie : « Voici la situation que nous avons quittée en France : mon conjoint, embauché dans une MJC à un poste sans avenir, ladite MJC ayant considéré la candidature d'un Arabe en partie parce que le principal candidat est mort en cours de route (!). Moi, coincée dans une filière où le professorat de remplacement était la seule issue. Ici, nous sommes arrivés en 1991, sans nous poser de questions, sans y avoir préalablement mis les pieds, dans un esprit de non-retour tellement ancré que jamais, aux pires moments de nos premières années, nous n'avons pensé à rentrer. En douze ans, je n'ai jamais chômé, j'ai créé puis vendu mon entreprise, ensuite j'ai travaillé facilement en autonome, nous avons adopté un enfant, mon mari est maintenant haut responsable d'une grosse compagnie de télécommunications. Quant à nos filles, elles aiment le Québec et ont entendu le mot "bougnoule" pour la première fois en France il y a trois ans. »

Pour les couples mixtes, le Québec apparaît comme une formidable terre d'accueil. Les préjugés sociaux n'ont pas bonne presse. « En France, on est jugé a priori. Au Québec, on est jaugé a posteriori », résume Bertrand. C'est le bon côté d'une société qui applique le politiquement correct à la lettre. En revanche, les discussions politiques sont absentes du milieu professionnel et rares dans les dîners en ville, à moins d'être vraiment entre amis. Au Québec, on n'a guère l'habitude de refaire le monde... trop occupé à d'abord faire le Québec. Et trop soucieux de préserver une unité nationale. Qui dit politique dit en effet débat sur la souveraineté du Québec, et là, le pays se déchire. La coupure entre indépendantistes et fédéralistes reste aussi forte que celle entre francophones et anglophones. Quoi qu'on en dise, chacune d'elle persiste. Du coup, dans les échanges, on préfère en rester à la psychologie – les rapports entre les deux sexes sont un sujet inépuisable – sans aborder les opinions politiques. « Les Québécois trouvent les Français agressifs quand ils discutent entre eux », assure Hubert Mansion. Cet ancien avocat belge a émigré au Québec il y a cinq ans... et il y est devenu écrivain. Son conseil aux Français émigrés : « Ne dites pas que vous êtes français. Dites que vous êtes breton, ou normand, ou auvergnat. »

Société ouverte et tolérante, le Québec aime les autres cultures. Et le prouve depuis quinze ans maintenant : maître de sa politique d'immigration, il accueille 35 000 à 40 000 immigrants par an. Les quelque 4 000 Français ne sont donc qu'une partie de cette nouvelle population attirée par le Québec. Depuis 1970, l'immigration s'est fortement diversifiée et, depuis 1980, l'Asie a remplacé l'Europe comme premier continent d'origine des immigrants. Ceux que l'on a appelé un temps les « néo-Québécois », pour les distinguer des Québécois « pure laine » (de souche canadienne française) dessinent le Québec de demain.

Partir à la rencontre des Québécois, c'est plonger dans la diversité : ce peuple est le fruit d'un métissage réussi ; il jongle avec ses différentes influences, entre Europe et Amérique. Le métissage est une tradition chez les Québécois, depuis que les premiers colons français se sont mêlés aux Amérindiens pour apprendre à survivre dans le Nouveau Monde. Que de leçons à tirer du Québec d'aujourd'hui ! Voilà un pays capable de préserver sa langue sans la figer, de développer une culture à la fois populaire et universelle et, finalement, d'inventer un modèle de société unique, résultat d'un équilibre subtil et vivant entre l'État, la liberté individuelle, la participation des différentes communautés et la concertation de tous. Et tant pis si ce pays bute sur son éternel dilemme, entre respect du fédéralisme et rêve d'indépendance. Ce n'est sans doute pas un hasard au vu des racines normandes de nombreux Québécois !

PREMIÈRE PARTIE

Voyage au pays de nos singuliers « cousins »

CHAPITRE I

Un métissage réussi

Les Français en visite à Montréal aiment s'offrir un bain d'exotisme en flânant dans le quartier chinois, sur le bas du boulevard Saint-Laurent, aux portes de la vieille ville. Les plus aventureux prennent le métro pour rejoindre, au nord, toujours sur Saint-Laurent, la petite Italie. Entre les deux, le long de ce boulevard mythique de plusieurs kilomètres, s'étend la « courtepointe montréalaise », tissée de multiples communautés, grecque, portugaise, libanaise, haïtienne, salvadorienne, vietnamienne. Montréal est la deuxième ville la plus multiculturelle du Canada, après Toronto. On y parle quelque cent quarante langues différentes. Au nord-ouest, à Saint-Laurent Cartierville, près de la moitié des habitants ne sont ni francophones ni anglophones. Au centre, dans les quartiers de Sainte-Marie-Saint-Jacques, l'espagnol est la deuxième langue la plus répandue. Pour saisir toute la dimension multiculturelle et multiethnique de la métropole québécoise, il faut aussi arpenter Côte-des-Neiges, à proximité de l'Université de Montréal, ou mieux encore, Parc-Extension.

À la sortie du métro Parc, on découvre, sur deux kilomètres carrés, le visage le plus cosmopolite de Montréal. C'est le quartier privilégié des nouveaux arrivants :

145 000 personnes y vivent, originaires d'une centaine de nations différentes. Les vagues successives d'immigration y ont laissé leurs traces : maisons grecques à colonnes, églises orthodoxes, associations turques, mosquées, temples sikhs et dépanneurs indiens. Ici, les Indo-Pakistanais représentent 40 % des habitants. La bibliothèque municipale flambant neuve propose 65 000 livres... en une douzaine de langues : outre le français et l'anglais, on y trouve des ouvrages en grec, italien, espagnol, créole, hindi, ourdou, penjabi, bengali, gujurati et tamoul ! En face, l'école Barthélémy-Vimont compte 99 % d'enfants nés à l'étranger. Au Centre local de services communautaires, 78 nationalités sont représentées. À Parc-Extension, on chercherait en vain les cités-dortoirs ou les terrains vagues. Les rues sont bordées d'arbres et de *condos*[1], un vaste parc fait le lien avec le quartier contigu de Villeray-Saint-Michel. Les saris colorés voisinent avec les robes noires des vieilles femmes grecques. Aucune tension perceptible.

Multiethnique et pacifique, Parc-Extension est pourtant l'un des quartiers les plus défavorisés de Montréal : la moitié de la population vit en dessous du seuil de pauvreté. « Cette grande pauvreté est surtout due à l'incapacité des habitants à parler le français, explique Marie Delaval, la directrice de la bibliothèque municipale. Si certains parlent anglais, ils le bafouillent. » Les nouveaux arrivants sont souvent issus de régions très rurales dans leur propre pays. Peu instruits, ils ne savent pas forcément écrire dans leur propre langue. Les organismes communautaires les prennent en charge pour les aider à trouver un logement, un emploi et, finalement, à s'intégrer tout en évitant une trop grande coupure avec leur milieu d'origine. Les enfants sont inscrits dans les écoles françaises,

---

1. Condominium : appartement acheté dans un immeuble en copropriété.

où ils entrent d'abord en classe d'accueil destinée aux non-francophones. Les parents se voient proposer des cours de français pour adultes. Réfugiés ou bénéficiaires du regroupement familial, immigrés économiques venus d'Afrique du Nord ou d'Amérique latine, ils profiteront peut-être de l'ascenseur social québécois : ici, les habitants sont très mobiles. En moyenne, ils restent trois ans avant de rejoindre les banlieues plus résidentielles. Car au Québec, contrairement à la France, les quartiers chics sont en périphérie des villes tandis que les centres accueillent les plus modestes.

Mais la différence majeure est ailleurs. L'immigration est un choix de société. Constitutive de l'histoire du pays, elle s'est imposée depuis plusieurs décennies comme une priorité absolue, quel que soit le parti au pouvoir. Et ce pour trois raisons : la langue, la démographie, l'économie. C'est d'abord la nécessité de pérenniser le fait français, toujours fragile dans un océan anglophone de 300 millions de personnes, en proposant à l'immigrant un contrat simple : intégrer une société francophone qui respecte et encourage les diversités culturelles à condition d'adopter le français comme langue commune. C'est ensuite le vieillissement de la population et la faiblesse du taux de natalité – 1,4 enfant par femme contre 4 au début du XXe siècle – qui ne suffit pas au renouvellement des générations. C'est enfin le besoin en main-d'œuvre de certains secteurs, construction, transport par exemple, ou de certaines régions, avec 655 000 emplois à pourvoir d'ici 2007 en raison de départs en retraite massifs et de la croissance économique (presque 3 % attendu en 2004, 3,4 % en 2005).

En 2003, le Québec a connu sa plus forte vague d'immigration depuis dix ans. Selon Citoyenneté et Immigration Canada, 39 500 personnes sont venues s'installer dans la Belle Province. Pour la première fois, le nombre d'immigrés a dépassé le solde positif des naissances/décès ! Depuis 1999, la Chine fournit le premier contingent d'immigrants, devant la France, le Maroc, l'Algérie et la Roumanie. Plus de la moitié de ces nouveaux arrivants sont admis au titre de l'immigration économique, et près de 50 % ont une connaissance du français.

Dans l'ensemble du Québec, 10 % de la population est née à l'étranger. Et ce n'est pas fini : le plan triennal du gouvernement, approuvé au printemps 2004, visait 44 000 immigrants pour 2004 et en espère 45 000 en 2005, 46 000 en 2006, 48 000 en 2007. Ce qui reste toutefois en deçà du nombre record établi en 1991 avec 52 105 arrivées. Étrange pays qui, pour préserver sa spécificité, fait appel au monde entier... quitte à devoir redéfinir sans cesse son identité !

Pour réussir ce pari, le Québec s'est doté de politiques d'immigration et d'intégration à bien des égards exemplaires. La gestion des différentes minorités n'y est pas forcément simple, comme en témoignent les relations avec les autochtones. Mais elle est sans cesse débattue et la transparence est de mise. Une belle leçon pour les politiques français, peu enclins à mettre le sujet sur la table, au risque d'alimenter les fantasmes les plus malsains.

« NOUS SOMMES TOUS DES IMMIGRANTS »

Cette phrase revient comme un leitmotiv dans la bouche de nombreux Québécois. Elle trouve et trouvera de plus en plus d'écho. L'immigration représente déjà aujourd'hui 63 % de la croissance de la population active du Québec. Selon le ministère des Relations avec les citoyens et de l'immigration, elle en représentera 100 % d'ici dix ans. D'après les projections à plus long terme, dans vingt-cinq ans l'immigration assurera la totalité de la croissance de la population québécoise, actifs et inactifs ! L'expression « pure laine », qui désignait les Québécois de souche canadienne française, n'aura plus guère de sens. Le dépanneur du coin est coréen, il a travaillé pour Alstom à Belfort. Elisa, jeune fonctionnaire fédérale au français impeccable, est arrivée de Bulgarie à l'âge de quinze ans avec son père, médecin, et sa mère, journaliste, des réfugiés politiques. Amine, chauffeur de taxi, libanais, est installé depuis dix ans à Montréal après un bref passage en France. Ici, personne ne lui fait de remarque sur son accent. Son collègue, Ara, né au Liban lui aussi, est en fait arménien. Il est arrivé il y a vingt-trois ans, fuyant Beyrouth et la guerre. Pour cet homme polyglotte – il parle arménien, anglais, français, espagnol et arabe –, « il n'y aurait pas de meilleur endroit où vivre ». Joseph, cadre supérieur, avait cinq ans quand il a quitté l'Autriche pour le Québec avec parents et grands-parents. Franck, graphiste, anglophone né à Toronto de parents sardes, a choisi de vivre à Montréal, en français. Ici, dit-il, les gens sont plus détendus et plus chaleureux. Chaque rencontre à Montréal est une invitation au voyage. Le reste de la province est beaucoup moins cosmopolite : 88 % des immigrants s'installent sur l'île de Montréal, 2 à 3 % poussent jusqu'à la ville de Québec, les autres s'éparpillent entre Sherbrooke, Saguenay, Gatineau. Sur les trois millions d'habitants de l'île de Montréal, un tiers sont nés à l'étranger ou d'un parent né à l'étranger, ou appartiennent aux minorités dites visibles – l'expression politiquement correcte pour désigner les gens de couleur.

Depuis la création du ministère de l'Immigration en 1968, le Québec a progressivement gagné en autonomie sur cette compétence théoriquement partagée avec le gouvernement fédéral. Il a obtenu le droit, en 1971, de recruter des immigrants francophones, puis, en 1975, d'évaluer la pertinence de toute demande d'immigration. Un pas décisif a été franchi en 1977 avec la loi 101, imposant l'école française aux immigrants allophones (ni francophones ni anglophones). Jusqu'à l'accord McDougall-Gagnon-Tremblay en 1991, qui a donné au Québec la pleine maîtrise de sa politique d'immigration et d'intégration, y compris la francisation. Aujourd'hui, le Québec est la seule province canadienne habilitée à fixer le nombre d'immigrants qu'elle désire accueillir, et à les sélectionner. Le Canada n'intervient qu'au niveau des contrôles de sécurité et de santé pour délivrer le visa de résident permanent et, plus tard, pour octroyer la citoyenneté canadienne si elle est demandée.

La politique adoptée en 1991 à la suite de l'accord Québec-Ottawa guide aujourd'hui encore la démarche d'immigration de la province. Élaborée par la ministre de l'Immigration de l'époque, Monique Gagnon-Tremblay, actuelle vice-Première ministre, elle avait été votée à l'unanimité par l'Assemblée nationale du Québec. Tout le pays était d'accord sur deux points : il fallait préserver le poids démographique du Québec au sein du Canada et susciter l'adhésion des nouveaux arrivants à la société québécoise. En effet, petit à petit, la part des Québécois dans le total de la population canadienne diminue : ils en représentent aujourd'hui 23,6 % contre 28,8 % en 1961. Monique Gagnon-Tremblay avait donc produit un « énoncé de politique », sorte de programme-cadre d'une centaine de pages, le premier du genre dans la province sur l'immigration. Il reconnaissait de façon solennelle l'apport des immigrés au développement du Québec comme société distincte et ouverte sur le monde. « Loin d'être un problème à résoudre, la diversité ethnoculturelle est d'abord et avant tout un enrichissement », affirme ce texte[2].

Il s'agit là d'une évolution majeure. Longtemps, la communauté francophone du Québec a vécu l'immigration comme un mal nécessaire, voire une menace. Communauté minoritaire dans un Québec dominé par les anglophones, elle ne voyait pas l'intérêt d'une immigration qui allait la marginaliser encore plus en gonflant les rangs des non-francophones. « Avec la loi 101, qui oblige les enfants d'immigrants à rejoindre l'école française, les francophones se sont considérés pour la première fois comme une société d'accueil, assez sûre d'elle pour dire aux immigrants : venez de notre côté ! » explique Pierre Anctil, ancien président du Conseil des relations interculturelles. À la fin des années 1970, le Québec se sent donc prêt à soutenir et orienter la démarche d'intégration des immigrants. Mais cela impliquait un nouveau discours. Le français ne devait plus être la langue d'une seule communauté, celle des Canadiens français, mais une langue publique, commune à tous ; la société ne pouvait plus se vivre comme monoethnique (Français du Canada), elle devait s'ouvrir à une réalité plurielle. L'immigration met à l'épreuve le concept de l'État-nation francophone. Trente ans après la Révolution tranquille, sa prise en compte oblige la société québécoise à se réinventer. En 1985, le gouvernement se dote d'un Conseil des relations interculturelles et, en 1986, l'Assemblée nationale adopte une *Déclaration sur les relations interethniques et interraciales*, soulignant l'importance de la participation pleine et égale de tous les citoyens au développement du Québec.

---

2. « Au Québec pour bâtir ensemble », énoncé de politique en matière d'immigration et d'intégration, ministère des Communautés culturelles et de l'Immigration, 1991.

L'énoncé de politique de 1991 est la consécration de ce cheminement. Il fait de l'immigration et de l'intégration les deux piliers d'une politique basée sur un « contrat moral ». Le Québec respecte et encourage la diversité de ses immigrants. En échange, ceux-ci acceptent de s'intégrer dans une société francophone, démocratique et pluraliste. L'immigrant doit reconnaître le français comme langue commune de la vie publique. L'apprentissage du français est la garantie d'une intégration réussie. Au nouvel arrivant de faire cet effort, au Québec de promouvoir sa langue. Ce qui n'empêche pas de prévoir des dispositifs – interprètes, agents de liaison – pour assurer l'accès de tous les immigrants aux services publics. De la même façon, le Québec se veut ouvert aux autres cultures mais attend des immigrants qu'ils respectent ses valeurs. La *Charte québécoise des droits et libertés de la personne*, en vigueur depuis 1975, affirme clairement que « les minorités ethniques ont le droit de maintenir et de faire progresser leur propre vie culturelle avec les autres membres de leur groupe ».

Mais l'énoncé de politique de 1991 prévient tout dérapage. Il dit non aux « situations extrêmes où différents groupes maintiendraient intégralement et rigidement leur culture et leurs traditions d'origine et coexisteraient dans l'ignorance réciproque et l'isolement ». Les échanges intercommunautaires sont considérés comme essentiels à la réussite de l'intégration. Le message est relayé à tous les niveaux de la société québécoise : « Un immigrant, ce n'est pas juste quelqu'un qui apporte sa force de travail, insiste Jacques Jodoin, directeur du Carrefour d'intégration de Québec. Il apporte également sa culture et c'est essentiel. » « Nous ne sommes pas des missionnaires, eux aussi ont des choses à nous apprendre », renchérit Marie Delaval, à la bibliothèque municipale de Parc-Extension.

L'intégration est conçue comme une responsabilité partagée entre la société d'accueil et le nouvel arrivant. C'est toute l'originalité de cette politique. « Exclusion zéro, inclusion à cent pour cent, maximisation des énergies et partage des responsabilités », pouvait ainsi résumer le sous-ministre adjoint aux Relations civiques en 1998. Un pari audacieux pour la société québécoise, d'autant plus qu'elle se refuse à prôner l'assimilation linguistique et culturelle. L'usage du français comme langue commune de la vie publique respecte le droit des individus à utiliser une autre langue dans leur vie privée. L'adhésion aux valeurs démocratiques du Québec s'accompagne du respect du pluralisme des cultures. Avant même la langue, le premier facteur de succès de la politique d'immigration du Québec tient d'ailleurs en un mot : sélection. Aujourd'hui, plus des deux tiers des immigrants reçus par le Québec sont issus d'un processus de sélection rigoureux. Il y a quinze ans, seul un tiers des immigrants était ainsi sélectionné. L'immigration choisie, appelée de ses vœux par le ministre de l'Intérieur français[3], est depuis longtemps une réalité au Québec.

UNE SÉLECTION EFFICACE

En 1978, le Québec a obtenu le pouvoir de sélectionner à l'étranger, avec les services d'immigration canadiens, les candidats à l'installation sur son territoire. Il a alors établi une grille d'évaluation, suivant ses propres besoins. Depuis 1991, ce pouvoir est devenu plus large : il s'applique à tous les immigrants, y compris les réfugiés, à leur nombre et à leur profil. La politique de sélection est le résultat d'un arbitrage entre les objectifs économiques, démographiques et

---

3. *Le Journal du dimanche,* 31 octobre 2004.

linguistiques assignés à l'immigration. Elle suppose de déterminer les niveaux d'immigration puis les volumes visés par catégories d'immigrants : travailleurs, créateurs d'entreprise, réfugiés, bénéficiaires du regroupement familial.

Pour ce faire et pour dégager un consensus public sur le sujet, le gouvernement a pris l'habitude, depuis 1987, de consulter les partenaires économiques et sociaux, les municipalités et les régions, ainsi que les différentes communautés à travers le Conseil des relations interculturelles. À l'issue de ces consultations, il fixe des intentions d'accueil, livrées à la connaissance de tous. En aucun cas, il ne s'agit de quotas. À partir de 1991, le processus de la consultation publique est devenu systématique : tous les trois ans, le gouvernement doit déposer devant l'Assemblée nationale un plan triennal, discuté avec l'ensemble des acteurs concernés avant d'être adopté. Un mécanisme d'ajustement annuel est prévu. Ce qui est remarquable dans cette approche, c'est à la fois la transparence du débat et l'implication de la société dite « civile ». Le principe de sélection peut choquer. Il est assumé mais encadré pour prévenir toute dérive. On est loin de la politique française, généreuse dans le discours mais plutôt restrictive dans les faits, décidée autoritairement et souvent guidée par des enjeux diplomatiques, liés il est vrai à l'histoire coloniale.

Une fois les intentions fixées, les outils mis en place pour la sélection se révèlent très efficaces. Le Québec s'appuie sur huit bureaux de promotion et de prospection à l'étranger ; leur implantation évolue en fonction du potentiel des différents pays. Au fil du temps, certains ferment – Rome et Nicosie par exemple –, d'autres ouvrent – Buenos Aires, et Mexico. Chaque bureau se voit attribuer des objectifs chiffrés sur la zone dont il a la responsabilité. Avec une trentaine de salariés, l'antenne de Paris couvre ainsi pas moins de 83 pays, de l'Europe à l'Afrique du Nord en passant par le Moyen-Orient. Si le Québec entend diversifier son immigration, les bassins francophones sont toujours considérés comme prioritaires. Le bureau de Paris avait ainsi pour 2004 l'objectif de délivrer 6 500 certificats de sélection en France. La sélection est sévère, notamment pour la catégorie des immigrants économiques (travailleurs ou entrepreneurs), car le Québec recherche des candidats jeunes, francophones ou francophiles, capables aussi de parler anglais, dotés d'un bon niveau de formation et d'une première expérience professionnelle. Ils doivent disposer de moyens financiers suffisants – estimés à 3 000 euros – pour survivre trois mois sans travailler à leur arrivée dans la Belle Province.

Le parcours du candidat à l'immigration commence par une réunion d'information au cours de laquelle les avantages et les réalités de la province lui sont présentés : du coût de la vie, plutôt raisonnable, aux températures très hivernales, tout y passe. Chacun peut évaluer par l'Internet ses chances d'être retenu, avant de remplir un dossier complet. Âge, scolarité, diplôme, activité, expérience et mobilité professionnelles, langues, connaissance du pays, motivation : des points sont attribués pour chaque critère. La grille de sélection a été revue en 1996 pour prendre davantage en compte la capacité du candidat à s'adapter. Tout est examiné de près et, si nécessaire, un entretien complémentaire est organisé avant la délivrance du fameux certificat de sélection québécois, le CSQ. Coût de l'opération pour le demandeur : 390 dollars. Il lui faudra ensuite passer par l'ambassade du Canada pour obtenir le visa de résident permanent, après examen médical et vérification de son casier judiciaire. Des frais de traitement de dossier de 550 dollars et de droit d'établissement de 975 dollars sont alors perçus.

Au total, la quête du précieux sésame demande huit à quatorze mois et la facture s'élève à plus de 1 900 dollars, soit 1 400 euros. La motivation se mesure aussi au portefeuille... Les activités de sélection coûtent plus de 60 millions de dollars par an au gouvernement québécois, dont la moitié est financée par les candidats eux-mêmes. Le CSQ est remis aux immigrants reçus lors d'une séance pré-départ obligatoire, au cours de laquelle leur sont aussi données des informations pratiques concernant leurs premiers jours au Québec.

Évidemment, le processus diffère pour les autres catégories d'immigrants. Le regroupement familial, qui concerne majoritairement des femmes et des jeunes adultes, suppose un engagement de parrainage, incluant un volet financier. Quant aux réfugiés, le Québec a la responsabilité exclusive de leur sélection à l'étranger. Chaque année, il convient avec le gouvernement fédéral du nombre et de la provenance de ceux qu'il accueillera, en fonction des urgences humanitaires et des capacités d'intégration à la société québécoise. Prises en charge temporairement par l'État, ces personnes bénéficient d'un parrainage collectif. Elles sont essentiellement choisies sur dossier, mais le nouveau gouvernement, formé au printemps 2003 après la victoire du Parti libéral aux élections provinciales, a prévu de développer des missions sur place pour rencontrer les candidats.

Les grandes lignes de la politique définie en 1991 ont été suivies pendant plus de dix ans, quel que soit le parti au pouvoir. Le consensus s'est maintenu, aussi bien sur les objectifs de l'immigration que sur les moyens déployés pour les atteindre. Mais cette belle unanimité a bien failli voler en éclats en juin 2004 avec le projet de loi de la nouvelle ministre (libérale) des Relations avec les citoyens et de l'immigration. Michelle Courchesne voulait introduire la possibilité de stopper le flux des demandes en provenance d'un territoire si celles-ci devenaient trop nombreuses. Entre 1999 et 2004, le Maroc et l'Algérie se sont imposés dans le tiercé de tête des pays d'origine de l'émigration au Québec. À tel point qu'en 2004, 19 000 dossiers étaient en attente de traitement au Maghreb ! Cela représente, selon le ministère de l'Immigration, 34 000 personnes qui devront patienter au moins deux ans, si ce n'est cinq, pour obtenir le certificat de sélection. Un engorgement difficile à résorber ! Pour le gouvernement, la situation n'est pas sans risques : frustrations d'un côté, immigration monoethnique de l'autre. Il a donc voulu prendre les devants. Désormais, le plan annuel d'intentions d'immigration comprendra les objectifs par catégories d'immigrants et, en plus, par région d'origine. Si les demandes dépassent trop largement ces objectifs, le ministre aura la possibilité d'en stopper la réception pour un an (renouvelable). Le Parti québécois s'est d'abord opposé à cette mesure, la jugeant très dangereuse. Après négociation, il a obtenu deux aménagements à la nouvelle loi, votée le 16 juin 2004 : le texte n'est pas rétroactif et les raisons pour lesquelles les demandes d'émigration en provenance d'un territoire seraient refusées devront être précises et publiques.

Cette loi a également ébranlé le consensus sur lequel était bâtie la politique d'intégration du Québec, en voulant confier l'essentiel de la tâche aux organismes communautaires actifs dans ce domaine et aux groupes culturels. Les premiers « possèdent une expertise inestimable », juge le ministère, les seconds « sont généralement bien placés pour aider les nouveaux arrivants de leur pays d'origine », assure-t-il[4]. André Boulerice, ancien ministre de l'Immigration,

---

4. « Des valeurs partagées, des intérêts communs », plan d'action 2004-2007, ministère des Relations avec les citoyens et de l'Immigration, mai 2004.

député du Parti québécois dans un arrondissement très mélangé de Montréal, dénonce le risque de « ghettoïser l'immigration ». « Faire intégrer les immigrants arabes par des associations ou des gens d'origine arabe n'est pas une solution », martèle-t-il. Jusqu'ici, les services gouvernementaux ont largement assumé leur part du travail, faisant travailler en réseau plusieurs ministères (emploi, éducation, santé), des institutions publiques ou parapubliques (Commission des droits de la personne, Conseil des relations interculturelles) et des associations privées. Résultat : une intégration pensée très en amont du processus, en parallèle de la politique d'immigration, et basée sur des dispositifs d'accompagnement très complets.

UN MODÈLE D'INTÉGRATION

Au Québec, l'accueil n'est pas un vain mot : « Quand on vit dans un pays froid, on est comme les bédouins dans le désert, résume joliment Raymond Bachand, le P-DG de la firme de conseil Secor. Pas question de vous laisser griller au soleil ni mourir par − 40. » Le nouvel arrivant n'est pas parachuté en plein champ, mais accompagné dès sa descente d'avion. À peine le pied posé à terre, il se voit proposer un rendez-vous dans l'un des neuf carrefours d'intégration du pays, selon la ville dans laquelle il a décidé de s'installer.

Créés en 2000, ces carrefours ont pris la suite des Cofi (Centres d'orientation et de formation des immigrants) nés dans les années 1970. Ils offrent tout un ensemble de services utiles à l'immigrant en matière de logement, santé et recherche d'emploi. Lors du premier rendez-vous, un fonctionnaire délivre les informations essentielles. Une série de dépliants thématiques explique en mots clairs la société québécoise : se loger, se marier, divorcer, inscrire son enfant à l'école, etc. Le nouvel arrivant, s'il est francophone, peut participer à une session d'information sur les démarches d'installation et sur les réalités socio-économiques du Québec. S'il n'est pas francophone, il est orienté vers un programme de cours de français à temps plein ou temps partiel, en fonction de ses besoins et de ses disponibilités. À temps plein, la formation offre trente heures par semaine dont vingt heures avec un professeur et dix heures avec une monitrice.

« Pour un non-francophone, les deux cents premières heures représentent vraiment un choc linguistique », reconnaît Jacques Robert, le directeur des politiques et programmes d'intégration au ministère de l'Immigration. Ces cours ont été conçus par les services du ministère en fonction d'objectifs de communication. Ils sont basés sur une immersion totale et organisés en cinq niveaux. Le professeur parle uniquement français, et ce dès la première heure. C'est un peu comme si on vous plongeait sans autre précaution dans un bain de chinois. Les fonctionnaires du ministère ont eu droit à une petite séance pour se mettre à la place de leurs « clients », en suivant une classe de farsi pendant une demi-journée. Verdict ? « Traumatisant, mais efficace. » Le premier cours est généralement consacré aux présentations. Chacun apprend à répondre à la question rituelle : « Comment vous appelez-vous ? » Puis la classe progresse, en travaillant essentiellement à l'oral. L'immigrant doit pouvoir très vite faire face aux situations de la vie quotidienne : courses au supermarché, visite chez le médecin, échanges avec les voisins. Les sessions animées par les monitrices permettent de pratiquer le français tout en découvrant les réalités du pays, à travers des visites chez les pompiers, la police ou encore à l'université. Plus le niveau s'élève, plus on entre dans les subtilités des habitudes culturelles : quelqu'un vous invite au restaurant, qui paie la note ? Peut-on se tenir par la main ou par la taille en public ? Dans une classe niveau 5 du carrefour d'intégration de Montréal-sud, chacun raconte son expérience vécue au Québec et la compare, à la demande de la monitrice, avec les us et coutumes de son pays natal. Il y a là une douzaine d'élèves, surtout des femmes. Certains vivent ici depuis trois ans déjà, d'autres sont arrivés il y a trois mois. Argentine, Arménie, Chine, Grande-Bretagne, Israël, Kazakhstan, Moldavie, Roumanie, Russie, Pakistan, Syrie, il y a presque autant de pays d'origine que de participants ! En 2002-2003, près de 20 000 personnes ont suivi des cours de français, soit la moitié des immigrants reçus, et donc la quasi-totalité des immigrants non francophones.

Ces cours constituent un véritable sésame pour l'intégration. Ils sont gratuits et, mieux encore, chaque participant est indemnisé par une allocation hebdomadaire de 115 dollars pour la formation à temps plein pendant un an. Des services de garderie sont prévus pour les enfants. De quoi motiver les candidats ! Du coup, les listes d'attente s'allongent. Il faut parfois patienter six mois pour une place. L'an dernier, les organismes communautaires ont tiré la sonnette d'alarme. « Le nombre de nouveaux arrivants a augmenté de 25 % dans les cinq dernières années, mais les ressources, elles, n'ont pas suivi », dénonçait en février 2004 Stéphane Reichhold, directeur général de la table de concertation des organismes au service des réfugiés et immigrants[5]. Le nouveau gouvernement, qui voulait limiter ses budgets, a dû revenir en arrière. « L'intégration linguistique des immigrants est cruciale, insiste Pierre Georgeault, directeur de la recherche au Conseil supérieur de la langue française. Le

---

5. *La Presse*, 24 février 2004.

Québec dépense pour cela beaucoup d'argent, mais c'est indispensable, car ici, on peut très bien vivre en anglais ! » Pour faire face à la demande croissante, les partenaires des services gouvernementaux – universités, collèges, organismes communautaires – ont été appelés à la rescousse. Depuis septembre 2004, les cours sont ainsi décentralisés dans les « milieux de vie ». Objectif : ne pas marginaliser l'immigrant et mener en parallèle, plutôt que l'une après l'autre, l'intégration linguistique et l'intégration professionnelle. Les carrefours, quant à eux, continuent d'offrir des conseils et des aides, notamment pour l'insertion sur le marché du travail : information sur les professions réglementées, évaluation comparative des études effectuées hors du Québec, accompagnement personnalisé en cas de besoin. Ils restent accessibles aux immigrants pendant les cinq ans suivant leur arrivée au Québec.

La francisation est une des grandes réussites de la politique d'intégration québécoise. La connaissance du français dans la population immigrée a bondi de quelque 50 % en 1971 à plus de 75 % vingt ans plus tard. Elle s'est très largement appuyée sur la Charte de la langue française, adoptée en 1977. Connue aussi sous le nom de loi 101, celle-ci instaure l'obligation pour les enfants d'immigrants de rejoindre l'école française. Auparavant, la plupart d'entre eux se retrouvaient à l'école anglophone, un choix motivé par la prédominance de l'anglais dans la société québécoise, la fascination pour les États-Unis tout proches et l'hégémonie de l'Église catholique sur l'école francophone. Difficile, en effet, pour un enfant d'une famille protestante des années 1950 de se faire accepter par l'école française et catholique !
Tout a changé avec la loi 101. Les classes d'accueil, créées en 1969, se sont multipliées. Intégrées dans les écoles, elles

reçoivent pendant dix à vingt mois les enfants nés à l'étranger, par niveau scolaire et par groupe de vingt maximum. La durée du séjour varie selon le rythme d'apprentissage. Comme dans les cours pour adultes, l'élève est plongé dans un « bain français ». L'instituteur ne parle jamais une autre langue, quelle que soit la matière enseignée. Cette structure à temps plein, unique au Canada, a montré son efficacité, même si le passage de la classe d'accueil à la classe régulière reste une étape délicate. Des activités communes sont organisées entre les différentes classes pour éviter de marginaliser les enfants étrangers. Selon le ministère de l'Éducation du Québec, l'école française accueille aujourd'hui plus de 95 % des nouveaux arrivants. « Elle est devenue le lieu presque exclusif d'intégration des communautés arrivées après 1977 », assure la chercheuse Marie Mc Andrew[6].

Les enfants de la loi 101 ne sont guère différents aujourd'hui des enfants des Québécois de souche : ils ont grandi ensemble, avec les mêmes références. Une étude réalisée en 2003 par la politologue Isabelle Beaulieu[7] sur un millier de jeunes en atteste. Ils sont très attachés à la langue française : 92 % sont fiers de la parler et 84 % la considèrent comme une richesse à protéger. Ils communiquent principalement en français avec leurs amis pour 54 % d'entre eux, avec leurs parents pour 46 %. À près de 60 %, ils lisent principalement en français et privilégient cette langue dans leurs relations au travail. Enfin, 86 % pensent qu'il faut investir davantage dans l'apprentissage du français pour améliorer l'intégration des immigrants. « La génération 101 a adopté le Québec, sa langue et sa culture politique », conclut Isa-

---

6. Marie Mc Andrew, « La loi 101 en milieu scolaire : impacts et résultats », *Revue d'aménagement linguistique,* automne 2002.

7. Isabelle Beaulieu, « Le premier portrait des enfants de la loi 101 », *L'Annuaire du Québec,* Fides, 2004.

belle Beaulieu. La loi 101 fut en effet un des actes forts de la création d'un Québec moderne et « maître chez lui ».

Trois décennies plus tard, l'école française poursuit sa mission d'intégration. Judith Bois-Clair dirige l'école Félix-Leclerc. Au cœur du quartier Côte-des-Neiges à Montréal, son établissement accueille 475 élèves et forme une véritable tour de Babel. « Arabes, Tamouls, Philippins, Haïtiens, Russes, Roumains, nés là-bas ou ici, peu importe, nous ne faisons pas la différence », assure cette Québécoise « pure laine » qui a enseigné onze ans avant de diriger des écoles situées dans des quartiers d'immigration. Sa recette : toujours chercher ce qu'il y a de commun entre les enfants pour minimiser les conflits. La cour de récréation est un lieu privilégié de mélange, même si parfois il faut veiller à ce que l'anglais ne chasse pas le français dans la bouche de petits Asiatiques ! L'équipe pédagogique ne met pas forcément l'accent sur les différences culturelles. Ce sont plutôt les parents qui veulent les marquer. La relation avec les familles représente d'ailleurs une part importante du travail : 85 % des écoliers de Félix-Leclerc ne parlent pas français à la maison... Judith Bois-Clair distingue deux catégories d'enfants : « Ceux soutenus et valorisés par les parents dans l'apprentissage du français et ceux pour qui seul l'anglais compte car leur famille prévoit de partir vers l'Ontario ou les États-Unis. » L'équipe pédagogique propose le soir un cours de français aux parents qui le souhaitent. Elle a créé un poste d'agent de liaison avec les communautés culturelles. S'il le faut, Judith Bois-Clair communique en anglais avec telle mère ou tel père. La lettre d'invitation pour la remise du bulletin est même préparée en cinq langues : français, anglais, arabe, espagnol et tamoul !

Mais quel que soit l'environnement familial, à l'école, le français est roi. Et c'est dans la langue de Molière que des enfants de 5ᵉ (11 ans) ont rédigé lors d'une classe de poésie des textes évoquant leurs rêves. Rêves d'ailleurs en mots d'ici : « Quand vient le soir tout noir, je rêve au pays de mes parents, je rêve à la beauté des Philippines, je rêve de voler dans un ciel bleu, comme un oiseau merveilleux, je rêve de nager dans une mer calme, comme un poisson gracieux, je rêve de courir au loin comme un tigre sauvage... », écrit Cid Martin. Nevanka, elle, se souvient : « Les plats de ma grand-mère réchauffent mon cœur triste, le sable blond de la mer Noire réjouit mon regard, mon regard qui regarde au loin mais ne voit plus rien. Mes souvenirs sont finis et mon voyage aussi, adieu la Bulgarie, ma vie me suit[8]. »

Universitaire, spécialiste de l'immigration à l'Uqam, la Française Martine Géronimi ne cache pas son admiration. À ses yeux, l'intégration linguistique des enfants d'immigrants est une belle réussite. « La plupart du temps, ils parlent français, anglais et leur propre langue, constate-t-elle. L'identité des immigrants est souvent plus épanouie ici que chez eux ! » Le Québec encourage la pratique de la langue natale des immigrants en proposant des cours à leurs enfants. « Plus les jeunes Québécois parlent les langues étrangères, plus le monde s'ouvre à eux, plus le Québec en profite, assure André Boulerice. Au sein du grand marché de l'Alena[9], le Québec a su tirer son épingle du jeu car il a maintenu l'espagnol. »

Malheureusement, il ne suffit pas de parler français pour devenir québécois, comme le souligne à juste titre Patricia Rimok, la présidente du Conseil des relations interculturelles. L'intégration passe avant tout par l'activité profes-

---

8. Travail de poésie d'une classe de 5ᵉ de l'école Félix-Leclerc, Commission scolaire de Montréal.
9. Accord de libre-échange nord-américcain conclu entre le Canada, les États-Unis et le Mexique.

sionnelle. « Si la situation de l'emploi est mauvaise, les politiques d'employabilité n'y font rien », estime Denise Helly, française elle aussi, chercheuse à l'INRS[10]. Les cohortes d'immigrants des années 1970 rattrapaient en moins de dix ans, voire dépassaient, le niveau de vie moyen des Québécois. Il a fallu quinze ans à ceux arrivés dans les années 1990. Au ministère, Jacques Robert tente quelques explications : « La crise économique, la compétition pour l'emploi entre les immigrés et les jeunes Québécois de plus en plus diplômés, le niveau plus élevé des immigrés et donc une plus grande difficulté à faire reconnaître leur formation. »

L'intégration professionnelle des nouveaux arrivants bute en effet sur les corporatismes qui régissent un certain nombre de métiers au Québec – architecte, ingénieur, médecin, infirmier, etc. – et obligent l'impétrant à repasser des examens. Plus généralement, l'immigré manque d'une « expérience québécoise » souvent réclamée par les employeurs. On retrouve là l'approche nord-américaine qui privilégie la compétence au diplôme. Du coup, Montréal est sans doute la ville du monde où les chauffeurs de taxi sont les plus cultivés ! Selon le recensement de 2001, le taux de chômage dans la population immigrée atteint près de 12 % contre 8 % pour la population totale. À une nuance près : il décroît avec l'allongement de la durée de résidence au Québec. Chez les immigrants arrivés depuis plus de dix ans, le taux de chômage (un peu moins de 9 %) se rapproche de la moyenne générale. Une chose est sûre : l'immigrant choisi au moyen de la grille appliquée aux travailleurs a davantage de chance de s'intégrer plus vite et mieux que les autres, réfugiés ou bénéficiaires du regroupement fami-

10. Institut national de la recherche scientifique.

lial. Selon le ministère de l'Immigration, après quatre à cinq ans de résidence, il connaît un taux de chômage comparable à celui des natifs.

Veillant à ce que l'immigration ne nuise pas à l'harmonie sociale, le Québec se penche depuis quelques années sur la situation des minorités dites visibles, selon les termes d'Ottawa, qu'elles soient d'ailleurs nées à l'étranger ou au Canada. Elles sont près d'un demi-million selon le recensement de 2001, dont deux tiers issues de l'immigration. Elles souffrent d'une discrimination à l'embauche ou au logement. Elles subissent ainsi un taux de chômage près de deux fois plus important que celui de la population totale : 15,4 % contre 8 %. Le gouvernement n'est pas resté inactif : la loi sur l'égalité en emploi dans les organismes publics, votée en 2001, et le programme d'obligation contractuelle pour les entreprises privées répondant à des appels d'offres publics tentent de corriger cette situation. Ces dispositifs s'adressent aux personnes membres d'une minorité en raison de leur race, de leur couleur de peau, de leur langue maternelle si ce n'est ni le français ni l'anglais, mais aussi aux autochtones et aux femmes. « On trouve au Québec le même sectarisme et le même racisme qu'en France, ni plus ni moins, rapporte une Française installée là-bas depuis plusieurs années. À une différence près : il n'est pas exprimé. Mais la discrimination à l'embauche existe. »

Il n'empêche : le modèle d'intégration à la québécoise, ça marche. Dix ans après leur arrivée, 80 % des immigrants reçus vivent encore dans la province, selon le gouvernement québécois. Ce taux de « rétention » est très débattu : nombreux sont ceux qui le jugent surévalué et dans la réalité plus faible ; ils mettent en cause, pêle-mêle, les insuffisances des programmes de francisation, les rigidités du marché de l'emploi, ou encore la forte attraction exercée par l'Ontario voisin, province anglophone et plus riche. Néanmoins, ceux qui restent se sentent ici chez eux. Signes profonds de ce succès : le taux d'acquisition de la citoyenneté canadienne est plus élevé (85 %) au Québec que dans les autres provinces (80 %) ; le taux de participation aux élections est similaire entre natifs et immigrés. Signes extérieurs : à Montréal, les festivals Nuits d'Afrique ou Films du Monde rivalisent désormais avec les Francofolies. « Les habitants de la métropole sont très ouverts aux autres cultures, constate Martine Géronimi : musique, fête et nourriture, d'ailleurs, ils recherchent ces expériences. » Il suffit de vivre à Montréal pour faire un voyage parmi les univers les plus divers, salvadorien, perse, cambodgien ou encore juif hassidique.

Le Québec apprend à gérer la transformation de son immigration depuis vingt ans. Les nouveaux arrivants proviennent de moins en moins des bassins traditionnels de l'Europe occidentale et de plus en plus de pays arabophones du Moyen-Orient et d'Afrique du Nord, de pays d'Asie du Sud-Est, des Antilles et d'Amérique centrale. Conséquence : un paysage confessionnel plus diversifié, des religions comme l'islam, l'hindouisme et le bouddhisme ayant multiplié leur nombre de fidèles au Québec. Si la religion catholique reste la première dans la population (5,9 millions de personnes déclarées au recensement de 2001) et la religion protestante la deuxième (près de 336 000 personnes), les musulmans (près de 110 000) sont désormais plus nombreux que les orthodoxes (100 000) et les juifs (90 000). Pour l'instant, tout ce beau monde cohabite dans la plus grande tranquillité. Montréal compte une vingtaine de mosquées et, selon les quartiers, les habitants sont invités à les découvrir lors de visites commentées, où l'on débat de l'islam autour d'un thé à la menthe. « Regardez l'après

11 septembre 2001, s'exclame André Boulerice, fier du modèle d'intégration québécois. Aucune tension religieuse ou communautaire n'a été signalée ! » Il faut dire que les associations culturelles ou communautaires ont toujours été associées de près aux politiques d'intégration. Elles sont environ soixante-dix à recevoir des financements publics, mais il en existe beaucoup d'autres. Elles offrent des réseaux de solidarité efficaces pour le nouvel arrivant. « Nous comptons beaucoup sur ces mécanismes d'entraide naturelle, explique Patricia Rimok. Les corps intermédiaires sont importants dans la société québécoise, ce sont des alliés, ils ne représentent en aucun cas une menace pour l'État. Nous nous appuyons sur un modèle mixte et souple. » Depuis vingt ans, le gouvernement tient le même discours sur la volonté d'accueil et d'ouverture de la société québécoise. Une position renforcée par la rhétorique fédérale sur le respect des droits individuels et des libertés, sur la reconnaissance de toutes les cultures avec le fameux multiculturalisme canadien, et sur la condamnation du racisme sous toutes ses formes avec la lutte contre les discriminations. Résultat : « Les immigrés savent qu'ils font partie de la société canadienne, qu'ils ont les mêmes droits que les natifs, et que des mécanismes les protègent ; ils n'hésitent pas à les actionner », souligne Denise Helly.

Parmi ces garde-fous, il y a d'abord la Charte des droits et libertés et la Commission des droits de la personne, chargée de veiller à son application. Adoptée en 1975, cette charte énonce des droits fondamentaux et reconnaît le droit à l'égalité sans discrimination ou harcèlement. Elle liste une quinzaine de facteurs, dont la race, la couleur, la langue, l'origine ethnique ou nationale, ne pouvant donner lieu à discrimination, ainsi que des domaines tels que le logement, l'éducation, l'emploi, les transports, etc., où la discrimination est interdite. La Commission des droits de la personne travaille depuis trente ans au respect de cette charte... quand la France vient seulement de se doter d'une Haute Autorité de lutte contre les discriminations, présidée par Bernard Stasi. L'outil le plus remarquable reste toutefois le principe des « accommodements raisonnables », très répandu au Québec et au Canada. Repéré par la commission Stasi sur la laïcité, il est issu d'une décision de la Cour suprême sur une discrimination liée au handicap. Il consacre les arrangements pragmatiques, sur le terrain. Dans les années 1990, la Commission des droits de la personne au Québec a confirmé l'obligation d'accueillir les jeunes filles portant le voile musulman à l'école, dans la mesure où la liberté d'expression religieuse manifestée par ce voile n'entraînait pas de « contrainte excessive » en terme de sécurité. Une élève arbore un foulard, mais il est gênant, voire dangereux – il risque de prendre feu –, pour les travaux en classe de chimie ? On trouve un tissu non inflammable. Si le port du *kirpan* (le poignard des Sikhs) à l'école n'a pas été autorisé en dernier ressort au Québec, ce n'est pas pour exclure le religieux de l'école mais, de l'avis de la Cour supérieure du Québec, par « devoir d'assurer la sécurité » des autres élèves. Un compromis a été trouvé avec des familles sikhes sur un pendentif, symbole de substitution. À l'école Félix-Leclerc, quand le ramadan arrive, un quart des enfants sont absents. La directrice prévient les enseignants. Même chose lors de Yom Kippour ou de la fête du Têt : « On ne s'obstine pas là-dessus, dit très simplement Judith Bois-Clair, on vit avec. » En revanche, pas question de transiger si un examen est programmé ce jour-là. Cette politique des accommodements raisonnables a jusqu'ici grandement facilité la gestion de la diversité religieuse au Québec. « Pour l'instant, nous ne connaissons pas de crispation identitaire, reconnaît Patricia Rimok. Mais il faut être vigilant, s'attacher à ce que la pratique ne soit pas en contradiction avec le discours et veiller à créer des lieux de convergence entre les communautés. »

L'accent mis sur les relations interculturelles est une spécificité de la politique québécoise par rapport à la politique canadienne. Pour le Québec, reconnaître les différentes communautés, c'est bien, jeter des ponts entre elles, c'est mieux. Tout est bon pour créer des occasions de rencontre et d'échange. Certains événements ou dispositifs peuvent paraître symboliques, mais ils contribuent, en fait, à forger les mentalités. Le Québec diffuse chaque année un calendrier des fêtes des communautés culturelles. Une « politique d'éducation interculturelle » est mise en œuvre depuis 1998 dans les écoles. Une « semaine d'actions contre le racisme » est organisée chaque mois de mars depuis l'an 2000. Un « programme de soutien à la participation civique » finance des projets conçus par des organismes communautaires dans l'ensemble du Québec. Un « fonds pour la visibilité des jeunesses minoritaires » aide les jeunes de Montréal victimes de discrimination et d'exclusion. Il n'est pas rare de voir dans le métro des campagnes de recrutement pour la police, les transports, les hôpitaux, ciblant les personnes issues de l'immigration. Le gouvernement a aussi su faire une place aux citoyens issus de l'immigration dans les différents organismes publics, comme le Conseil consultatif de l'enfant et de la famille auprès du ministère du même nom. La décision la plus marquante à ce titre aura été l'installation, en 1985, du Conseil des relations interculturelles auprès du ministère de l'immigration.

Recommandations sur les niveaux d'accueil, avis au ministre, travaux de recherche, consultations publiques, les quinze membres du Conseil participent activement aux débats sur la politique d'immigration et d'intégration en faisant entendre la voix des communautés culturelles et des milieux socio-économiques. Dès 1988, le Conseil a publié un avis sur la régionalisation de l'immigration, trop concentrée à Montréal. En 1989, il préconisait la création d'une semaine interculturelle nationale. La première « semaine des rencontres interculturelles » s'est tenue en 1991. Chaque année sont organisés dans ce cadre des journées portes ouvertes, des expositions, des colloques. Il s'agit autant de valoriser les différentes cultures que de braquer les projecteurs sur les difficultés, par exemple celles rencontrées par les femmes immigrantes. C'est aussi l'occasion de gestes symboliques forts, comme la cérémonie nationale de bienvenue aux nouveaux arrivants à l'hôtel du Parlement de Québec. En 1993, le Conseil s'est intéressé aux conflits de normes et de valeurs, et son travail a conduit le ministère à publier un guide sur « la gestion de la diversité et l'accommodement raisonnable » à usage des organismes publics et privés. Plus récemment, le Conseil des relations interculturelles a repris la notion de capital social pour évaluer la capacité d'un immigrant à s'intégrer en tenant compte de ses réseaux et pas seulement de son capital humain (langue, formation). Dans la préparation du plan d'action 2004-2007 du ministère, il a insisté sur la nécessité de planifier autant l'intégration que l'immigration, et a même suggéré de rendre obligatoire un bilan de l'intégration tous les trois ans devant l'Assemblée nationale, pour débattre des ressources à affecter à ces programmes avant même de discuter des niveaux d'immigration.

Tous ces efforts pour préserver l'harmonie sociale portent leurs fruits. La perception de l'immigration par la population est globalement positive, comme en témoignait en 2000 un sondage EKOS : 70 % des Québécois considéraient alors que le nombre d'immigrants au Canada n'était pas trop élevé, contre 57 % pour le reste des Canadiens. Pour autant, il n'est pas question de relâcher l'attention : le plan gouvernemental d'action 2004-2007 « des valeurs partagées, des intérêts communs » prévoit une enveloppe spéciale d'un million de dollars par an pour valoriser l'apport de l'immigration et des Québécois des communautés culturelles à travers des campagnes de sensibilisation. Pour réussir l'intégration de ses immigrés, le Québec dispose certes d'atouts naturels : un territoire assez vaste pour être partagé et une tradition d'immigration de peuplement sur laquelle s'est bâti le pays. Le processus de sélection des immigrants permet de maintenir une diversité des origines : il n'y a pas au Québec de communauté étrangère dominante. À Montréal, les quartiers monoethniques n'existent pas. La mixité favorise la paix sociale, tout comme la mobilité socio-économique qui caractérise encore la société québécoise. Le gouvernement consacre d'importants moyens financiers et humains (un millier de fonctionnaires) aux immigrants. Enfin, en offrant à tout nouveau venu la possibilité, après trois ans de résidence permanente, de devenir citoyen, le Canada donne un sérieux coup de pouce à cette intégration.

Mais il est plus difficile de devenir québécois que de devenir canadien : cela suppose de supporter des appartenances multiples, transcendées par une langue – le français. Et pour le Québec, intégrer la diversité des immigrants est un défi bien plus grand, du fait même de son statut de minorité au sein du Canada. C'est accepter que son identité reste inachevée : « Il existe une culture québécoise, certes, mais elle est en devenir, résume André Boulerice. Elle s'enrichit des apports extérieurs, de nouvelles sensibilités, d'une mise en commun qui nous renvoie une autre image de nous-mêmes. » D'année en année, la fête nationale du 24 juin prend de nouveaux accents. Fête communautaire à l'origine – Saint-Jean-Baptiste est célébrée par les Canadiens français catholiques –, elle s'est ouverte à tous les Québécois à travers ses déclinaisons locales. « La moitié des fêtes de quartiers à Montréal sont organisées par des communautés culturelles, expliquait Luc Savard, coordonnateur du Comité de la fête nationale, dans *La Presse* du 19 juin 2004. Des Grecs, des Italiens, des Portugais, des Maghrébins. C'est un phénomène croissant depuis cinq ans. » Le 24 juin 2004, à Montréal, près de la moitié des artistes invités au grand spectacle du parc Maisonneuve, retransmis sur Radio Canada, était des Québécois d'origine haïtienne ou africaine. Tous chantaient en français, entraînés par Normand Brathwaite, l'un des animateurs québécois les plus en vue, humoriste, comédien et musicien à ses heures. Premier Noir à jouer au théâtre puis à présenter une émission télé au Québec, il symbolise un pays au visage coloré, bien au-delà du lys blanc et bleu. Le 8 novembre 2004, la société Saint-Jean-Baptiste, l'une des associations organisatrices des festivités de la fête nationale, a désigné comme patriote de l'année le chanteur Luck Mervil. Né à Haïti, arrivé au Québec à l'âge de quatre ans, il y a vécu huit ans avant de partir pour New York d'où il est revenu à dix-sept ans pour s'installer au Québec.

LE RETOUR DES PREMIÈRES NATIONS

Quand les Québécois fêtent le 24 juin, les Amérindiens célèbrent le solstice d'été. À deux pas du célèbre château Frontenac, entre deux hôtels de charme, dans la vieille ville de Québec, capitale administrative et politique de la province, un appartement abrite la représentation du Grand Conseil des Cris. Roméo Saganash, conseiller juridique de Ted Moses, le président du Grand Conseil, reçoit, pieds nus, dans un vaste bureau à peine meublé. « Ni Canadiens ni Québécois, nous sommes des Cris vivant au Québec », résume le jeune homme. Il est né à Val-d'Or, à plusieurs centaines de kilomètres de là. Comme lui, ils sont plus de 14 000 Cris au Québec, répartis dans neuf villages de la région Nord-du-Québec. Le tiers de la communauté vit encore de la chasse et de la pêche, à l'image de six des treize frères et sœurs de Roméo. Lui est devenu avocat et consacre son énergie à défendre la cause des siens, à Québec, Ottawa, et jusqu'à New York, dans la prestigieuse enceinte de l'ONU. Il parle doucement, mais avec une grande détermination. Il incarne un autre visage de la diversité québécoise, à 1 500 kilomètres au nord de Montréal. Un visage longtemps ignoré...

La diversité est pourtant consubstantielle au Québec. Trois peuples ont été l'origine du Canada : les Français, les Anglais et, bien sûr, les Amérindiens, peuple fondateur s'il en est, présent depuis plusieurs millénaires. Au regard des Amérindiens, les Français débarqués au XVIe siècle sont autant des nouveaux arrivants que les Haïtiens installés dans les années 1990. Tout à la défense de leur propre identité, les Québécois ont longtemps occulté cette réalité. Il n'empêche : onze nations autochtones – dix nations amérindiennes et une nation inuite – vivent au Québec, représentant quelque 77 000 personnes, soit un peu plus de 1 % de la population. Les plus nombreux sont les Mohawks (15 550) et les Innus (14 500). Rares sont les Québécois capables de nommer ces onze nations et de décrire la géographie de leur province au-delà du 49e parallèle ! L'émergence du Québec moderne a conduit la société québécoise à se penser en État-nation sur un principe simple : une nation, un peuple, un territoire. Les autochtones, par leur présence et leurs revendications, ébranlent évidemment cette belle construction. « Les Québécois veulent la même chose que nous, explique Roméo Saganash, porte-parole du

Grand Conseil des Cris. Garder leur territoire avec plus d'autonomie et des ressources pour leur développement. Nous sommes condamnés à vivre ensemble avec ces mêmes aspirations. » Et donc condamnés à s'entendre.

« Si le Québec réclame le droit à l'autodétermination pour lui-même, pourquoi nous le refuse-t-il ? » s'interrogent à juste titre les peuples autochtones. L'évolution des relations avec les premiers habitants du Canada a suivi l'émancipation politique du Québec. Il faut dire que le Parti québécois, chaque fois qu'il a été au pouvoir, a joué un rôle important dans cette évolution, souvent contraint et forcé par les événements. En 1983, le gouvernement adoptait quinze principes reconnaissant les nations autochtones et la nécessité d'établir avec elles des relations harmonieuses. En 1985, l'Assemblée nationale votait une motion de reconnaissance officielle, faisant ainsi du Québec la seule province canadienne attribuant le statut de nation aux peuples autochtones. En 1990, la terrible crise d'Oka, à proximité de Montréal, rappelle toutefois aux Québécois combien la question reste sensible : pendant deux mois, les Mohawks s'affrontent violemment à l'État provincial pour le contrôle d'un territoire. En 1995, le gouvernement péquiste ignore les revendications des autochtones dans sa campagne référendaire pour l'indépendance. Quatre jours avant le vote, les Cris se prononcent contre la séparation. Le Premier ministre comprend alors l'enjeu des relations avec les Amérindiens pour le projet indépendantiste. Il engage un processus de négociation de nation à nation avec les Cris. La Paix des Braves, signée en 2002 entre le gouvernement péquiste du Québec et les Cris, fait aujourd'hui référence pour les peuples autochtones du Canada, voire du reste du monde. La volonté du Québec de se distinguer du Canada a joué en faveur d'une vision davantage progressiste dans la province francophone.

Selon la Constitution de 1867, le gouvernement fédéral est responsable des Indiens et de leurs terres. Il est à l'origine de la loi « pour assimiler les sauvages au Canada », créant les fameux pensionnats où l'on transformait de petits Indiens arrachés à leurs familles en Blancs soi-disant civilisés, et en instaurant en parallèle le système des réserves pour confiner les adultes. Au Canada, les autochtones ont obtenu le droit de vote après les femmes ! Leur voix est restée inaudible jusque dans la deuxième moitié du XXᵉ siècle.

« Pendant deux siècles, de 1763 à la Révolution tranquille, les Canadiens français n'ont pas participé à l'œuvre coloniale, rappelle Thibault Martin, professeur assistant au département de sociologie de l'université de Winnipeg, spécialiste des questions autochtones. En entrant dans la modernité en 1960, le Québec est devenu conquérant, il s'est fourvoyé dans l'expérience coloniale. » L'État québécois a voulu assurer son emprise sur l'ensemble de son territoire. Pour des raisons économiques, il ne pouvait ignorer les peuples autochtones. Habitants du Grand Nord, territoire sur lequel ils chassent, pêchent et survivent sous des hivers très rigoureux, ils sont les meilleurs connaisseurs de cette nature que le Québec moderne a domptée pour bâtir une industrie hydraulique, forestière et minière. En 1971, le gouvernement québécois lance le projet de la baie James – un gigantesque barrage hydroélectrique – sur les terres des Cris... sans les consulter. Une grande bataille juridique s'engage alors. Elle ira jusqu'en Cour suprême fédérale. Celle-ci reconnaît l'existence des droits territoriaux des autochtones du Canada. Les travaux de la baie James doivent être stoppés pour laisser la place à une négociation tripartite entre le gouvernement fédéral, celui du Québec et les Cris. Elle se conclut par la signature, en 1975, de la convention de la baie James et du Nord québécois.

Ce texte est une grande première à plus d'un titre. Pour la première fois dans l'histoire, une province canadienne participe aux côtés d'Ottawa à un traité. C'est la première fois aussi que sont reconnus certains droits et privilèges aux Cris et aux Inuits du nord du Québec. Ceux-ci acceptent de voir inondés des milliers de kilomètres carrés de chasse. En échange, ils reçoivent des compensations financières, versées moitié par l'État fédéral, moitié par l'échelon provincial. Ils pourront ainsi poursuivre leurs activités de subsistance traditionnelles – chasse, pêche, piégeage – et créer certaines institutions comme la Commission scolaire Cri. Pour la première fois, les autochtones se sont assis à la même table que les administrations et les entreprises québécoises pour faire valoir leur point de vue. Le document, de plus de 500 pages, consacre des chapitres entiers au développement local – sanitaire, social et économique – et à la protection de l'environnement. Il est suivi, en 1978, par la signature sur le même modèle de la convention du Nord-Est québécois avec la petite communauté des Naskapis. Le territoire couvert par ces deux accords représente 69 % de la superficie du Québec !

Mais l'application de la convention de la baie James donne lieu à différentes interprétations. Dans les faits, le gouvernement québécois garde toute la responsabilité du développement de ces zones, et les décisions restent centralisées à Québec et Montréal. Les autochtones ont certes acquis le droit et les moyens de défendre leur culture et leur identité, mais ils ne participent guère au développement des richesses et n'ont gagné aucune autonomie. Les Cris attaquent en justice les deux échelons de gouvernement – fédéral et provincial – pour non-respect de leurs engagements financiers, et réclament en dédommagement plusieurs milliards de dollars à Québec et Ottawa. C'est à la fois pour régler ce litige et pour pacifier les relations avec les autochtones que le gouvernement de Bernard Landry a finalement engagé les négociations qui ont conduit à la signature de la Paix des Braves en 2002. Une paix historique, signée pour cinquante ans, une entente de nation à nation qui mise sur le partenariat et met fin à toutes les poursuites judiciaires. Des institutions mixtes sont créées : le comité de liaison permanent réunit cinq représentants de chacune des administrations, cri et québécoise. Un conseil Cris-Québec pour la foresterie et un autre pour l'exploration minérale sont mis sur pied, ainsi qu'une table de concertation entre Hydro-Québec et les Cris. « Pour la première fois, on reconnaît au peuple autochtone le droit de bénéficier des retombées du développement économique de son territoire », explique Roméo Saganash. Jusque-là, les Cris étaient finalement exclus de la gestion de leur propre espace : ils n'occupaient que 7 % des emplois dans l'industrie forestière, 5 % dans les mines et 1 % dans l'hydroélectricité ! Ils acceptent trois nouveaux projets hydroélectriques, mais obtiennent désormais des garanties : une partie de la ressource, ainsi que des contrats et des emplois réservés aux populations et aux entreprises cris. La responsabilité du développement économique de leur communauté leur revient, à eux de définir leurs priorités, contre une enveloppe annuelle de 70 millions de dollars, versés par Québec.

Une entente comparable a été signée pour vingt-cinq ans, également en 2002, entre le Québec et les Inuits du Nunavik. Elle vise à accélérer le développement du potentiel hydroélectrique, minier et touristique du Nunavik, tout en laissant aux Inuits plus d'autonomie dans la gestion du développement économique local. Des institutions traditionnelles sont reconnues et intégrées à la gouvernance moderne. Le parlement local, élu au suffrage universel, est jumelé avec un conseil des aînés, au pouvoir équivalent ; des conseils de santé communautaires interviennent dans les conseils de santé municipaux. « Le Québec s'est aujourd'hui engagé dans une véritable révolution, qui établit, selon l'avis même des leaders autochtones, de nouvelles normes pour redéfinir les rapports entre les minorités autochtones et l'État moderne », souligne Thibault Martin. Pour ce professeur de sociologie à l'université de Winnipeg, auteur de *De la banquise au congélateur, mondialisation et culture au Nunavik* [11], « les Inuits du Nunavik, au Québec, n'ont pas voulu rejoindre la nouvelle province canadienne du Nunavut. Ils sont plutôt mieux traités au Québec... mais il ne faut pas se méprendre : ils sont aussi très opposés à l'indépendance du Québec ». Ces communautés ne représentent pas plus de 1 % de la population provinciale, mais elles revendiquent des pouvoirs politiques et économiques afin de définir et assumer, par elles-mêmes, leur survie culturelle.

La question autochtone est indissociable du débat sur la souveraineté du Québec, mais rares sont les hommes politiques qui s'y collent ! Une chose est sûre : le poids démographique croissant des Amérindiens les rend aujourd'hui incontournables, tout autant que leur territoire. Alors que la démographie du Québec est globalement déclinante, celle des autochtones explose. Ainsi, la communauté Cri augmente de 3,3 % chaque année et 65 % de sa population est âgée de moins de vingt-cinq ans. « Dans la région Nord-Québec, la population est aujourd'hui moitié autochtone, précise Michel Létourneau, député d'Ungava depuis 1994. Demain, l'équilibre sera de deux tiers d'autochtones et d'un tiers de non-autochtones. » Son comté de 840 000 kilomètres carrés compte... 40 000 habitants : des Jamesiens

---

11. Thibault Martin, *De la banquise au congélateur, mondialisation et culture au Nunavik,* Presses de l'Université Laval.

(les Blancs venus construire les barrages de la baie James), des Cris et des Inuits. Sur la carte de visite de Michel Létourneau, son nom est donc inscrit en... trois langues. Pour cet homme natif de Montréal, passionné depuis vingt-cinq ans par les terres situées au nord du 49ᵉ parallèle, au point d'y habiter et d'en devenir le représentant, les autochtones et allochtones sont « deux espèces de solitudes condamnées à vivre ensemble ».

À Chibougamau, sa ville d'adoption, et à travers tout son comté, il n'a de cesse de mélanger les populations et de multiplier les échanges. C'est, pour lui, souverainiste convaincu, le meilleur moyen de faire passer les revendications de développement du territoire devant les revendications d'autonomie des nations : regrouper des forces antagonistes au service d'un objectif commun et local. Il peut se féliciter d'avoir été appuyé par le grand chef des Cris lors des élections générales du printemps 2003. Une première ! Habituellement, les Indiens refusent de prendre position. Les trois communautés, Jamesiens, Cris et Inuits, se sont longtemps ignorées ; elles font pourtant de Nord-du-Québec une région d'une diversité culturelle exceptionnelle, cette diversité que le Québec défend avec tant d'ardeur sur la scène internationale. Parmi les quelque cinquante langues autochtones recensées au Canada, le cri et l'inuktitut sont deux des trois langues considérées à l'abri d'une menace d'extinction à long terme. Les Cris et les Inuits utilisent encore fréquemment l'anglais, mais les plus jeunes parlent désormais le français. Après les quatre premières années de scolarité obligatoirement en langue cri, les enfants ont le choix entre l'anglais et le français. Il y a quinze ans, 80 % d'entre eux optaient pour l'anglais ; désormais, ils se partagent à égalité entre les deux langues. Un motif de satisfaction pour Michel Létourneau. Le gouvernement du Québec s'étant imposé comme un interlocuteur de choix dans les négociations, le français est devenu incontournable !

Les deux ententes majeures signées par le Québec avec les Cris et les Inuits ne doivent cependant pas occulter l'absence d'accord avec les neuf autres nations autochtones, même si un accord de principe a été signé début 2002 avec les Innus. Elles ne doivent pas faire oublier non plus que la majorité des Amérindiens du Québec vivent dans des réserves, ce qui ne favorise pas leur émancipation. Néanmoins, le Québec a fait un grand pas vers la prise en compte de la réalité amérindienne, au point d'être cité en exemple pour d'autres pays comme l'Australie. Les Québécois reconnaissent de plus en plus le droit à l'autodétermination des premières nations. Le gouvernement a compris que ce droit ne signifiait pas forcément une volonté de sécession. Une fois de plus, il mise sur une collaboration intelligente. Signe des temps, le Québec a été, en juin 2004 lors des élections fédérales, la première province à envoyer un député autochtone à Ottawa. Bernard Cleary, négociateur en chef pour les Atikamekw et les Innus-Montagnais, a été élu sous les couleurs du Bloc québécois !

Ce même Bloc, cousin du Parti québécois indépendantiste à Québec, peut se féliciter d'avoir fait entrer au Parlement canadien le premier député d'origine africaine : le comédien Maka Kotto, né au Cameroun, venu étudier en France à l'âge de seize ans, émigré au Québec à vingt-sept ans. Le Bloc comme le Parti québécois veulent mettre fin à l'image qu'ils ont longtemps portée de partis blancs et francophones. Dix ans après le mot malheureux du Premier ministre Jacques Parizeau, qui avait en partie imputé l'échec du oui au référendum de 1995 sur l'indépendance « au vote ethnique », le Québec a apprivoisé sa dimension plurielle. Au carrefour de cinq cultures – amérindienne, anglaise, française, américaine, hispanique –, si ce n'est plus, ses habitants apprennent peu à peu à assumer leurs identités multiples.

CHAPITRE II

Entre Europe et Amérique

Le 15 février 2003, sous un froid glacial (le thermomètre affichait − 26), 150 000 personnes ont défilé dans les rues de Montréal contre la guerre en Irak. Du jamais vu ! Pacifistes, les Québécois se sont massivement opposés à l'entrée dans ce conflit, fiers de rejoindre la France dans cette opposition déclarée, et ils ont entraîné derrière eux le Canada tout entier. Dix ans plus tôt, le Québec militait activement pour l'Alena et faisait pression pour qu'Ottawa signe cet accord de libre-échange négocié avec les États-Unis et le Mexique. Ainsi vont les Québécois. Les deux pieds sur le continent américain, et le cœur en France. Amis politiques de l'Europe, partenaires économiques des États-Unis. Dans leur immense majorité, les Québécois connaissent leurs ancêtres français... tout en vivant pour deux tiers d'entre eux à moins de cent kilomètres de la frontière américaine. Leur culture est intimement liée à la francophonie, mais leur économie dépend à 85 % des États-Unis. L'architecture, tout autant que les modes de consommation, reflètent ces influences multiples, avec les vieux Québec et Montréal rappelant la France, les maisons individuelles et bow-windows typiques du style britannique dans les quartiers résidentiels, les gratte-ciel dans les centres modernes et les rues tirées au cordeau évoquant New York. En dehors des villes, les routes droites et interminables, où la voiture est reine, sont bordées de motels et fast-foods où l'on avale, au choix, poutine, hamburgers et œufs brouillés.

Fidèles à l'héritage culturel européen, les Québécois ont néanmoins adopté un mode de vie marqué par l'esprit des pionniers débarqués il y a quatre siècles sur une *terra incognita*. Par la suite, les élites n'ont eu de cesse de mettre en garde contre les dangers de « l'américanité », tandis que le peuple y voyait au contraire une voie vers la modernité. Aujourd'hui encore, les intellectuels penchent volontiers du côté de l'Europe, tandis que les jeunes regardent vers les États-Unis, et que les fédéralistes se disent avant tout canadiens.

Historiquement, les Québécois sont marqués par deux colonisations aux motivations fort différentes. « La colonisation française en Amérique du Nord voulait se faire dans la continuité de l'Europe pour l'expansion de sa culture et le rayonnement de sa civilisation, explique Louis Balthazar, professeur de science politique à l'université Laval. Les colons anglais, eux, voulaient tourner le dos à l'Europe et adopter l'américanité. » Les Québécois doivent composer avec le double héritage des institutions britanniques et françaises, comme l'illustre la coexistence de la Common Law et du Code civil. Ils doivent jongler avec des visions de société très différentes, l'une issue de l'approche libérale anglaise, l'autre plutôt marquée par le sens collectif français. Selon le philosophe Charles Taylor, le Québec a ainsi développé un libéralisme original, fondé à la fois sur la notion de bien commun et sur le respect du droit des individus[1].

La personnalité québécoise est riche et complexe.

---

1. Janie Pélabay, *Charles Taylor, penseur de la pluralité*, Presses de l'Université de Laval et L'Harmattan.

D'ailleurs, au Québec, le débat sur l'identité n'est jamais tranché. L'historien et sociologue Yvan Lamonde y a consacré vingt ans de travaux. Il est devenu le grand théoricien de l'américanité des Québécois, insistant sur l'importance de leur appartenance à ce continent. Une américanité qui ne signifie pas forcément américanisation. Professeur d'histoire au département Littérature française de McGill, l'une des deux universités anglophones de Montréal, il est l'auteur d'une monumentale *Histoire sociale des idées au Québec*. Élevé dans un milieu francophone, étudiant à l'université de Montréal, puis à l'université Laval, il vit à la fin des années 1960 l'effervescence nationaliste qui saisit le Québec, et s'interroge alors sur la pensée intellectuelle québécoise. Cette quête le conduit sur la piste de ses racines nord-américaines. Pour Yvan Lamonde, l'identité québécoise pourrait se résumer dans une équation : $Q = -F + GB + (USA) - R + C^2$. On y retrouve moins de tradition française qu'on se plaît à le croire, un plus grand héritage britannique qu'on ne veut l'admettre, beaucoup plus d'éléments américains qu'on le pense, moins d'influence catholique en revanche (le R symbolise la Rome du Vatican), et plus d'éléments en commun avec le reste du Canada qu'il ne semble à première vue. Un peuple mis en équation ! Au-delà de la multiplicité de ces influences, Yvan Lamonde souligne l'ambivalence des liens entretenus avec chacune d'elles. Voilà ce qui caractériserait le mieux, selon lui, l'identité québécoise. Une ambivalence magistralement exprimée par l'écrivain Jacques Godbout dans *Les Têtes à Papineau*. Ce roman, publié en 1981 juste après l'échec du premier référendum sur la souveraineté, raconte la sépara-

---

2. Québec = − France + Grande-Bretagne + (USA) − Rome + Canada[2] in *Allégeances et dépendances, l'histoire d'une ambivalence identitaire*, Yvan Lamonde, éditions Nota Bene, 2001.

tion douloureuse d'un enfant né avec deux têtes. Une chose est sûre, les Québécois vivent avec ces multiples influences et en ont tiré une énergie créatrice unique en son genre.

LE POIDS DES RACINES EUROPÉENNES

Quand un Québécois rencontre un Français, de quoi lui parle-t-il ? De ses origines. Les Québécois sont des passionnés de généalogie. Ils sont de tous les congrès et raffolent des échanges « familiaux ». Depuis plus de dix ans, par exemple, les Gagnon du Québec rencontrent régulièrement les Gagnon de France en souvenir de leurs ancêtres communs, les frères Gagnon, qui quittèrent le Perche pour la Nouvelle-France en 1640. Les Québécois connaissent leur histoire familiale sur le bout des doigts. André Boulerice, député du Parti québécois à Québec, raconte volontiers la venue de son ancêtre, Le Boulrhis, tourneur du roi, parti de Brest en 1686. Stéphane Dion, député du Parti libéral à Ottawa, est fier d'annoncer la trace laissée en France par son aïeul, le maçon Johan Guillon, arrivé en 1634 au Canada, qui a réalisé les marches de l'église de Mortagne-au-Perche ! Quant à Louise Beaudoin, ancienne ministre des Relations internationales du Québec, elle ne manque pas d'évoquer son ascendance alors que Jean-Louis Debré lui remet les insignes de commandeur de la Légion d'honneur, à Paris, le 23 septembre 2004 : en 1709, Pierre Tessier, jeune paysan de quatorze ans, avait quitté les côtes de France à La Rochelle. « On a tous un grand-père qui nous a parlé de ses origines françaises », résume Gilbert Rozon, le fondateur du festival Juste pour rire, qui partage sa vie entre Montréal et Paris. Pour l'écrivain et philosophe Dominique Noguez, « l'image d'Épinal fait de nous des cousins, en fait, nous sommes frères ! ».

Quelque 10 000 colons, débarqués entre 1608, date de la fondation de la ville de Québec par Samuel de Champlain, et 1760, quand la conquête anglaise stoppe l'immigration française, ont donné naissance à une communauté de 60 000 personnes, où se mêlaient jeunes aventuriers, paysans, militaires et religieux. Le développement de la colonie a notamment été assuré par les « filles du roi », plusieurs centaines d'orphelines dotées par Louis XIV pour aller s'installer en Nouvelle-France. Il doit aussi beaucoup aux échanges avec les Amérindiens. Les premières rencontres entre les hommes de Jacques Cartier et les autochtones n'ont pas été hostiles. Des ententes ont même été signées sur le commerce des fourrures. Les Amérindiens ont aidé les nouveaux arrivants à s'adapter à leur nouvel environnement, à cette nature sauvage et à ce climat si rude. Ils leur ont appris à chasser et à pêcher, leur ont transmis des techniques de transport, comme le canot ou les raquettes. Des paysans français ont même adopté le mode de vie des Amérindiens en devenant « coureurs des bois », abandonnant leurs terres pour le commerce de la fourrure, plus lucratif. Ces aventuriers n'ont pas hésité à mêler leur sang à celui des jolies Indiennes. Parmi les colons, on comptait aussi de nombreux religieux, récollets, sulpiciens ou encore ursulines. Ils ont contribué à transférer en Nouvelle-France tout un système social, culturel et moral.

Quatre cents ans plus tard, la langue reste l'élément le plus puissant de l'héritage français au Québec : six millions et demi de personnes y parlent la langue de Molière et représentent la plus forte communauté francophone d'Amérique. La religion a quasiment disparu de la société – les églises et les couvents, désertés, sont transformés en appartements de luxe –, mais elle a laissé son empreinte à travers les solidarités communautaires. Le code civil, héritier du code napoléonien, coexiste avec le droit britannique, non écrit, mais il marque encore profondément l'organisation de la société : entré en vigueur en 1866, il a été complété en 1980 et complètement renouvelé au début des années 1990. Le Québec a ainsi accompli avant la France la réforme de son Code civil et représente aujourd'hui un modèle intéressant pour nos juristes. « La plus grande réussite concernant le Code civil du Québec, c'est d'avoir mené ce projet à terme, reconnaissait dans le *Journal du barreau* Jacques Auger, professeur en droit civil à l'université de Sherbrooke. Le Québec est le seul endroit où une réforme complète fut instaurée. La Grèce, la France et plusieurs autres pays civilistes ont échoué, malgré plusieurs tentatives dans certains cas[3]. » Cela n'a pas été sans mal : l'élaboration de ce nouveau Code civil a fait suite au dépôt de deux cents mémoires et plus de mille amendements ! Il a toutefois été adopté à l'unanimité en décembre 1991 par l'Assemblée nationale, signe que le consensus social avait été atteint. Entré en vigueur en 1994, il prend en compte les bouleversements connus par la société québécoise depuis 1960 et confirme l'importance de la codification pour la société québécoise.

Le droit romano-germain est donc bien ancré dans la pratique. Jusqu'à la conquête anglaise, la colonie avait vécu sur les règles juridiques de la France, notamment celles de la Coutume de Paris. Après la conquête, le droit anglais s'était imposé dans le secteur commercial, pénal, et public en général. Mais devant la résistance des francophones, Londres avait accepté de rétablir le droit français dans le

---

3. « Le Code civil du Québec a dix ans », *Le Journal du barreau*, vol. 36, n° 1, 15 janvier 2004.

domaine privé. Pour assurer sa permanence, on le codifie au milieu du XIXe siècle : le Code civil du Bas-Canada est entré en vigueur en 1866. Ses rédacteurs se sont inspirés du Code napoléonien, mais aussi du Code de la Louisiane, de la Coutume de Paris, et parfois même de la Common Law. « Ce code visait à présenter, dans un ordre méthodique et logique, les règles de droit fondamentales touchant les personnes, la famille, les biens et les obligations », précise Aldé Frenette, avocat à la Direction générale des affaires juridiques et législatives au ministère de la Justice du Québec[4]. Il était marqué par l'individualisme, dans la protection de la liberté et des intérêts de la personne, par la religion, dans le droit de la famille, et par la reconnaissance de la propriété privée.

La langue et le droit ne doivent cependant pas masquer les autres héritages. L'influence européenne au Québec est loin d'être seulement française. La conquête anglaise de 1760 a laissé des traces importantes, au premier rang desquelles le régime politique. C'est la Proclamation royale de 1763 qui donne au territoire de l'ancienne Nouvelle-France le nom de Province of Quebec. L'Acte constitutionnel de 1791 y installe un système parlementaire directement inspiré du régime britannique, avec une Chambre d'assemblée élue par la population, un Conseil législatif et un Conseil exécutif, tous deux nommés par le roi. En 1792 se tiennent les premières élections de l'histoire du Québec. Le tiers des élus est anglophone et le premier débat à la Chambre, le 21 janvier 1793, porte sur... la langue des débats. Autant dire qu'il fut houleux. La mémoire de ce moment est toujours présente au Parlement de Québec à travers un immense tableau représentant la scène, visible par tous les

---

4. *Historique des codes civils*, site pour le bicentenaire du Code civil du Québec, ministère de la Justice du Québec, juin 2004.

députés en séance. Autre rappel de l'histoire : la croix catholique, accrochée juste en dessous du tableau ! Au début du XIXᵉ siècle, la Chambre est le théâtre de l'affrontement entre le Parti anglais et le Parti canadien (francophone). Celui-ci est bientôt remplacé par le Parti des patriotes, fondé par Louis Joseph Papineau, en 1826, sur le rêve d'un Canada émancipé de la Couronne : il disparaît en 1838 après l'échec de la révolte des Patriotes contre le pouvoir colonial.

En 1867, l'Acte de l'Amérique du Nord britannique consacre l'organisation des colonies en une fédération de provinces. Le gouvernement fédéral se réserve les compétences exclusives sur la monnaie, la défense, le droit criminel. Les provinces héritent de la santé, de l'éducation, de la gestion des villes. Pour chacune d'entre elles, un lieutenant gouverneur est nommé par la reine, et un conseil exécutif regroupe les ministres qui sont nommés par le Premier ministre. Le pouvoir législatif est partagé entre l'Assemblée législative, élue, et le Conseil législatif, dont les membres sont nommés à vie par la reine. En 1886, l'hôtel du Parlement de Québec est inauguré. Avec son style néogothique et sa tour centrale ornée d'une grande horloge, il rappelle davantage Westminster que le Palais-Bourbon ! À l'intérieur, le salon rouge est réservé au Conseil législatif, tandis que les élus du peuple se rassemblent dans le salon bleu. Les partis politiques qui s'affrontent alors pour le contrôle de l'Assemblée, le Parti conservateur et le Parti libéral, ne sont que les sections provinciales des partis de la scène nationale canadienne. Le Parti conservateur est appuyé par le clergé catholique, le monde rural et par certains nationalistes, tandis que le Parti libéral mise sur l'entreprise privée et l'industrialisation.

Les élections de 1936 voient la victoire pour la première fois au Québec d'un parti spécifique à la province : c'est l'Union nationale, tout juste fondée par Maurice Duplessis, conservateur, nationaliste et fédéraliste. Elle domine le pays jusqu'en 1960. Dans les années 1950, le Parti libéral se prépare à reconquérir le pouvoir : il se définit uniquement en fonction du Québec. Dès lors, plus aucun parti politique provincial ne sera la déclinaison d'un parti fédéral. En 1968, le Parti québécois, indépendantiste, entre en scène et vient troubler le jeu entre le Parti libéral et l'Union nationale. Mais cette dernière disparaît au tournant des années 1980. Le bipartisme hérité du système britannique perdure.

En revanche, en 1968, le Québec pose un acte fort d'émancipation par rapport au système britannique : il supprime le Conseil législatif, emblème le plus caractéristique du pouvoir colonial britannique, qui subsiste à Ottawa. Depuis, au Québec, le pouvoir législatif est détenu par la seule Assemblée, rebaptisée nationale. Les députés sont élus au suffrage universel uninominal à un tour. Le chef du parti qui emporte la majorité des sièges forme le gouvernement et devient le Premier ministre de la province. Ce mode de scrutin favorise depuis trente-cinq ans l'affrontement des deux mêmes formations principales : le Parti libéral et le Parti québécois. Le paysage politique est donc assez simple... en apparence, car le double échelon, provincial et fédéral, brouille un peu les cartes. La durée maximum du mandat des députés est de cinq ans, mais les élections ont souvent lieu avant les échéances, car le Premier ministre n'hésite pas à déclencher le processus électoral lorsqu'il le juge opportun. Dans le salon bleu, rectangulaire, agrémenté de superbes boiseries, les débats se tiennent selon le rituel britannique : les cent vingt-cinq députés se répartissent de chaque côté du président ; ceux de la majorité font face à ceux de l'opposition dite officielle (le parti arrivé second aux élections). Ambiance intimiste et policée dans la forme, mais, sur le fond, les échanges tournent souvent à l'affrontement. En plus du Premier ministre, issu de la majorité élue, et du chef de l'opposition officielle, chaque parti désigne un leader parlementaire, spécialiste de la procédure, et un *whip*, chargé de maintenir le bon ordre et la solidarité parmi ses collègues. Là encore, l'influence britannique persiste... Enfin, le gouvernement reste formé du Premier ministre, des ministres... et du lieutenant gouverneur. Pour entrer en vigueur, une loi adoptée par l'Assemblée nationale doit encore aujourd'hui faire l'objet de la sanction du lieutenant gouverneur.

Le système provincial est doublé du système fédéral, lui aussi calqué sur le régime britannique. Jusqu'en 1982 d'ailleurs, la Constitution canadienne était un texte britannique, logé à Londres et dépendant du Parlement britannique pour toute modification. La démocratie au Québec a donc cheminé à travers des institutions britanniques, alors que, sous le régime français, la colonie n'avait connu que la monarchie absolue.

Quant à la population du Québec, elle reste relativement homogène jusqu'au début du XVIIIᵉ siècle. Dans les années suivant la conquête anglaise, elle voit arriver des marchands britanniques, mais ceux-ci restent à l'écart. La fin de la guerre d'Indépendance américaine pousse les colons fidèles à la Couronne britannique à fuir les États-Unis : ils sont environ 50 000 loyalistes à venir s'installer au Canada, surtout dans l'Outaouais et les cantons de l'Est. Ces anglophones sont rejoints tout au long du XIXᵉ siècle par des immigrants de Grande-Bretagne, bourgeoisie d'affaires anglaise ou écossaise, Irlandais chassés par la famine cherchant une vie meilleure en Amérique. Les Irlandais se mêlent aux Canadiens d'origine française, dont ils partagent la religion catholique. Les anglophones protestants forment l'élite économique. Ils font de Montréal une ville puissante en Amérique, organisée autour de son port sur le Saint-Laurent, du canal de Lachine et du chemin de fer. Les usines se multiplient, fabriques d'équipement ferroviaire ou de textile. Les ouvriers sont francophones, les patrons anglophones. Entre 1844 et 1866, pour la première et seule fois de son histoire, Montréal est majoritairement anglophone. La première université de la ville, McGill, est créée par les Anglais. Au tournant du XXe siècle arrivent de nouvelles vagues d'immigrants en provenance d'Italie, de Russie, et surtout d'Europe centrale et de l'Est. Parmi eux, de nombreux juifs fuyant les pogroms. Ces derniers s'assimilent souvent aux anglophones, mais ils contribuent aussi à renforcer l'influence européenne, dans la culture, l'architecture, la cuisine. La première synagogue d'Amérique du Nord est construite à Montréal. Le Québec voit se développer une forte tradition syndicale. Le mouvement coopératif s'inspire des structures déjà créées en Europe. Pendant ce temps, la population francophone continue de croître, grâce à un taux de natalité exceptionnel. Avant 1920, les familles de douze enfants sont fréquentes dans le milieu rural !

Ce mélange original d'influences françaises et britanniques explique sans doute que les Québécois aient fait, au cours des années 1960, une révolution, certes, mais pacifique. La « Révolution tranquille » a marqué en fait une rupture majeure dans l'histoire du Québec, à tel point que certains préfèrent la qualifier d'« évolution tapageuse[5] ». En une décennie, les francophones se sont émancipés de la double domination des anglophones et de l'Église. Ce mouvement a coïncidé avec un retour en force de la société québécoise vers ses racines françaises, si l'on excepte la tradition catho-

---

5. « Révolution tranquille ou évolution tapageuse », Gérard Bergeron *in Le Canada français après deux siècles de patience*, éditions du Seuil, 1967.

lique qui, elle, s'est effondrée. L'affirmation québécoise passait par la réaffirmation du lien historique et culturel avec la France : celui-ci permet au Québec de se différencier du reste du Canada, majoritairement anglais. Dans les écoles, on apprend *Le Cid* et Bossuet par cœur, les élites vont se former dans les plus grandes universités françaises, le débat politique se réfère aux grands enjeux discutés à Paris. L'État moderne québécois bâti dans les années 1960 s'inspire profondément du modèle colbertiste français. Il en copie les structures, depuis la Caisse des dépôts et placements jusqu'à l'École nationale d'administration publique (ENAP). L'attachement des Québécois à leur État, le plus interventionniste qui soit en Amérique du Nord, découle directement de l'héritage français moderne. Voilà pourquoi ils partagent avec nous la particularité d'être parmi les citoyens occidentaux les plus taxés ! La gauche française inspire le projet social d'un nouveau parti émergeant, le Parti québécois, militant pour la souveraineté du Québec. La province s'ouvre même aux idées politiques les plus radicales de l'époque. Le Québec, comme la vieille Europe, voit l'émergence de mouvements extrémistes, à la fois gauchistes et indépendantistes, qui iront jusqu'à commettre des actes terroristes en 1970.

Dans les années 1960, les restaurants français, les bistrots et les cafés fleurissent à Montréal, ville jusque-là anglaise par sa langue, son organisation, ses habitudes. La rue Saint-Denis, à proximité de la toute nouvelle Université du Québec à Montréal – francophone –, se prend pour le quartier latin, et les étudiants investissent ses terrasses. « Dans les années 1970, on rêvait tous de conduire une Peugeot et de fumer des gitanes, se souvient Suzanne Ethier, aujourd'hui première conseillère aux affaires économiques à la Délégation générale du Québec à Paris. On allait boire le café chez

Van Houtte. » Les Québécois sont en effet restés attachés au petit noir et au tempérament latin, laissant le thé et le flegme britannique aux Canadiens anglais. Pendant les décennies qui ont suivi la Révolution tranquille, ils ont largement privilégié leur héritage français, du moins sur le plan intellectuel. Sans jamais abandonner le pragmatisme et l'autodérision britanniques. Les Québécois ont gardé un sens de l'humour très *british* : ils savent et aiment rire d'eux-mêmes. « Nous avons un humour anglais avec des mots français », résume le comédien Guy A. Lepage, créateur de la série télévisée *Un gars, une fille*. L'humour est chez eux une seconde nature et les comiques y sont de grands artistes. Le festival Juste pour rire, fondé par Gilbert Rozon il y a plus de vingt ans, est la plus grande manifestation du genre au monde.

Mais la Révolution tranquille a aussi sapé l'autorité des institutions traditionnelles. En même temps que les églises se vident, le taux de natalité chute et les unions libres se multiplient. Les Québécois affirment leur besoin de liberté. L'individu et son plaisir sont désormais prioritaires : « Montréal s'est imposé comme le phare de ce nouvel hédonisme, raconte Alain Giguère, patron de l'institut d'études Marketing Crop. C'est devenu à la fois le Paris et l'Amsterdam de l'Amérique du Nord, avec un degré de tolérance sur les mœurs bien plus élevé qu'au Canada anglais ou qu'aux États-Unis. » Dans cette société d'origine latine, où la différence entre les sexes est très marquée et les rapports de genre sont très codés, les Québécoises engagent sur le terrain une émancipation qui n'a rien à envier au combat des intellectuelles françaises. C'est au Québec que s'ouvre dans les années 1970 la première clinique réalisant des avortements. Le mouvement féministe se développe puissamment. Contrairement à la France, il ne se réduit pas à un cercle d'intellectuelles, il s'inscrit, dans la pratique, à travers de multiples groupes associatifs ; il prend part sur le terrain à la réorganisation de la société et s'implante même dans l'appareil d'État avec la création du Conseil du statut de la femme dès 1973.

Les Québécois ont donc parfois laissé la France et la Grande-Bretagne loin derrière eux. « Le peuple québécois est le résultat de ces deux cultures, française et anglaise, assure Gilbert Rozon. Mais la société s'est émancipée. Aujourd'hui, elle a dépassé sa crise d'adolescence et commence à vieillir. Elle retourne à ses parents et veut prendre le meilleur de chacun : la culture, l'esthétisme, le débat d'idées chez la mère patrie, la France. La démocratie, la libre-pensée, l'acceptation de cultures différentes chez l'ancien empire colonial, la Grande-Bretagne. » Prendre le meilleur de chacun, c'est l'idéal. Le plus souvent, les Québécois sont pris dans une drôle de dialectique, ils vivent au quotidien les tensions entre ces deux héritages. Ils parlent français, mais pèsent en livres et en onces, mesurent les tailles en pieds et en pouces et les surfaces en pieds carrés. De la France, ils ont gardé l'attrait pour la gastronomie, le souci du temps de vivre, le romantisme des sentiments. Les Québécois aiment être amoureux ! Des Britanniques, ils ont le fair-play, la politesse publique, le sens de l'organisation : ils font la file à l'arrêt de bus ! Yvan Bourgeois, directeur du service de l'immigration du Québec à Paris, rend compte à merveille de cette dialectique. Parti représenter le Délégué général du Québec lors des commémorations pour le 60ᵉ anniversaire de la libération d'un petit village en Picardie, il fait des recherches, trouve sur l'Internet un texte en picard sur l'histoire dudit village... et le lit aisément, alors que les Français n'en comprennent pas un mot ! « Quel choc ! se souvient-il. Mais ce n'est pas tout. Je suis né dans une famille francophone, j'ai été nourri de l'histoire du Québec et de la France, l'Anglais est l'ennemi héréditaire. Et alors que je me rends pour la première fois à Londres, là, c'est un choc encore plus grand : je suis à la maison. L'architecture, la nourriture, les rapports entre les gens, tout me rappelle mon pays ! »

À Montréal, la cohabitation des héritages français et britannique s'incarne aussi dans les rapports au quotidien entre francophones et anglophones du Québec, comme dans l'entreprise de Gilbert Rozon où coexistent les équipes de Juste pour rire et de Just for Laugh : « C'est un affrontement culturel permanent, raconte le fondateur. Les uns arrivent à l'heure, les autres parlent fort, ce n'est pas simple ! » poursuit-il mi-sérieux mi-badin. Pour corser le tout, cette tension se double d'une autre contradiction forte, celle d'un héritage européen sans cesse concurrencé par l'ancrage nord-américain.

L'ATTRACTION DES ÉTATS-UNIS

Raymond Bachand, le P-DG du cabinet de conseil Secor, n'y va pas par quatre chemins : « Le Québec, c'est le 60ᵉ État des USA ! » affirme-t-il d'entrée. Une façon de rappeler la grande proximité géographique et la forte dépendance économique de la province à l'égard de son géant de voisin. L'économie québécoise est l'une des plus ouvertes au monde. Les exportations représentent 55 % de son produit intérieur brut (PIB). Quatre emplois sur dix en dépendent. Les exportations internationales pèsent pour 35 % du PIB contre 20 % seulement pour les exportations vers les autres provinces canadiennes. Environ 85 % des exportations internationales sont destinées aux États-Unis. Ceux-ci sont tentés de considérer le Québec comme un prolongement de leur marché domestique, ce qui rend les entreprises québécoises très attentives à la concurrence américaine et au potentiel de cet immense marché. À peine élu en avril 2003, le nouveau Premier ministre du Québec, Jean Charest, consacrait sa première visite officielle à l'État de New York pour y rencontrer le gouverneur et les représentants du monde économique.

Depuis son bureau installé dans les anciens entrepôts portuaires de Montréal reconvertis en pépinières de start-up, Éric Boyko, jeune P-DG fondateur d'E-Fundraising, a aussi les yeux tournés vers les États-Unis. Sa société, spécialisée dans la collecte de fonds pour des associations, réalise 16 millions de dollars de chiffre d'affaires dont 15 aux États-Unis. L'emploi de ses 140 salariés en dépend. Son premier client est un coach de foot texan ! En 1997, il a pourtant frôlé la faillite : « J'ai voulu développer le business *coast-to-coast*, raconte-t-il. Nous avons ouvert des bureaux à Calgary et Vancouver. C'était impossible à gérer ! Vancouver est à six heures d'avion de Montréal pour un bassin de deux millions de personnes. Alors qu'à une heure trente au sud de Montréal, dans le couloir Boston-New York-Chicago-Washington, il y a plus de cent millions d'habitants. » Sa conclusion est sans appel : « Il faut penser nord-sud et non est-ouest. » Ce trentenaire est aujourd'hui milliardaire, après avoir revendu sa société... à un groupe américain ! Les entreprises américaines sont en effet très présentes au Québec. Elles sont plus de 400 et, bon an mal an, la moitié des investissements directs étrangers au Québec viennent des États-Unis. Les supermarchés Provigo, qui sont aux Québécois ce que Carrefour est aux Français, sont passés sous la bannière étoilée ; le brasseur Molson a fusionné avec son concurrent américain Coors.

Pour beaucoup d'entreprises québécoises, l'accès au marché américain ou à une masse critique aux États-Unis constitue l'objectif stratégique n° 1. Les États-Unis représentent la troisième population mondiale après la Chine et l'Inde. Le marché est unilingue, homogène, et les concurrents américains sont connus puisqu'ils opèrent souvent au Canada. Qui penserait ainsi que le groupe de distribution Jean-Coutu, dont les magasins à l'enseigne rouge et jaune quadrillent Montréal, tire 90 % de ses revenus au sud de la frontière ? Entreprise familiale née en 1969, elle a réalisé plusieurs acquisitions successives aux États-Unis et se place aujourd'hui au quatrième rang sur le continent. La chaîne de dépanneurs Alimentation Couche-Tard est aussi partie à la conquête des *States*, où elle réalise désormais 60 % de son chiffre d'affaires. Le groupe de services informatiques CGI y a mené deux de ses plus grosses opérations de croissance externe, pour s'imposer maintenant parmi les leaders de son secteur en Amérique du Nord. En 2003, les entreprises québécoises ont exporté pour plus de 50 milliards de dollars canadiens aux États-Unis contre... 1,2 milliard en Allemagne, environ 1 milliard en Grande-Bretagne et moins de 1 milliard en France. Ainsi, la France n'est que le quatrième partenaire commercial du Québec, loin derrière les États-Unis.

L'interpénétration très forte entre les économies québécoise et américaine a été facilitée par l'Accord de libre-échange signé entre le Canada et les États-Unis en 1989 (Ale) puis par l'Alena, l'Accord de libre-échange nord-américain étendu au Mexique et conclu en 1994. Ces deux ententes ont stimulé les relations commerciales : en dix ans, entre 1990 et 2000, les exportations de biens et de services du Québec ont bondi de près de 160 % ! La part des exportations dans le PIB est passée en quinze ans de 45 % à 55 %. Bien sûr, d'autres facteurs ont joué, notamment la croissance de l'économie américaine et la faiblesse de la monnaie canadienne. Il n'empêche, le Québec a su profiter à fond de l'ouverture des marchés, en s'appuyant sur ses six représentations officielles aux États-Unis : la délégation générale de New York, ouverte depuis 1940, les délégations de Boston, Chicago, Los Angeles, l'antenne d'Atlanta, le bureau de Miami et, enfin, le « bureau de tourisme » à Washington – difficile en effet pour le Québec d'imposer une représentation diplomatique dans la capitale américaine aux côtés de l'ambassade du Canada. Si le Québec était un pays, il figurerait au septième rang des plus importants fournisseurs des États-Unis. On comprend dès lors pourquoi les Québécois sont particulièrement inquiets du regain de protectionnisme de leur grand voisin, et pourquoi les milieux d'affaires voient dans la future Zone de libre-échange des Amériques (Zlea) le meilleur rempart contre ce danger.

Si les Québécois sont à l'aise sur le marché américain, c'est aussi parce qu'ils sont nord-américains avant d'être francophones. « Nous sommes pragmatiques, résume François-Xavier Simard Jr, avocat d'affaires au cabinet Joli-Cœur, Lacasse Geoffrion, Jetté, Saint-Pierre. Contrairement à ce que l'on observe en Europe, il n'est nul besoin au Canada d'élaborer un cadre chaleureux et courtois avant de parler affaires. Nous avons coutume d'aller droit au but. » Efficacité, performance, compétitivité sont les maîtres mots. « Nous avons été élevés à la rigueur américaine, dans la négociation et la gestion, explique Alain Simard, le P-DG fondateur du groupe de divertissement Spectra. Ici *a deal is a deal*. Une fois signé, on n'y revient plus. » Cet homme a fait de Montréal, deuxième ville francophone du monde, la capitale du jazz en Amérique. Chaque été, depuis vingt-cinq ans, il organise un festival où se produisent les plus grands artistes et les talents de demain. Des dizaines de milliers d'Américains convergent alors vers le Québec. Il faut dire que déjà, dans l'entre-deux-guerres, à la grande époque de la prohibition, Montréal était la ville préférée des Américains attirés par l'alcool, la musique et les filles. Dans les années 1940 et 1950, tous les musiciens new-yorkais venaient s'y produire.

Les Québécois ne s'effarouchent pas de manier l'anglais au quotidien. La langue de Shakespeare est devenue pour beaucoup de francophones la langue de travail, une obligation dans la mesure où les États-Unis représentent leur premier client. « Parler exclusivement en français au bureau est impossible », reconnaît Pierre Georgeault, au Conseil supérieur de la langue française. Dans le monde professionnel, le Québec est une société américaine : on travaille quarante heures par semaine, la durée légale des congés annuels ne dépasse pas deux semaines, la journée commence et finit tôt, la pause déjeuner est rapide. Surtout, on gère « à l'américaine ». Jean-Pierre Huchin, expatrié français à Montréal où il a été envoyé par le groupe Snecma (moteurs d'avions) pour créer un bureau d'études et de conception, en a fait l'expérience. « La fidélité des salariés, ici, cela n'existe pas. Les gens restent en moyenne un an et demi dans une entreprise. Il est très difficile de capitaliser sur les hommes et leurs compétences, ils vous quittent très facilement. Vous l'apprenez un matin, et quinze jours après, ils ne sont plus là ! » Une fluidité qui fonctionne dans les deux sens. Au Québec, on embauche et on débauche dans la minute. La hiérarchie est limitée, l'accès aux dirigeants très facile, on appelle le patron par son prénom et il est généralement disponible. « Les gens vous rappellent tout de suite », souligne Jean-Baptiste Guillot, avocat d'affaires parisien spécialisé dans le franco-canadien. Sa profession est très bien représentée là-bas où, comme aux États-Unis, un patron ne prend jamais une décision sans concerter son avocat, qu'il dirige une PME ou un grand groupe. Dans les affaires, les Québécois ne sont pas des sentimentaux : on conclut un accord par intérêt et non par orgueil, on évolue dans l'entreprise en fonction de ses compétences et non de son ancienneté. Personne ne craint de parler d'argent. Il est plus avantageux, au niveau fiscal, d'être travailleur indépendant que salarié. Tout le monde a été au moins une fois dans sa vie entrepreneur ! La mobilité sociale reste forte et la réussite à la portée de tous, quels que soient l'origine et le diplôme – ou l'absence de diplôme. Mais le plus grand rêve et la plus grande fierté d'un Québécois, ce sera toujours de réussir aux États-Unis ! À l'image de Céline Dion ou du Cirque du Soleil allant chercher la consécration à Las Vegas.

Les Québécois connaissent souvent mieux les États-Unis que l'ouest du Canada. Les familles fréquentent les plages de l'Atlantique le week-end, tandis que les retraités fuient l'hiver en Floride, à tel point que certaines régions de cet État américain ont pu être baptisées Floribec ! Les étudiants se tournent désormais massivement vers les universités américaines quand leurs aînés rêvaient de la Sorbonne ! Il y a quelques années, un sondage Louis Harris avait montré que 86 % de jeunes Québécois se sentaient plus proches de la culture américaine que de la culture française ; 62 % se sentaient très éloignés de la France et 31 % considéraient que la culture française n'est pas importante pour eux.

Fascinés par les modes de consommation américains, qu'ils adoptent volontiers, les Québécois sont en même temps les Canadiens les plus critiques vis-à-vis des États-Unis. L'Amérique de Bush n'est pas particulièrement leur tasse de thé. Deux sondages réalisés à l'automne 2004 avant les élections américaines en donnaient une preuve éclatante : 67 % des Québécois pensaient que la réélection de Bush aurait des répercussions négatives sur la paix et la sécurité et, s'ils avaient pu voter, 69 % auraient choisi John Kerry[6]. Une autre étude, réalisée par l'Institut Crop en septembre 2004, montrait que, pour 59 % des Québécois, la démocratie américaine n'est pas un modèle à suivre et que, pour 70 % d'entre eux, les États-Unis ne contribuent pas au maintien de la paix dans le monde. Sur tous ces points, ils sont très différents des Canadiens, nettement plus positifs vis-à-vis de leur grand voisin. Dès lors, on comprend comment les mouvements antimondialisation ont pu trouver un certain écho au Québec où s'est créée, dès 1999, la seule antenne canadienne du mouvement français Attac. L'association a été très active en 2001 lors de la tenue du Sommet des Amériques à Québec. Dirigée par un universitaire retraité, ancien militant syndical qui avait vécu mai 1968 en France, elle se mobilise aujourd'hui contre l'injustice fiscale et contre l'accord général sur les services à l'OMC. Elle défend vigoureusement les services publics sociaux, importants dans la société québécoise, quasi inexistants aux États-Unis. Un « réseau de vigilance » s'est même développé autour de plusieurs associations partageant les mêmes préoccupations qu'Attac. En fait, les citoyens québécois, très favorables au libre-échange quand se négociait l'Alena, sont aujourd'hui, à l'heure de la Zlea, plus circonspects. Certains mettent en doute les avantages tirés de l'Alena et soulignent l'écart croissant entre le niveau de revenus aux États-Unis et au Québec. Le Forum sur l'intégration nord-américaine, créé pour alerter sur les défis posés par l'intégration des différents partenaires de l'Alena, est une initiative québécoise.

---

6. Léger Marketing.

Il met l'accent sur les enjeux de développement, du Mexique au Québec.

La proximité géographique et le lien économique avec la première puissance mondiale poussent donc les Québécois à prendre leurs distances et à cultiver avec encore plus d'ardeur leur différence. Leur rapport avec les États-Unis reste néanmoins toujours ambigu. Ils sont parfois tentés de jouer Washington contre Ottawa, espérant ainsi se dégager de l'emprise canadienne. Mais ils savent qu'ils ne parleront jamais d'égal à égal. Aujourd'hui, le sentiment de la dépendance économique américaine vaut largement celui de la dépendance politique canadienne, et la menace pour l'identité québécoise vient autant du Sud que de l'Ouest. Pour la politologue Anne Legaré, ancienne déléguée du Québec à Boston, puis à New York, l'identité américaine commune est un fantasme : « On se pense comme nord-américain jusqu'à s'imaginer être semblable et, d'un seul coup, on découvre que les États-Unis sont différents de nous ! Pour un Québécois, il n'est pas plus facile d'être un Américain que d'être un Canadien. » Dans un livre récent, *Le Québec otage de ses alliés,* cette proche du Parti québécois, souverainiste convaincue, milite pour « mettre une sourdine au continentalisme et se tourner vraiment vers la France et l'Europe ». Elle va ainsi à l'encontre des thèses d'Yvan Lamonde qui, lui, préfère insister sur l'américanité des Québécois, cherchant ainsi à décomplexer ses compatriotes vis-à-vis de la France en valorisant la culture de la nouveauté, de la mobilité et du métissage, propre aux sociétés du Nouveau Monde.

Beaucoup de Québécois se sentent en effet américains, comme l'explique joliment la chorégraphe Marie Chouinard : « Je suis une femme américaine, je suis d'Amérique comme un caribou ou un bison est d'Amérique, je suis de cette terre où il y a de l'espace. En Europe, il y a des frontières partout, des vieux bâtiments, une histoire, un passé qui ne cessent de se réaffirmer. Chez nous, au Nord, il n'y a pas de frontière, pas de douane. Au niveau mental, cela procure un immense sentiment de liberté.» Marie, grande liane aux cheveux longs, danse depuis vingt-cinq ans. Elle a parcouru le monde, de New York à Berlin en passant par l'Indonésie et le Népal, mais c'est toujours dans son studio de Montréal avec vue sur le Mont-Royal qu'elle crée ses nouvelles pièces depuis qu'elle se consacre à la chorégraphie. La styliste Mariouche Gagné lui fait écho : « Quand je vivais à Milan, c'était dur car je ne voyais jamais loin. Il y avait toujours un mur ! Au Québec, on voit souvent loin et on a plus d'espace pour vivre.» La jeune femme aime s'isoler dans une cabane au cœur de la forêt québécoise, en plein hiver, sous la neige, pour dessiner ses modèles de vêtements fabriqués en fourrure recyclée. Les grands espaces ne sont pas un mythe. Les Québécois sont sept millions et demi et vivent dans un territoire grand comme trois fois la France. La densité est de quatre habitants au kilomètre carré contre cent cinq dans l'Hexagone ! Certes, la moitié de la population est concentrée dans le grand Montréal, mais il y a quand même six fois plus d'habitants au kilomètre carré à Paris que dans la métropole québécoise.

La géographie, une fois de plus, a forgé l'identité des Québécois. Le temps qu'il fait n'est jamais un sujet banal à Montréal, où les températures peuvent varier de + 35 l'été à − 35 l'hiver. Le climat est extrême et la nature toujours excessive, comme le prouvent la tempête de verglas de janvier 1998 ou les inondations dans le Charlevoix en 1997. La canicule à Montréal, c'est presque tous les étés, l'humidité en plus. Froid rigoureux l'hiver, chaleur moite l'été, tout cela n'est pas sans incidence sur le tempérament. « L'hiver a formé mon intelligence, ma sensibilité, ma capacité à passer d'un extrême à l'autre », dit encore Marie Chouinard. L'hiver est une source d'inspiration pour les artistes, et l'été s'avère propice au partage. Les longs mois de novembre à mars, où chacun se réfugie à l'intérieur, ont favorisé la culture du conte et de la chanson populaire. Juillet et août sont mis à profit pour de grands rassemblements festifs. On rappelle souvent la phrase de Gilles Vigneault : « Mon pays ce n'est pas un pays, c'est l'hiver[7]. » Elle est si éloquente ! L'hiver a forgé une culture propre aux Québécois. Il a contraint les premiers colons à transformer leurs traditions pour s'adapter et survivre. Dès le mois de septembre, chacun se prépare à subir l'assaut du froid et de la neige. On calfeutre les maisons, on révise la voiture, on renouvelle son *kanuk* (la plus québécoise des doudounes). L'hiver induit naturellement la solidarité : impossible de vivre en autarcie. Chaque détail a son importance. Le vent qui rend le froid plus insupportable, la neige qu'il faudra pelleter, le verglas dangereux pour les piétons comme pour les voitures. Au printemps, le pays émerge de l'hibernation. On sort les vélos, on bichonne les jardins, *Info Nids de Poule* (sic) fait le point sur l'état des routes... L'impact du climat sur les Québécois est loin d'être neutre, il fait d'eux un peuple parfois plus proche des Scandinaves que des Européens du Sud. Pour Jacques Bouchard, P-DG du Groupe Multimedia, spécialiste de l'audiovisuel, « le tempérament québécois est fait à 70 % d'américanité, à 15 % de nordicité et à 15 % de latinité ! » Et le Canada dans tout ça ?

---

7. *Mon pays,* 1965.

DES CANADIENS PAS COMME LES AUTRES

« On parle de l'influence américaine, de l'influence française, mais on oublie souvent la plus forte : l'influence canadienne », estime Taras Grescoe, journaliste, auteur de *Sacré Blues, un portrait iconoclaste du Québec* publié en 2002[8]. Il est clair que la présence du Québec, seule province francophone au sein de la fédération, est un élément essentiel de l'identité canadienne : celle-ci lui doit notamment son bilinguisme. La reconnaissance progressive du fait français a marqué le Canada moderne avec les lois sur les langues officielles de 1969. C'est aussi poussés par le Québec que les débats sur la répartition des pouvoirs entre le gouvernement fédéral et les provinces se sont multipliés. Enfin, historiquement, le Saint-Laurent est le berceau du Canada. Ottawa, la capitale fédérale, est située en Ontario, à la lisière du Québec. Les deux provinces sont juste séparées par la rivière des Outaouais.

Le Québec a donné au Canada ses Premiers ministres les plus marquants de l'après-guerre : les libéraux Pierre-Elliott Trudeau et Jean Chrétien, le conservateur Brian Mulroney. L'iconoclaste Trudeau, né à Montréal d'une mère anglophone d'ascendance écossaise et d'un père francophone, a mis en œuvre à Ottawa ses idées progressistes. Ministre de la Justice, il a libéralisé les législations fédérales sur l'avortement et les homosexuels. Premier ministre de 1968 à 1979, il a instauré de généreux programmes sociaux, notamment dans le domaine de la santé. Il a profité de son dernier mandat (1980-1984) pour adjoindre à la Constitution canadienne une Charte des droits et liberté (1982), sa plus

---

8. Vlb Éditeur/Albin Michel, 2002.

grande fierté. Brian Mulroney, le « pt'it gars de Baie-Comeau », a dirigé le Canada de 1984 à 1993. Ce conservateur s'est fait remarquer par ses prises de position contre l'apartheid. Il a engagé un vaste plan de protection de l'environnement et conclu un accord avec les Inuits de l'Arctique Est pour la création du Nunavut. En 1993, un Québécois est à nouveau élu Premier ministre du Canada. Le programme du libéral Jean Chrétien qui, dans son premier poste ministériel au début de sa carrière politique, avait cherché à pacifier les relations avec les autochtones, promettait notamment « un pays d'avant-garde, des citoyens en santé dans un environnement sain ». Quant à son successeur Paul Martin, né en Ontario mais élu du Québec dont sa famille est originaire, il s'est prononcé pour le mariage homosexuel et pour le maintien d'un système de santé universel. Le Canada sans le Québec ressemblerait étrangement aux États-Unis. Mais l'inverse est-il vrai ? Quelle est la part de « canadianité » dans l'identité québécoise ? Résiduelle ? comme l'affirment les farouches partisans de l'indépendance. Ou déterminante ?

Avant de se dire québécois, les habitants du Québec ont été des Canadiens. Ils se sont définis plus tard comme des Canadiens français pour se distinguer des Canadiens anglais. Au tournant du XXᵉ siècle, ils ont rêvé d'un Canada français indépendant de l'Empire britannique, où anglophones et francophones auraient vécu égaux. C'est devant l'échec de cet idéal qu'ils se sont affirmés comme québécois pour dire plus fort encore leur spécificité. En 1945, Hugh MacLennan, dans un ouvrage qui fait désormais référence, dresse le constat de ces *Deux solitudes,* francophone et anglophone, incapables de se rejoindre. Il n'empêche. C'est parce qu'ils étaient canadiens que des Québécois ont participé au débarquement sur les plages de Normandie en

1944. C'est parce qu'ils sont canadiens que 40 % des Québécois parlent anglais. Leur chemin de fer, leur aviation, leur poste et leur téléphone sont canadiens. Leur dollar est canadien. Le club de hockey préféré des Québécois, c'est bien sûr le Canadien de Montréal, depuis 1909. Les jeunes consommateurs du Québec d'aujourd'hui partagent les mêmes références que tous les autres jeunes consommateurs canadiens. *Last but not least,* leur passeport est canadien, et peu de Québécois sont prêts à y renoncer.

Pourtant, rares sont ceux qui ont déjà visité l'Alberta ou la Colombie-Britannique, préférant partir se dorer au soleil de Floride ou de Cuba. « Les Québécois sont certainement les plus latins des Canadiens, assure Suzanne Sauvage, la présidente du groupe de communication Cossette à Montréal. Plus que tout autre Canadien, ils sont mus par l'émotion plus que par la raison. » Les Québécois ont ainsi contraint la publicité à s'adapter à leur personnalité complexe. Si le Québec est le seul marché occidental où Coca-Cola n'est pas leader c'est parce que Pepsi a compris plus vite que la firme d'Atlanta cette nécessité. Dans les années 1980, la marque est allée chercher un comique québécois, l'un des plus populaires à l'époque, pour sa campagne. Aujourd'hui encore, elle sait s'adresser aux Québécois. Dans un récent spot, elle tourne en dérision leurs particularités. « Ici, on déménage tous le même jour. Ici, il ne fait pas froid, il fait frais. Ici, on a hâte que l'été arrive. Ici, nos routes sont loin d'être plates, etc. », pour conclure : « Ici, on dit Pepsi. » Le succès de ces campagnes *ad hoc* est tel que Coca-Cola et McDonald's ont dû se rendre à l'évidence et construire aussi des messages spécifiques. La publicité est truffée de références au quotidien des Québécois. Tel ce spot où l'on voit une jeune femme marcher dans la rue. Soudain, elle pousse un cri d'effroi : la caméra montre au niveau de ses pieds, sur le trottoir, une feuille morte, premier signe de l'arrivée de l'hiver. Le groupe canadien de télécommunications Bell est identifié depuis des années au personnage de « Monsieur B », inconnu dans le reste du Canada. Il apparaît dans toutes sortes de rôles, selon les messages. Même si toutes les campagnes publicitaires ne sont pas spécialement conçues pour le Québec, elles doivent être adaptées pour être pertinentes. Ainsi, la Banque de Montréal ne se vend pas de la même façon au Québec et en Ontario. « Les Québécois ont un rapport moins sophistiqué à l'argent et aux finances personnelles que les autres Canadiens, poursuit Suzanne Sauvage. Ils vivent pour le présent plus que pour le futur. »

Le consommateur québécois se distingue nettement des autres Canadiens. Régulièrement, la presse se fait écho de sondages confirmant cette irréductible différence. Les Québécois dépensent plus en vêtements et en cosmétiques, ils fonctionnent davantage à l'impulsion, bref, ils sont plus cigales que fourmis malgré des revenus en moyenne plus faibles. Ils préfèrent acheter en direct que sur l'Internet. Ils se félicitent de rouler dans des voitures compactes, catégorie reine au Québec (une voiture vendue sur trois), alors qu'elle est moins populaire dans le reste du Canada (une sur cinq), et carrément boudée aux États-Unis (une sur dix). Même leurs loisirs sont différents. Ils travaillent moins et dorment plus que les autres Canadiens, ils lisent moins, pratiquent moins de sport mais ils regardent beaucoup plus la télévision ! (13,2 heures par semaine contre 11,8 heures pour les Ontariens et 12,1 heures pour les habitants des Provinces atlantiques, selon un sondage Léger Marketing de septembre 2004.) Et la télévision, c'est le royaume de la publicité. Dès les années 1970, le Québec a développé sa propre industrie de création publicitaire. La publicité est devenue un produit culturel, jouant un rôle autant social que commercial. Se voir soi-même mis en scène sur le petit écran

répond au besoin de réassurance, à la quête de reconnaissance des Québécois qui gardent toujours le sentiment très
aigu de leur minorité. Toute expression culturelle est bonne
à prendre pour asseoir une identité longtemps étouffée ou
dispersée. La culture populaire est noble parce qu'elle
atteint le plus grand nombre. C'est l'une des grandes leçons
québécoises. « Ce qui fait la particularité des Québécois,
résume finalement Suzanne Sauvage, ce sont leurs para-
doxes, voire leurs contradictions. L'identité québécoise
résulte d'un subtil dosage, hérité de l'histoire, source de ter-
ribles tensions... mais aussi d'une étonnante ingéniosité. »

DES TENSIONS FÉCONDES

Les Québécois ne sont donc pas des Yankees, encore
moins des Français d'Amérique, et bien plus que des Canadiens. Ils ne se contentent pas de faire la synthèse de l'Europe et de l'Amérique. Des multiples influences qui les
agitent, ils ont tiré une formidable énergie créatrice et ont
inventé leurs propres modèles d'organisation sociale, moti-
vés par un « vouloir-vivre » collectif très fort, selon les mots
de l'écrivain Dominique Noguez.

L'État, hérité de la tradition jacobine française, coexiste
avec les mouvements communautaires, quelque 5 000 associations basées sur les solidarités locales. « Le rôle joué par
les organismes communautaires au sein de la société québécoise est fondamental, répétait encore Claude Béchard, le
ministre de l'Emploi, de la Solidarité sociale et de la
Famille, en présentant en août 2004 le plan d'action gouvernemental en matière d'action communautaire. C'est
pourquoi nous devons nous assurer que les gens impliqués
ont des outils nécessaires pour aider leurs concitoyens. »

L'État accorde 530 millions de dollars par an à ces organismes pour qu'ils puissent assurer leur mission. La société civile québécoise est ainsi animée, au niveau local, par des mouvements de jeunes, de femmes, d'immigrés, de citoyens en tous genres qui se retrouvent sur une cause commune, développent des compétences et deviennent des interlocuteurs reconnus par les pouvoirs publics.

Ainsi, les CLSC, centres locaux de services communautaires, qui assurent depuis trente ans une présence gratuite sur tout le territoire pour des besoins sanitaires et sociaux de première nécessité, sont nés d'une initiative citoyenne. Associés à des travailleurs sociaux et des médecins, ils misaient avant tout sur la prévention. L'idée était simple : « Un bon logement garantit une bonne santé autant qu'un médicament.» Le gouvernement libéral de l'époque a reconnu ces structures, les a institutionnalisées et généralisées, en gardant la même philosophie. Ce réseau de cent cinquante établissements a développé des liens exemplaires entre le sanitaire et le social, les soins et la santé publique. Il offre des consultations de première nécessité, permet de maintenir à domicile des personnes âgées ou handicapées, assure des missions préventives en milieu scolaire.

La prévention est d'ailleurs une priorité au Québec, qu'il s'agisse de santé publique ou encore de délinquance. À l'opposé d'une société répressive, la province a mis en place une justice alternative pour les jeunes délinquants. À la base, on retrouve une fois de plus des organismes communautaires : dans les années 1970, ils souhaitaient éviter à ces jeunes de passer devant un tribunal et leur proposaient des travaux de réparation des torts causés. Cette idée de substituer une approche sociale à l'intervention judiciaire a été validée par l'État avec la loi sur la protection de la jeunesse en 1978. Celle-ci introduit le concept de « mesures volontaires », pour les délinquants qui souhaiteraient s'amender de délits mineurs en effectuant des travaux communautaires. En 1984, la loi sur les jeunes contrevenants a précisé les droits et responsabilités des adolescents de douze à dix-sept ans... et ceux de la société. Elle prévoit des mesures de rechange à la procédure judiciaire officielle et permet la participation de la victime au processus de justice.

Le Québec est aussi passé maître dans l'art de la prévention ou du règlement des conflits, que ce soit dans le domaine privé ou professionnel. Le premier service de médiation à la famille a ouvert ses portes à Montréal en 1984. La médiation familiale a été reconnue dès 1985, dans la loi sur le divorce, comme une alternative à recommander aux couples en instance de séparation. Basée sur la collaboration efficace des différents professionnels concernés, elle a été encadrée par la loi en 1993 et rendue obligatoire en 1997. La sociologue Irène Théry a toujours tiré son chapeau aux Québécois pour leur capacité à travailler ensemble dans ce domaine : « Il n'y a aucune confusion des rôles, chacun reste à sa place, reconnaît-elle. L'avocat ne se prend pas pour le juge, le juge ne se prend pas pour le psy et le psy ne se prend pas pour l'éducateur. En France, chacun est tenté de jouer tous les rôles à la fois. Au Québec, personne ne prétend régler le problème seul. » Les promoteurs de la médiation familiale en France se sont largement inspirés de l'expérience québécoise, mais ils ont dû attendre 2002 pour la voir introduite dans le Code civil français ! Le recours à un tiers pour dénouer une situation de blocage entre partenaires sociaux fait également partie des habitudes. C'est la médiation sociale, qui prévoit depuis trente ans des programmes de conciliation lors du renouvellement des conventions collectives professionnelles. Quant à la fameuse question du service minimal en cas de grève, objet de débats sans fin en France, elle a trouvé au Québec une réponse depuis plus de vingt ans...

Le Conseil des services essentiels (CSE), créé en 1982, assure l'arbitrage entre les droits des travailleurs qui s'apprêtent à déclencher une grève et les besoins de la population. En fait, c'est un tribunal administratif aux pouvoirs quasi judiciaires. Quand une grève est annoncée dans certains services publics, dans les services sociaux et les établissements de santé, il s'assure que la protection de la santé ou la sécurité du public sont garanties, sans empêcher l'exercice du droit de grève. Pour cela, il privilégie la médiation. Si celle-ci n'aboutit pas, il tient une audience publique. Mais l'objectif reste le même : obtenir une entente entre les parties pour assurer les services essentiels. Le CSE peut aussi intervenir « en redressement » lorsque les services essentiels ne sont pas fournis ou lors d'une grève illégale. Il peut dans ce cas imposer des mesures de réparation s'il y a eu préjudice. Les sept membres du CSE sont nommés par le gouvernement. À l'exception du président, ils sont issus à parité des milieux patronaux, syndicaux et socio-économiques. L'intervention du CSE produit souvent des résultats remarquables. En novembre 2003 par exemple, les employés de la Société de transport de Montréal étaient en grève... mais les métros circulaient le matin jusqu'à 9 heures, de 15 heures à 18 heures 30 et en fin de soirée !

Entre respect des droits individuels et sens du collectif, le Québec a donc inventé des pratiques sociales originales. Avec une priorité constante : la concertation. Même le gouvernement libéral élu en avril 2003 et tenté de prendre ses distances avec cette méthode a dû y revenir. Il a organisé en 2004 une vingtaine de forums civiques dans les régions et un grand forum des générations à Québec. Sommets économiques et sociaux, tables de concertation, consultations citoyennes sont de tradition au Québec, de même que les nombreux conseils indépendants installés auprès des ministères pour faire entendre la voix des acteurs sociaux. C'est par exemple à travers le Conseil du statut de la femme que les associations féminines ont fait avancer leur cause au sein même de l'État. Le Québec apparaît ainsi aujourd'hui pour une Française comme un modèle d'égalité dans les rapports hommes/femmes. D'après un sondage réalisé par la société d'études Léger Marketing en mars 2004, 77 % des Québécoises se sentent libres et égales à l'homme, contre seulement 58 % de l'ensemble des Nord-Américaines. À tel point que certains Québécois vous diront que les Québécoises ont pris le pouvoir ! En fait, dans les rapports entre les sexes, la société québécoise est une fausse société latine. Elle a plutôt vécu, historiquement, dans une sorte de matriarcat. L'homme était absent de la maison. Coureur des bois, bûcheron, pêcheur, il laissait à sa femme la responsabilité du foyer domestique. Celle-ci assurait la survie en nombre de la communauté, où les fratries de douze ou quinze enfants n'étaient pas rares.

Jusqu'au milieu du XXe siècle, l'homme québécois était aussi un individu soumis au pouvoir anglophone, donc peu valorisé. Les femmes, en revanche, avaient du pouvoir dans la famille et, dès la Révolution tranquille, elles ont voulu l'étendre au-delà de la sphère domestique. « Du privé au public » était leur slogan. Le mouvement féministe a pleinement participé à la modernisation de la société. Il s'est cristallisé autour de la Fédération des femmes du Québec, qui regroupe aujourd'hui quelque 160 associations et plus de 800 membres individuels. Les Centres de la petite enfance (CPE), l'équivalent de nos crèches, ont d'abord été créés par des mouvements féministes avant d'être institutionnalisés par l'État en 1997. À lui seul, le Québec regroupe 40 % des places réglementées en service de garde au Canada ! Ces garderies à prix unique, cinq dollars par jour jusqu'en 2003, sept dollars depuis 2004, constituent une des grandes fiertés de la société québécoise, soucieuse d'assurer une bonne prise en charge de ses enfants tout en permettant aux femmes de concilier vie professionnelle et vie familiale. Selon l'OCDE, les CPE développent une ambitieuse politique d'éducation préscolaire, à laquelle les parents sont étroitement associés[9]. Autre fierté de la société québécoise, défendu bec et ongles face à Ottawa, le généreux système de congé parental, adopté en 2000 à l'unanimité par l'Assemblée nationale.

Aujourd'hui, les femmes sont (presque) autant que les hommes aux commandes du Québec. Un tiers des députés (sans loi sur la parité), un tiers des administrateurs de société et un tiers des chefs d'entreprises sont des femmes. Le Réseau des femmes d'affaires du Québec regroupe 2 500 adhérentes. Depuis 1997, la loi sur l'équité salariale vise à attribuer aux emplois traditionnellement féminins, notamment dans la fonction publique, des salaires égaux à ceux traditionnellement occupés par les hommes, même s'ils sont différents de nature, mais de valeur identique. Elle instaure un principe ambitieux : « Un salaire égal pour un travail différent mais équivalent. »

L'égalité des droits entre les citoyens constitue en effet la clé de voûte de la société québécoise. Si une Charte des droits et libertés de la personne existe aussi bien au Québec (depuis 1975) qu'au Canada (depuis 1875, inscrite dans la Constitution en 1982), les Québécois apparaissent comme les plus progressistes des Canadiens. Ils ont été les premiers à accepter les unions du même sexe. La loi sur l'union civile, reconnaissant l'égalité des conjoints unis dans le mariage, civilement ou de fait, quel que soit leur sexe, avec les mêmes droits et obligations, a été adoptée en juin 2002

---

9. Étude de l'OCDE sur les services aux enfants, octobre 2004.

à l'unanimité par l'Assemblée nationale. Le Québec est ainsi la première société en Amérique du Nord à abolir dans ses lois toute distinction sur l'orientation sexuelle. Il est aussi l'un des rares pays au monde à reconnaître aux couples homosexuels le droit à l'adoption.

La Commission des droits de la personne, instaurée en 1975 pour veiller au respect de la Charte des droits et libertés de la personne, est une impressionnante structure de 165 salariés, répartis sur onze bureaux régionaux dans le pays ! Elle traite les plaintes des citoyens, peut conduire des enquêtes, faire des recommandations, tenter une médiation et, en cas d'échec, elle peut transférer le dossier à un tribunal spécifique, le Tribunal des droits de la personne. Elle développe aussi des actions pour l'égalité, valorise les bonnes pratiques, dispense des formations et donne son avis sur des projets de loi. Avec ses trente ans d'expérience, la Commission est devenue un modèle pour la France, qui s'en est largement inspirée pour dessiner les contours de la Haute Autorité de lutte contre les discriminations, mise en place en janvier 2005. Comme au Québec, la structure française pourra être saisie directement par les citoyens, accompagnera les plaignants et disposera d'un pouvoir d'investigation. « En revanche, elle n'a pas de pouvoir judiciaire comme au Québec », précise son président, Bernard Stasi. Autre défi pour la Haute Autorité française par rapport à son homologue québécoise : assurer son indépendance politique. « La Commission des droits de la personne au Québec dispose d'une grande indépendance, relève, admiratif, Bernard Stasi. Ses quinze membres sont nommés par le Parlement sur proposition du Premier ministre, secondé par le chef de l'opposition officielle. » Rien de tel en France où les onze membres sont nommés par les plus hautes personnalités de l'État, président de la République, Premier ministre, président de l'Assemblée nationale, du Sénat, vice-président du Conseil d'État, président de la Cour de cassation et du Conseil économique et social. Une chose est sûre : elle devrait être autant sollicitée que la Commission des droits de la personne au Québec. En 2002, celle-ci avait reçu plus de 50 000 dossiers !

Le souci de garantir l'égalité des citoyens dans la vie civique est également à l'origine de la loi sur le financement des partis politiques, votée en 1977, quinze ans avant que la France se saisisse du sujet ! Elle interdit aux personnes morales de participer au financement des partis politiques. Seuls les électeurs peuvent apporter des fonds et leur contribution annuelle ne peut pas dépasser 3 000 dollars canadiens par entité politique. Les partis doivent publier des rapports financiers dans lesquels sont recensés les noms des donateurs dont la contribution totale au parti et à chacune de ses instances dépasse 80 dollars, ainsi que le montant versé. Les dépenses des partis sont plafonnées et font l'objet d'un suivi rigoureux. La loi s'applique aussi bien aux partis provinciaux que municipaux. Elle a inspiré les auteurs, en France, de la première loi sur le financement des partis politiques en 1991, ainsi que des lois similaires en Belgique et en Catalogne.

L'égalité des droits signifie aussi pour les Québécois l'égal accès à l'éducation et à la santé. Dans le budget 2004, les seules hausses de crédit ont été réservées à l'éducation, la santé et la culture, il est vrai principales compétences provinciales. Le Québec dispose d'un système public de santé garantissant l'accès universel à des services hospitaliers gratuits et à la médecine de ville. Chaque Québécois détient une carte Soleil, sésame pour les consultations et les soins, grâce à laquelle il ne débourse pas un dollar. Un système aujourd'hui au bord de l'asphyxie, menacé par l'explosion de la demande et le manque de financements. Les Québécois ne sont pas prêts à y renoncer, même s'ils sont les Canadiens les plus disposés à accepter l'idée de le compléter par un système parallèle privé. « Au Canada anglais, le débat sur le système de santé est un débat identitaire, souligne Michel Kelly-Gagnon, directeur général de l'Institut économique de Montréal, spécialisé dans l'étude critique des politiques publiques. Le système gratuit et universel est un moyen de se différencier des États-Unis. Au Québec, il existe bien d'autres voies de différenciation ! » Lucien Bouchard, ancien Premier ministre (1996-2001), issu du Parti québécois, s'est même prononcé l'an dernier en faveur d'un système privé pour soulager le système public. La réflexion est lancée...

Elle est en cours également sur les frais de scolarité. Le Québec a toujours défendu le principe d'un accès le plus large possible à l'éducation. Il lui a permis, dans la foulée de la Révolution tranquille, de devenir une des sociétés les plus éduquées du monde : près de 40 % des Québécois de vingt-cinq à soixante-quatre ans ont suivi des études postsecondaires. Jusqu'au cegep, structure intermédiaire entre le collège et l'université, la scolarité est gratuite. Quant aux frais universitaires, ils sont les plus bas du Canada, avec quelque 1 700 dollars par an contre plus de 4 000 dollars pour la moyenne canadienne. Ils ne représentaient, en 2002-2003, que 10 % des revenus des universités québécoises contre une moyenne de 25 % pour l'ensemble du Canada. En quarante ans, le Québec n'a augmenté qu'une seule fois les frais de scolarité ! Aujourd'hui, le débat est ouvert sur la nécessité de mettre davantage à contribution les étudiants pour mieux financer les universités. Mais le gouvernement libéral élu en avril 2003 a promis le gel des droits de scolarité tout au long de son mandat.

Ce souci d'égalité, doublé d'une culture de la concertation, constitue sans doute une réponse originale aux multiples contradictions qui agitent les Québécois. Les citoyens et leurs représentants parlent souvent d'une seule voix quand il s'agit de défendre les grands principes d'organisation de leur société face à Ottawa. Ils font bloc, comme pour répondre à leurs propres tiraillements. Et comme pour oublier LA question centrale de leur existence collective : celle de l'indépendance, inhérente à l'identité québécoise, qui les torture depuis deux cents ans et les déchire à chaque fois qu'ils doivent se prononcer.

CHAPITRE III

Le rêve de l'indépendance

« Le Québec ne s'épanouit pas dans le Canada et le
Canada est empêché de s'épanouir par le Québec. » C'est
une jeune femme blonde de trente-six ans qui tient ces propos sans appel. En 1997, Caroline Saint-Hilaire a été la plus
jeune élue de la Chambre des communes à Ottawa, sous
l'étiquette du Bloc québécois, parti créé en 1990 pour
défendre les intérêts du Québec au niveau fédéral. Réélue en
2002 et en 2004, elle reçoit dans le décor très britannique
du Parlement canadien, sur la colline dominant la rivière
des Outaouais. Nous sommes le 15 février, jour de la fête
du drapeau. Il y a quarante ans, le Canada a adopté la
feuille d'érable comme emblème national. Par dizaines, des
étendards rouges et blancs ont été hissés sur l'esplanade du
Parlement. Caroline Saint-Hilaire préfère de loin le lys
blanc sur fond bleu du Québec. Souverainiste, elle l'est
depuis toujours. « Je suis venue au monde comme ça, avec
René Lévesque. Je suis née en 1969, au moment où le Parti
québécois commençait à émerger. Je suis une enfant de la
loi 101. Au référendum de 1980, mes parents ont voté
"oui" à l'indépendance. C'est une question d'environnement familial et culturel. Je ne m'identifie pas à la culture
canadienne, comme je ne m'identifie pas à la culture américaine. Ce n'est pas une construction intellectuelle, c'est plu-

tôt de l'ordre du ressenti. Mon pays, c'est le Québec. » Caroline Saint-Hilaire a préféré s'engager au Bloc québécois, à Ottawa, plutôt qu'au Parti québécois, dans la province : « Le Bloc est un parti d'idées et non de pouvoir. C'est très stimulant ! Les leaders du Parti québécois ont développé une approche très rationnelle, en parlant surtout des conséquences économiques et internationales de la souveraineté. Mais il faut à nouveau faire rêver sur cette idée. »

À sa façon, Caroline Saint-Hilaire tente de prendre la relève de ses aînés. La génération des baby-boomers, qui a fait basculer le Québec dans la modernité, avait un moteur puissant : l'indépendance. C'était sa raison d'être et d'agir. De Gaulle l'avait encouragée en lançant son fameux : « Vive le Québec libre ! », le 24 juillet 1967 du balcon de l'hôtel de ville de Montréal. C'était le quatrième voyage du général au Québec, mais le premier depuis que la Révolution tranquille avait vu l'affirmation d'un Québec moderne et émancipé. Ce voyage répondait à une invitation plusieurs fois réitérée par le Premier ministre québécois, Jean Lesage, puis par son successeur, Daniel Johnson. Organisé à l'occasion de l'Exposition universelle de Montréal, il avait lieu aussi l'année du centenaire de la Confédération canadienne. De Gaulle arrive par bateau le 23 juillet à Québec, à bord d'un bâtiment de la Marine nationale. Il doit présider la Journée nationale française le 25 juillet à Expo 1967. Ensuite, seulement, il se rendra à Ottawa ! Pendant deux jours, il remonte le Chemin du Roy. Son parcours n'est qu'une longue suite d'acclamations populaires. C'est le premier chef d'État français à emprunter cette voie royale depuis sa création au XVIIᵉ siècle. D'étape en étape, la ferveur se fait plus grande. Aux hommages et aux soutiens du Général à ce « morceau de notre peuple » décidé à prendre en main ses destinées, répond la ferveur patriotique de plus en plus grande des Québécois. En deux jours, par la grâce des envolées gaulliennes, les Canadiens français deviennent des Français du Canada. À Montréal, la ferveur tourne au délire : c'est à peine si le cortège du général de Gaulle et du Premier ministre Johnson peut se frayer un chemin jusqu'à l'hôtel de ville. Partout, la foule se masse, brandissant drapeaux et pancartes : « Vive De Gaulle », « Vive la France », « France libre, Québec libre », « le Québec aux Québécois », « Québec, pays français ». Accueillis par le maire de Montréal, de Gaulle et Johnson s'approchent du balcon pour saluer la foule. Il n'est pas prévu que le général prononce un discours, mais, galvanisé, il s'empare du micro : « Ce soir, ici, et tout le long de ma route, je me trouvais dans une atmosphère du même genre que celle de la Libération, ose-t-il. [...] Si vous saviez quelle confiance la France porte vers vous, si vous saviez quelle affection elle recommence à ressentir pour les Français du Canada, et si vous saviez à quelle point elle se sent obligée à concourir à votre marche en avant ! » Rien d'autre que son fameux « Vive le Québec libre ! » ne pouvait conclure un tel discours. C'est l'embrasement dans les rues de Montréal et la consternation à Ottawa. Le voyage officiel est écourté. Pourtant, comme Alain Peyrefitte le raconte dans *C'était de Gaulle*[1], il n'était guère étonnant d'entendre ces mots dans la bouche du général. Depuis plusieurs années, le président de la République française ne cessait de répéter à ses proches conseillers la même chose : « Un jour ou l'autre, le Québec sera libre. »

Depuis cette visite historique, pas un chef d'État ou Premier ministre français reçu au Québec n'échappe à la question rituelle des journalistes : « Pensez-vous que le Québec est un pays ? » Chacun s'en tire comme il peut... Lors de sa visite officielle en 2003, Jean-Pierre Raffarin aura ce joli

---

1. Gallimard, 2002.

mot : « Dans mon cœur, le Québec a une place plus grande qu'un pays, c'est une âme. » Quelle est la réalité ? Le Québec est une province canadienne mais on y parle de capitale nationale (Québec), de fête nationale (le 24 juin), d'Assemblée nationale (à Québec) ou encore de Bibliothèque nationale (à Montréal). Après l'échec de deux référendums sur l'indépendance, en 1980 et 1995, la question peut sembler dépassée. Mais cette corde-là est sensible chez les Québécois. Un scandale mettant en cause le gouvernement libéral d'Ottawa sur le versement de commissions occultes à des agences de publicité chargées de « vendre » le Canada au Québec après le référendum de 1995 a provoqué un retour en force des indépendantistes sur la scène politique. Lors des élections fédérales de juin 2004, le Bloc québécois a emporté la majorité des sièges du Québec au Parlement canadien – 54 sur 75. Son discours, résumé dans un slogan astucieux, « un parti propre au Québec », a fait mouche.

Présent uniquement au Québec, le Bloc québécois, né en 1990, s'est donné pour objectif de sortir la province de la fédération canadienne. Il a été créé par Lucien Bouchard, après l'échec de l'accord du lac Meech censé apporter au Québec une reconnaissance en tant que « société distincte ». Ancien avocat, puis diplomate – il a été ambassadeur du Canada en France –, et enfin ministre dans le gouvernement fédéral du conservateur Mulroney, Lucien Bouchard a cheminé vers le souverainisme. Il quitte le Parti conservateur en 1990, déçu par son incapacité à concrétiser l'accord du lac Meech, et siège d'abord sans étiquette. Rejoint par trois autres parlementaires québécois, il fonde avec eux le Bloc québécois. Le programme de ce nouveau mouvement est simple : défendre les intérêts du Québec à Ottawa en attendant l'indépendance. Le Bloc est en quelque sorte le cousin fédéral du Parti québécois, fondé en 1968 par René

Lévesque, pour promouvoir la souveraineté au Québec. Le PQ agit seulement sur la scène provinciale, où il s'oppose au Parti libéral. Autant le Parti québécois a dirigé plusieurs années le Québec (1976-1985, puis 1994-2003), autant le Bloc québécois ne sera jamais un parti de gouvernement à Ottawa, à moins de s'allier avec d'autres partis minoritaires. En revanche, il joue un rôle important dans l'opposition, dont il peut représenter la première force. Depuis 1993 et son arrivée tonitruante sur la scène fédérale avec 54 sièges au Parlement canadien sur les 75 dévolus au Québec, le Bloc n'a cessé de jouer la mouche du coche à Ottawa. Il a bénéficié pendant les trois premières années du charisme de son fondateur, Lucien Bouchard. Cet homme incarne à merveille le tempérament québécois : simple, chaleureux, d'une grande authenticité, c'est un amoureux de la France et de sa culture. Son aura est telle qu'en 1996 il apparaît comme tout désigné pour succéder au Premier ministre du Québec, le péquiste Jacques Parizeau, démissionnaire après l'échec du deuxième référendum sur l'indépendance.

Le Québec, familier des doublons avec la structure fédérale-provinciale du Canada, se paie donc le luxe de compter deux partis indépendantistes ! Quant au Parti libéral du Québec (PLQ), s'il est clairement fédéraliste, il défend aussi avec vigueur la spécificité québécoise. Pour corser le tout, et pour achever de perdre définitivement le novice dans les méandres de la politique provinciale et fédérale canadienne, il faut bien avoir en tête que le Parti libéral, à Québec (PLQ), est plutôt de centre droit alors que le Parti libéral du Canada (PLC), à Ottawa, est plutôt de centre gauche et s'oppose au Parti conservateur qui, lui, est de droite. Depuis avril 2003, le Parti libéral est au pouvoir à Québec, avec un gouvernement dirigé par Jean Charest. Cet avocat de quarante-cinq ans a souvent été décrit comme « le plus canadien des Premiers ministres québécois ». Lui aussi a commencé sa carrière politique au niveau fédéral, auprès du conservateur Brian Mulroney. Ministre à deux reprises, il dirige ensuite pendant cinq ans le Parti conservateur. En 1995, lors du deuxième référendum sur l'indépendance du Québec, il se fait l'apôtre du « non », allant même jusqu'à se draper dans un drapeau canadien devant les caméras de télévision ! Les fédéralistes le poussent alors à rejoindre la politique provinciale : en 1998, il devient chef du Parti libéral du Québec. Natif de Sherbrooke, dans les cantons de l'Est, à deux heures de Montréal et tout près de la frontière américaine, une région fortement anglophone, il se raconte dans une autobiographie titrée *J'ai choisi le Québec*. Mais le Québec le rejette. Il subit une défaite cuisante aux élections de 1998. L'heure de la revanche sonne en 2003, où il remporte cette fois-ci haut la main le scrutin. Le Parti libéral gagne 76 des 125 sièges à l'Assemblée nationale de Québec, le Parti québécois, son adversaire, connaît son plus mauvais score depuis dix ans. Jean Charest a mené campagne sur la santé, l'éducation, la baisse des impôts, en proposant de « tourner la page sur un modèle d'État ». Décision symbolique au lendemain de son élection, il supprime le bureau du Premier ministre à Montréal... abrité au dernier étage de la tour Hydro-Québec. En revanche, il évite soigneusement le débat sur l'indépendance. Mais certains éléments de son discours d'assermentation flattent la fibre identitaire : « Le Québec existe pleinement, il est maître de son destin. Nous avons la responsabilité de notre différence, de l'affirmer, de la promouvoir[2]. »

La question nationale est en fait loin d'être enterrée. En juin 2004, Paul Martin, le Premier ministre libéral canadien

---

2. Discours d'assermentation de Jean Charest à l'Assemblée nationale du Québec, 29 avril 2003.

qui avait succédé à Jean Chrétien à l'automne 2003, sauve son poste de justesse après des élections très disputées. Celles-ci voient un succès éclatant du Bloc au Québec, succès qui réveille les ardeurs des indépendantistes au sein du Parti québécois. Il faut dire qu'un an après son élection, au printemps 2004, le gouvernement Charest atteint des records d'impopularité. Ses mesures remettant en cause le « modèle québécois » ont choqué la population. Du coup, les sociaux-démocrates du PQ retrouvent grâce aux yeux des citoyens. Et, par conséquence, le rêve de l'indépendance reprend forme...

Pour un Français, la persistance de la question nationale au Québec peut apparaître surréaliste. Pas un jour sans qu'un article de presse, un éditorial, une déclaration ne reviennent sur le sujet. Qu'il s'agisse de politique, d'économie, de culture, l'impact des relations Québec-Ottawa n'est jamais loin, avec, en toile de fond, les revendications autonomistes, voire indépendantistes, de la bouillante province, leur actualité, leur bien-fondé ou leurs ratés. Les enjeux économiques et sociaux restent souvent subordonnés à cette question qui, selon les uns, conditionne, selon les autres empoisonne le débat national.

Évidemment, pour comprendre ce débat, il faut remonter le temps, jusqu'à ce jour de 1759, le 13 septembre exactement, où, sur les plaines d'Abraham, la ville de Québec tombe aux mains des Britanniques. Anglais et Français s'affrontent depuis plusieurs années pour le contrôle du territoire et du commerce des fourrures. En 1763, le traité de Paris cède à la Couronne britannique la Nouvelle-France, peuplée alors par quelque 60 000 colons. Dans la foulée, la Proclamation royale abolit les lois françaises et exclut les catholiques des charges publiques. Elle ouvre deux siècles de domination politique et économique des anglophones sur la communauté francophone. Celle-ci lutte pour sa survie culturelle et linguistique avec, pour principal appui, l'Église catholique, et, pour seule arme, la fécondité. Entre 1760 et 1960, la population française du Canada est multipliée par vingt-quatre alors que la population mondiale se contente de tripler ! C'est la fameuse « revanche des berceaux ». En 1774, par l'Acte de Québec, les Canadiens français obtiennent de conserver leur religion catholique et de retrouver le droit civil français. En 1848, leur langue est enfin reconnue au même titre que l'anglais au Parlement du Canada. Mais pendant ces deux siècles, la seule force des Canadiens français réside dans leur nombre. Ils restent un peuple vaincu et soumis. Cette histoire constitue le terreau du mouvement nationaliste moderne né dans les années 1960.

Son émergence est indissociable de la Révolution tranquille qui, en une décennie, fait basculer le Québec dans la modernité. Les Canadiens français se libèrent d'une double domination, celle de l'Église dans leur vie privée, celle des anglophones dans la vie publique. Dans le même temps, ils affirment leur identité à travers un État providence, très inspiré des structures françaises. Les élites francophones prennent le pouvoir et l'aboutissement logique de cette évolution devait être l'indépendance. Mais au fur et à mesure que le Québec gagne en assurance, ce projet national s'enlise peu à peu dans des questions de procédure – la question n'était plus pourquoi faire l'indépendance mais comment la faire –, bien éloignées des préoccupations du citoyen moyen. Quarante ans après la Révolution tranquille, les baby-boomers s'apprêtent à céder la place aux nouvelles générations, et celles-ci se définissent davantage par rapport au reste du monde qu'au reste du Canada. Plus intéressées par l'affirmation culturelle que par la politique interne, elles battent en brèche le rêve de leurs aînés. Pour elles, et au grand dam d'une Caroline Saint-Hilaire, la question est devenue « ringarde ». Elles attendent un nouveau projet de société capable de dynamiser le Québec et, à leurs yeux, l'indépendance ne peut suffire. Seul hic : au Québec, les forces progressistes sont souvent du côté des souverainistes. Jamais un vrai parti de gauche à côté du PQ n'a encore réussi à s'imposer sur l'échiquier politique, malgré les tentatives de l'Union des forces progressistes qui, en 2002, a rassemblé différentes organisations militantes et, plus récemment, Option citoyenne, un mouvement féministe et écologiste très marqué à gauche, lancé par l'ex-présidente de la Fédération des femmes du Québec. Quant aux anti ou altermondialistes, ils militent pour une démocratie de proximité et viennent de ce fait plutôt alimenter la cause indépendantiste.

Certains se prennent alors à imaginer une « rupture tranquille » qui verrait le Québec sortir en douceur de l'ensemble canadien. Les Québécois sont en effet las de l'affrontement. Même avec un Premier ministre fédéraliste à la tête de la province, les rapports entre Québec et Ottawa restent conflictuels. Et pourtant... Le Canada s'est souvent donné des Premiers ministres québécois, pensant juguler la tentation séparatiste en portant les fédéralistes du Québec à la tête du pays tout entier. Pierre-Elliott Trudeau en a été l'incarnation parfaite. Il n'a eu de cesse de se battre pour l'unité canadienne, s'attirant l'admiration des autres provinces et l'inimitié d'une partie de ses compatriotes. « Les Québécois sont très présents à Ottawa, souligne un ancien ambassadeur de France au Canada. Les meilleurs d'entre eux embrassent souvent une carrière politique, alors qu'un anglophone talentueux choisira plutôt les affaires ! » Nombreux dans l'administration fédérale, les Québécois en sont de très bons connaisseurs et espèrent ainsi assurer au mieux la défense de leurs intérêts. Le bilinguisme officiel du

Canada a tourné à leur avantage. Contraints, pour des raisons économiques et politiques, de parler anglais, ils sont les plus nombreux des Canadiens à bien maîtriser les deux langues. Prudents, ils ne sont pas forcément prêts à renoncer aux deux paliers de gouvernement. Ils panachent leur vote, fédéraliste à Québec, souverainiste à Ottawa, ou vice-versa. Inconsciemment ou non, ils jouent de ce double système aux contre-pouvoirs naturels. « Cela correspond aussi au rêve de préserver le meilleur des deux mondes », analyse le publicitaire Jacques Duval, président de Marketel. Tout simplement, les Québécois se demandent s'ils seraient vraiment plus heureux dans un Québec séparé du Canada. Mais le 1ᵉʳ juillet, quand les Canadiens célèbrent la fête nationale, eux font leurs cartons et procèdent au rituel du déménagement... depuis que le Parti québécois a décalé du 1ᵉʳ mai au 1ᵉʳ juillet la date légale de fin des baux de location ! Une chose est sûre, personne, dans la Belle Province, n'échappe à ce questionnement. Jamais un peuple n'aura autant discuté de son destin national.

LES ACQUIS DE LA RÉVOLUTION TRANQUILLE

Le 22 juin 1960 a marqué un tournant dans l'histoire du Québec. Ce jour-là, le Parti libéral, emmené par Jean Lesage avec le slogan « C'est le temps que ça change », remporte les élections législatives et met fin à quinze ans de gouvernement ultraconservateur sous la férule autoritaire de Maurice Duplessis. « L'alliance du syndicalisme ouvrier et de la petite bourgeoisie intellectuelle a renversé les élites traditionnelles au détriment du milieu rural », explique le sociologue Benoît Lévesque, directeur du Centre de recherche sur les innovations sociales (Crises). C'est comme si une société tout entière ouvrait les vannes. Les Québécois partent à la conquête du Québec. « Aujourd'hui encore, tous les francophones sont à trois générations de la ferme », rappelle l'économiste Jean-François Lisée, ex-conseiller des Premiers ministres péquistes Jacques Parizeau et Lucien Bouchard. Selon les estimations, en 1960, le revenu moyen des francophones correspondait à 66 % de celui des anglophones... Il y avait donc un énorme rattrapage à accomplir.

Le nouveau gouvernement engage le Québec dans une modernisation accélérée au profit des francophones. Il fait de l'État et de la fonction publique son bras armé. Éducation, santé et services sociaux passent sous sa responsabilité, privant l'Église de ses champs d'influence traditionnels. Dès 1960, il met sur pied le régime d'assurance-hospitalisation et instaure l'école mixte, laïque, gratuite et obligatoire jusqu'à seize ans. En 1961, il crée les ministères des Affaires culturelles, du Revenu et des Affaires fédérales-provinciales. Le ministère de l'Éducation ouvre ses portes en 1964. La même année, Québec annonce la création d'une caisse de retraite publique et universelle, à laquelle contribueront tous les Québécois. D'importantes infrastructures publiques sont construites – métro à Montréal, autoroutes, écoles, hôpitaux, musées dans toute la province. Les tours poussent comme des champignons derrière le parlement de Québec pour abriter les nouveaux services gouvernementaux.

L'État nationalise l'électricité en 1962 pour reprendre le contrôle de la principale richesse de la province : il crée Hydro-Québec, qui se voit attribuer le monopole de la production et de la distribution d'énergie. Le groupe s'est longtemps confondu avec l'État, à tel point que, jusqu'en 2003, le bureau du Premier ministre à Montréal était logé dans la tour Hydro-Québec ! Il a également représenté une formidable école de formation pour les cadres francophones.

Dans son sillage ont émergé de nombreuses entreprises d'ingénierie et de construction, qui ont profité de ces grands projets pour se constituer une expertise et une clientèle. À la même époque, l'État se dote d'instruments financiers pour appuyer le développement économique : la Société générale de financement, puis la Caisse de dépôt et placement, créée sur le modèle de la Caisse des dépôts française pour gérer les capitaux du fonds de retraite des travailleurs québécois. Ces deux institutions participent à l'essor d'un capitalisme d'État, engendrant de belles réussites privées. Une génération d'entrepreneurs francophones investit dans de nouveaux secteurs industriels – informatique, média, construction ferroviaire – et contribue à bâtir une économie fièrement baptisée « Quebec Inc ». C'est une révolution. Jusque-là, les Québécois ne produisaient pas de richesses, ils n'engendraient que des prêtres, des médecins ou des avocats ! Dominé par l'anglais et considéré comme trop « matériel » par l'Église catholique, le monde des affaires était fermé aux francophones. Enfin, la province s'affirme pour la première fois à l'étranger. Jean Lesage crée deux délégations générales du Québec, à Paris et à Londres. Son vice-Premier ministre, Paul Gérin-Lajoie, annonce la volonté du Québec d'être un acteur international dans tous ses domaines de compétence constitutionnelle. C'est la doctrine « Gérin-Lajoie » du « prolongement international des compétences internes du Québec ».

En quelques mois, le Québec change de visage. Les Québécois se révèlent à eux-mêmes. Ils tournent le dos aux prêtres et à leurs interdits ; du jour au lendemain, les églises se vident. La société est en pleine effervescence. La chanson et le roman québécois explosent, les idées foisonnent. Le bouleversement n'aurait pas été si radical sans les prémices jetés dans l'immédiat après-guerre par des intellectuels et des artistes. En 1948, dans les années de la « grande noir-ceur », le peintre Paul-Émile Borduas publie le Manifeste du Refus global, signé par quinze autres artistes et écrivains influencés par le surréalisme. Le texte dénonce avec vigueur l'étouffoir dans lequel l'Église et le gouvernement de Mau-rice Duplessis maintiennent « le petit peuple, serré de près aux soutanes, [...] isolé, vaincu, [...] précipité dès 1760 dans les murs lisses de la peur ». Il décrète terminé « le règne de la peur multiforme », appelle à « rompre définitivement avec toutes les habitudes de la société. À nous le risque total dans le refus global ». Il exprime un « sauvage besoin de libération » et prône une nouvelle culture fondée sur l'ima-gination et la sensibilité. C'est une véritable bombe, dénon-cée d'ailleurs par toute la presse de l'époque et qui vaut à son auteur de perdre son emploi. Paul-Émile Borduas quitte le Québec en 1953 pour New York, puis Paris où il meurt en 1960. Par ses idées révolutionnaires et sa peinture auto-matiste, célébrant le geste spontané, cet homme a ouvert une première brèche dans le carcan de l'époque. Parmi les seize signataires du Refus global se trouvait notamment Jean-Paul Riopelle, devenu l'un des peintres québécois les plus renommés dans le monde. On comptait aussi sept femmes, qui ont joué un rôle décisif dans l'art contempo-rain au Québec par leur volonté de l'inscrire dans le quoti-dien et de mêler de multiples formes d'expression, peinture, sculpture, écriture, design, théâtre et même chorégraphie.

Après le Refus global, un autre événement annonce les soubresauts de la décennie suivante. En 1949, les ouvriers de la mine d'amiante d'Asbestos, contrôlée par la Canadian Johns-Manville Company (anglophone), se mobilisent pour obtenir de meilleures conditions de travail. Leur grève dure près de cinq mois et représente la première grande affirma-tion du mouvement syndical francophone. Les idées progressistes font petit à petit leur chemin. L'arrivée de la télévision en 1952 leur donne plus de résonance. André Laurendeau, rédacteur en chef du *Devoir*, quotidien volontiers nationaliste qui avait ardemment soutenu les grévistes à Asbestos, devient une vedette du petit écran. Des signataires du Refus global sont sur la liste de paie de Radio Canada. En décembre 1958, la grève des réalisateurs de la télévision française de Radio Canada accélère le bouleversement des idées. Un journaliste, René Lévesque, y joue un rôle capital. L'animateur de l'émission d'actualité « Point de mire » s'oppose avec brio aux dirigeants de l'organisme fédéral. Une fois élu, Jean Lesage l'intègre dans son équipe et lui attribue deux ministères, les Ressources hydrauliques et les Travaux publics. René Lévesque propose la nationalisation des compagnies privées d'électricité et la réalise brillamment sous l'égide d'Hydro-Québec.

Emporté par la vague d'émancipation qui saisit le Québec, le Parti libéral devient quasiment nationaliste. Lors des élections de 1962, Jean Lesage, pourtant fédéraliste convaincu, adopte comme slogan « maîtres chez nous ! ». Mais il est dépassé par un mouvement plus radical, le Rassemblement pour l'indépendance nationale (RIN), né en 1960. En juin 1966, Jean Lesage et son « équipe du tonnerre » sont battus par l'Union nationale (et conservatrice) de Daniel Johnson. Les libéraux ont obtenu 170 000 voix de plus que leurs rivaux, mais la répartition de la carte électorale donne 56 sièges à l'Union nationale contre 50 aux libéraux. Si le RIN n'obtient aucun député, il participe à la défaite des libéraux en faisant vibrer davantage la fibre identitaire des Québécois, proclamant : « On est capable. » L'Union nationale ne reste au pouvoir que quatre ans. Mais elle n'a plus grand-chose à voir avec le parti de Maurice Duplessis. De toute façon, le mouvement de la Révolution tranquille est lancé et rien ne peut l'arrêter. Le principal acquis en est l'affirmation d'une identité québécoise, économique et culturelle. Avant les années 1960, on parlait des Canadiens français, désormais s'affirme le terme Québécois pour désigner cette communauté resserrée sur un territoire et agrippée à sa langue. Les plus enflammés brandissent fièrement leur « québécitude ». Témoin de cette évolution, la naissance de la publicité québécoise qui, avec la télévision, renvoie dans tous les foyers l'image de cette nouvelle identité. Une identité consacrée en 1974 par la loi qui fait du français la « langue officielle » du Québec.

L'Union nationale au pouvoir de 1966 à 1970 a poursuivi l'œuvre des libéraux. En 1967, Montréal accueille l'Exposition universelle, symbole de l'ouverture de la province à l'international, et reçoit le général de Gaulle, qui lui offre une reconnaissance diplomatique inespérée. En 1968, les collèges d'enseignement général et professionnel (cegep) et l'Université du Québec sont créés à travers toute la province, avec pour principe la gratuité de l'enseignement et sa diffusion dans les régions même les plus reculées.

La même année voit la naissance du Parti québécois (PQ), résultat de la fusion entre le RIN et le MSA, Mouvement Souveraineté-Association, fondé par René Lévesque en 1967. Après sa défaite en 1966, le parti de Jean Lesage cherche un second souffle pour l'avenir du Québec. René Lévesque imagine une solution nouvelle : un Québec souverain, économiquement associé au reste du Canada. Au congrès libéral d'octobre 1967, sa proposition est rejetée par la majorité des délégués. René Lévesque et les nationalistes quittent le Parti libéral et vont désormais le combattre avec acharnement. L'ancien journaliste prend en 1968 la tête du Parti québécois. Alors que des mouvements indépendantistes radicaux sombrent dans la violence, provoquant une grave crise en octobre 1970, René Lévesque milite pour un nationalisme modéré mais assumé, autour du concept de la souveraineté-association. Son idée est simple : il veut négocier la souveraineté politique du Québec (pouvoir entier sur les lois, l'impôt et les relations extérieures), assortie d'une association économique avec le Canada, en gardant la même monnaie. Il propose en outre un processus en étape. Élire le Parti québécois ne signifie pas lui donner un chèque en blanc pour l'indépendance, la tenue d'un référendum est une condition préalable à la réalisation de la souveraineté-association. Développant par ailleurs une vision progressiste des rapports sociaux, le PQ rallie à sa cause le syndicalisme de combat, incarnant ainsi un projet à la fois social et national.

LE DOUBLE ÉCHEC DU PROJET SOUVERAINISTE

Le Parti québécois devra attendre 1976 pour être porté au pouvoir, et 1980 pour tenir le premier référendum jamais organisé au Québec sur un nouveau statut pour la province. Le 29 mai 1980, il demande au peuple de lui confier le mandat de négocier la « souveraineté-association » avec le reste du Canada. Le « non » l'emporte à près de 60 %. Ce qui n'empêche pas les électeurs de reconduire le PQ au pouvoir en 1981 ! La bataille du référendum laisse cependant de profondes traces. Conséquence économique : de nombreuses entreprises quittent le Québec, à l'avenir jugé incertain, pour l'Ontario, plus sûr. Ces départs fragilisent d'abord la province avant d'offrir l'opportunité à des entreprises locales de se développer. Mais depuis cet épisode, Toronto a supplanté Montréal comme capitale financière de l'est du Canada. Conséquence politique : la campagne a vu s'opposer violemment les fédéralistes, emmenés par le

Parti libéral et soutenus par le gouvernement canadien, et les souverainistes du PQ. Elle s'est cristallisée autour de l'affrontement de deux hommes, deux Québécois : Pierre-Elliott Trudeau, Premier ministre du Canada, fédéraliste, et René Lévesque, son compatriote, Premier ministre du Québec, indépendantiste. S'ouvre alors une période de tensions récurrentes quinze ans durant, entre Québec et Ottawa, sur la question du statut particulier de la province.

De politique, le débat devient juridique avec le projet de rapatriement de la Constitution canadienne, mené par Pierre-Elliott Trudeau contre l'avis du Québec, et la mise en place, en 1982, sans l'accord de l'Assemblée nationale du Québec, d'une nouvelle Constitution. Celle-ci supprime en effet le droit de veto du Québec sur toute réforme constitutionnelle majeure du Canada. En 1987, l'accord du lac Meech vise à réintégrer le Québec dans cette Constitution en reconnaissant sa spécificité. Signé par les Premiers ministres de la fédération, il ne sera jamais ratifié par les Assemblées législatives provinciales et tombe de facto en 1990. Un nouvelle négociation est engagée et aboutit en 1992 à l'accord de Charlottetown. Lors d'un référendum pancanadien, le texte est rejeté par 57 % des Québécois et 54 % des Canadiens. Les premiers le jugent trop timoré, les seconds trop audacieux. Jamais l'unité canadienne n'aura semblé autant menacée. Cette succession de déboires favorise, en 1993, la percée du Bloc québécois aux élections fédérales. Pour la première fois, un parti souverainiste représente le Québec au Parlement canadien. Dans la foulée, les élections provinciales de 1994 signent la victoire du Parti québécois, de retour au pouvoir après une décennie de gestion libérale.

Dès lors, le Québec se prépare à un second référendum. Il proposera aux Québécois de choisir un pays souverain, assorti d'un partenariat économique et politique négocié avec le reste du Canada. En septembre 1995, le gouvernement présente à l'Assemblée nationale le projet de loi sur la souveraineté qui devra être adopté si les Québécois se prononcent « pour ». Le référendum est organisé en octobre 1995. À l'issue du scrutin, la province apparaît littéralement coupée en deux : 49,4 % pour le « oui », 50,6 % pour le « non ». Quelque 55 000 votes ont manqué pour faire basculer le destin du Québec. Le Premier ministre Jacques Parizeau se laisse aller à des propos malheureux, attribuant la victoire du « non » à « l'argent et au vote ethnique », comprenez les anglophones et les communautés culturelles. Son discours jette l'opprobre sur le combat souverainiste et achève de diviser la province. Quelques jours plus tard, Jacques Parizeau démissionne. Le Parti québécois reste néanmoins au pouvoir sous la gouverne de Lucien Bouchard, puis de Bernard Landry, jusqu'aux élections d'avril 2003. Pour Michel Venne, éditeur de *L'Annuaire du Québec* et directeur de l'Institut du Nouveau Monde, cercle de réflexion proche des souverainistes, « le vote ethnique était en fait celui des Canadiens français âgés. Le cœur de la souveraineté, c'est la classe moyenne, qui a voté "oui" à 75 % en 1995 ».

Après l'échec de 1995, la souveraineté n'est plus à l'ordre du jour mais la bataille juridique continue. En 1996, Ottawa demande à la Cour suprême de se prononcer sur le droit à la sécession du Québec. La plus haute juridiction du pays récuse ce droit. En revanche, si une question claire est posée et une majorité claire obtenue lors d'un référendum, elle juge que le Canada aura l'obligation de négocier. Après cette décision, le Parlement canadien vote, au printemps 2000, la loi sur « la clarté référendaire », portée par un Québécois, Stéphane Dion, ministre des Affaires intergouvernementales à Ottawa. Cette loi précise les circonstances de clarté dans lesquelles le gouvernement du Canada serait obligé d'entreprendre la négociation de l'éventuelle sécession d'une province du Canada. La riposte ne tarde pas. L'Assemblée nationale du Québec vote en décembre de la même année une loi sur « l'exercice des droits fondamentaux et les prérogatives du peuple québécois et de l'État du Québec ». Ce texte prévoit entre autres que le peuple québécois, par l'entremise de ses institutions politiques, a le droit de statuer sur la nature, l'étendue et les modalités de l'exercice de son droit à disposer de lui-même. Il en réfère solennellement au droit à l'autodétermination des peuples. Il précise aussi qu'aucun parlement ou gouvernement ne peut réduire les pouvoirs, l'autorité, la souveraineté et la légitimité de l'Assemblée nationale. Il est adopté, sans les libéraux qui votent contre.

En 2001, c'est sur le terrain des relations internationales qu'Ottawa et Québec s'affrontent. Le Canada exclut les représentants du gouvernement québécois au Sommet des Amériques organisé à... Québec. Piquée au vif, la province adopte alors une loi obligeant la ratification par son Assemblée nationale de tout traité international important signé par le Canada, s'il affecte les compétences du Québec. L'élection, en avril 2003, d'un gouvernement libéral, donc fédéraliste, à la tête du Québec, pouvait laisser espérer un apaisement. La campagne avait surtout porté sur les enjeux de santé, d'éducation et de politique familiale. Le Parti libéral de Jean Charest s'engageait à moderniser l'État. Il promettait de sortir de la confrontation systématique avec Ottawa, misant plutôt sur le dialogue, la concertation et un nouveau mode de gestion de la fédération. Mais les sujets de tension ne manquent pas, de la préservation des acquis sociaux du Québec, comme le congé parental ou la loi sur les jeunes contrevenants, à la dénonciation du déséquilibre fiscal au détriment des provinces. Jean Charest a repris le bâton de pèlerin de tous les Premiers ministres québécois, soulignant à chaque occasion combien « l'adhésion des Québécois à la fédération canadienne implique que cette dernière puisse accueillir les intérêts du Québec[3] ». Pour Denis Bauchard, ambassadeur de France au Canada de 1998 à 2001, « les relations entre Québec et Ottawa seront toujours difficiles, ne serait-ce parce que le Québec est une grande province ».

Interrogé sur RFI en mai 2004, le Premier ministre du Québec affirmait pourtant haut et fort : « Il n'y a aucune contradiction entre le fait d'être canadien et celui d'être québécois. Le fait de passer, aux yeux de certains, pour un fédéraliste, peut s'avérer être un atout. Je ne suis pas suspect dans ma façon de défendre les intérêts du Québec, car mes propositions s'inscrivent dans une perspective qui est celle du maintien de l'adhésion du Québec au Canada. » À peine Paul Martin reconduit à la tête du gouvernement fédéral, le 28 juin 2004, Jean Charest est revenu à la charge sur les revendications de la province : plus d'argent et plus de pouvoir. Il dénonce les coupes dans les fonds dits de péréquation, c'est-à-dire les fonds transférés aux provinces pour leur permettre de gérer les secteurs dont elles ont la responsabilité, comme la santé. Il réclame voix au chapitre dans le domaine des télécommunications. Si la culture est de compétence provinciale, les télécoms sont du ressort du fédéral à travers le Conseil de la radiodiffusion et des télécommunications canadien (CRTC). Or, la convergence des contenants et des contenus fait dire au Québec que l'un ne va plus sans l'autre.

---

3. Déclaration de Jean Charest au lendemain de son élection, *La Tribune,* avril 2003.

Jean Charest ne manque pas non plus une occasion d'affirmer le rôle du Québec sur la scène internationale : « Notre développement, notre prospérité, notre identité en dépendent », assène-t-il, le 7 juin 2004, à la Conférence de Montréal, devant les plus grands décideurs économiques du pays. Il se place dans la lignée de ses prédécesseurs : « Depuis quarante ans, chaque gouvernement québécois a poussé plus loin l'engagement international du Québec. Il est de l'intention claire de mon gouvernement de poursuivre le développement de la diplomatie québécoise. » Le Premier ministre cherche ainsi à négocier avec Ottawa une place pour le Québec dans des institutions telles que l'OCDE ou l'Unesco.

Trente ans après la Révolution tranquille, un double constat s'impose. L'État québécois a pu, avec une rapidité incroyable, transformer la société québécoise pour en faire sur bien des points un modèle d'avant-garde, tout en restant au sein du Canada. Dans le même temps, les gouvernements de Québec, quelle que soit leur étiquette, se sont toujours considérés comme les porte-parole d'une société distincte et n'ont eu de cesse de réclamer plus de pouvoir à Ottawa, ce qu'ils ont en partie obtenu. Qu'il s'agisse d'immigration ou de formation professionnelle, ils ont régulièrement arraché de nouvelles compétences à Ottawa, sans forcément passer par une modification constitutionnelle. Le gouvernement de Jean Charest ne fait pas exception. « Tous les politiques québécois ont revendiqué un statut particulier pour le Québec, assure Alain Giguère, patron de l'institut d'études Crop. Le sentiment d'être unique et spécifique a toujours été très fort, même si aujourd'hui il est moins politisé. »

LA NATION AU CŒUR

Le Québec forme une « société distincte », fédéralistes comme souverainistes en sont convaincus. Démonstration : en décembre 2003, le Bloc québécois présente au Parlement canadien une motion pour que le Québec soit reconnu comme nation. Elle est rejetée. Du coup, à l'Assemblée nationale du Québec, le Parti québécois dépose une motion condamnant ce refus du Parlement canadien. Elle est adoptée à l'unanimité. Même les libéraux votent « pour » ! En fait, les deux partis québécois sont nationalistes, sauf que, pour faire simple, le Parti québécois est souverainiste et le Parti libéral autonomiste. L'un pense que la reconnaissance du Québec comme société distincte ne peut s'obtenir que par la séparation, l'autre croit que cette reconnaissance peut se faire à l'intérieur du Canada. « Beaucoup de Québécois pensent encore qu'il est possible de s'entendre avec le gouvernement fédéral pour un meilleur partage de compétences, souligne le député Michel Létourneau. Au Parti québécois, nous pensons l'inverse. On a tout essayé, la seule solution, c'est la souveraineté. » « Le Québec est déjà souverain, son peuple est souverain, rétorque Stéphane Dion, député du Parti libéral canadien pour le Québec. Mais nous sommes dans une fédération, et la souveraineté est partagée. »

Le nationalisme est une constante de l'histoire québécoise, comme le démontre le politologue Denis Monière dans son ouvrage *Pour comprendre le nationalisme, au Québec et ailleurs*[4]. Et même du débat politique canadien : la volonté d'émancipation du Québec s'oppose à la construc-

---

4. Presses de l'Université de Montréal, 2001.

tion d'une identité nationale canadienne, tandis que l'affirmation politique des autochtones met en cause à la fois le nationalisme québécois et le nationalisme canadien ! La nation québécoise trouve ses racines dans le projet de colonisation par la France d'une terre vierge en Amérique. Pour le sociologue Fernand Dumont, la Nouvelle-France était née d'un « rêve de l'Europe ». Elle forme une société relativement homogène de par ses origines géographiques (centre et ouest de la France), sa religion (catholique), sa langue (le français d'Île-de-France) et ses conditions de vie très particulières (l'hiver). Après la conquête anglaise et l'instauration d'institutions britanniques, cette société éprouve davantage encore sa différence. Majoritaire en nombre, elle n'accède ni au pouvoir économique ni au pouvoir politique, malgré la division de la colonie entre le Haut-Canada (l'Ontario aujourd'hui), peuplé surtout de Britanniques, et le Bas-Canada (le Québec aujourd'hui). Le pouvoir reste aux mains des Anglais de Londres, et ce déséquilibre suscite au milieu du XIXᵉ siècle l'émergence d'un nationalisme de libération qui milite pour l'indépendance politique du Bas-Canada. Celui-ci est majoritairement peuplé par des francophones mais le projet des Patriotes, Louis-Joseph Papineau en tête, est d'émanciper la colonie du pouvoir autoritaire de la Couronne britannique et d'y instaurer une démocratie parlementaire respectueuse de toutes les composantes de la société. Le mouvement des Patriotes pour un Canada indépendant est écrasé en 1837-1838. Il signe la fin du nationalisme politique au Québec. Celui-ci ne réapparaîtra pas avant cent trente ans !

Avec l'union du Haut-Canada et du Bas-Canada en 1840, « la lutte pour la survivance remplace la lutte pour l'indépendance », résume Denis Monière. La société, traumatisée par l'échec des Patriotes, se tourne vers l'Église. « Le repli sur soi, la résignation politique et le conservatisme social deviendront les traits caractéristiques de l'idéologie dominante, poursuit le politologue. De politique, le projet national devient culturel. Défendre la religion catholique, la langue française et les traditions.» Bref, un nationalisme de conservation, défensif, s'installe. Il s'inscrit, à partir de 1867, dans le cadre de la constitution de la Confédération. Celle-ci délimite les compétences provinciales et fédérales et garantit une certaine autonomie aux provinces pour la culture, l'éducation et le social. Dès lors, la question nationale au Québec se double d'un débat entre fédéralistes et séparatistes. Mais on peut être fédéraliste et nationaliste, à l'image de Maurice Duplessis, Premier ministre conservateur, à la tête de la province pendant près de vingt ans (de 1936 à 1939 et de 1944 à 1959). Le Québec lui doit son drapeau national, adopté dès 1948 : fleurs de lys blanches sur fond bleu, pour le souvenir de la royauté française, de chaque côté d'une croix, pour l'Église. Le Canada devra attendre 1965 pour arborer son propre drapeau, à l'emblème bien plus consensuel : la feuille d'érable !

Avec la Révolution tranquille, un «nationalisme de modernisation» s'impose. Il tente de relier identité culturelle et pouvoir politique en valorisant l'État québécois et son rôle dans la société. La nationalisation de l'électricité et la laïcisation des services sociaux en sont les deux grands symboles. Ce nationalisme dépasse les clivages partisans. Jusqu'à la réapparition du discours sur l'indépendance, mot oublié depuis l'échec des Patriotes au XIXᵉ siècle. Mot effrayant aussi dans une société moderne et pacifique. Très vite, le Parti québécois, sous la houlette de René Lévesque, lui préfère la souveraineté. Face à ce projet, les fédéralistes défendent le réformisme constitutionnel, à savoir l'affirmation politique du Québec dans le cadre canadien.

Après l'échec des deux référendums sur la souveraineté, le Parti québécois travaille à renouveler son discours nationaliste. Dans les années 1970, le Québec se retrouvait autour d'un slogan simple : « Une langue, un État, une nation. » Depuis les années 1990, il est contraint de redéfinir son engagement nationaliste. Il ne peut plus être ethnique, c'est-à-dire uniquement lié à la communauté d'origine canadienne française. Ni même socio-économique : « La question nationaliste dans les années 1960-1970 n'était pas seulement politique, elle était aussi sociale, rappelle Louise Roy, consultante chez Cirano. C'était une question de lutte des classes entre la classe francophone, dominée, et la classe anglophone, dominante. Aujourd'hui, cette lutte n'a plus lieu d'être, les Québécois sont aux manettes de leur société. »

Et cette société a changé. Elle est beaucoup moins homogène qu'il y a quarante ans, elle s'est diversifiée, les nouvelles générations maîtrisent deux, voire trois langues, elles n'ont pas grandi dans la confrontation avec le Canada anglais mais dans l'affirmation d'une identité avant tout vécue comme culturelle. À l'instar de Mariouche Gagné, jeune styliste de trente-deux ans, fondatrice d'Harricana : « Quand on me présente comme canadienne, j'ai l'impression qu'on parle de quelqu'un d'autre. D'où je viens ? Du Canada. Qui je suis ? Québécoise. » Pourtant, la jeune femme balaie de la main la question nationale : « On en a tellement entendu parler, on s'en fiche. Comme les jeunes anglophones, d'ailleurs. On se connaît, on sort dans les mêmes endroits, on se mélange. Ce sont de vieilles affaires. On est trop occupé à se bâtir une sécurité économique, ensuite une famille, on n'a pas le temps pour ça, on ne s'investira pas dans ce débat. On voudrait juste avoir une stabilité, que ce soit tranché une bonne fois pour toutes. Ce combat nous ralentit. » Il n'a pas lieu d'être non plus pour les jeunes entrepreneurs engagés dans le commerce international. « Cela va contre le courant mondial d'ouverture et de rapprochement des pays, assène Éric Boyko, le P-DG de E-Fundraising. La langue et la culture se protègent en ayant une économie forte et ouverte. » « Les jeunes de vingt ans ne brandissent pas la québécitude de façon ostentatoire, constate François Forget, directeur de la création du groupe de publicité Cossette. Ils ont envie de passer à autre chose, d'aller sur la scène internationale, ils ne se sentent pas liés à une origine, ils n'ont pas de complexe d'infériorité et éprouvent beaucoup moins la nécessité de se rassurer. » « Les étudiants en science politique trouvent le mouvement souverainiste ringard, confirme de son côté la politologue Anne Legaré. Mais, pour eux, il reste une évidence : le Québec a une identité distincte bien définie. »

La question nationale n'est même plus une source d'inspiration pour les artistes, estime la productrice de disques Suzie Larivée, cofondatrice de la société Cabot Larivée Champagne. « C'est comme une blague, une question qui revient toujours et n'aboutit jamais. Aujourd'hui, il n'y a plus de rêve autour de cela, ce n'est plus rassembleur. » Dans un de leurs plus grands tubes, les Cow-Boys fringants, nouvelle coqueluche de la jeunesse québécoise, résument les désillusions d'une génération : « Si c'est ça, l'Québec moderne, ben moi, j'mets mon drapeau en berne. Et j'emmerde tous les bouffons qui nous gouvernent ! Si tu rêves d'avoir un pays, ben moi, j'te dis qu't'es mal parti, t'as ben plus de chance de gagner à la loterie... Si c'est ça qu't'appelles une nation, probable que tu sois assez con, t'es mûr pour te présenter aux élections[5]. » On est loin du vibrant appel chanté de Gilles Vigneault dans les années 1970 : « Il

---

5. Les Cow-Boys fringants, *En berne,* album Break Syndical, 2002.

me reste un pays à te dire, il me reste un pays à nommer, il me reste un pays à prédire, il me reste un pays à semer[6]. »

Devant tant de scepticisme, le sentiment national québécois est-il en voie de disparition ? Comment exprimer le « nous » québécois au-delà des différences culturelles et au-delà de la définition instrumentale donnée en 1995 pour la participation au référendum sur la souveraineté : « Est québécois celui qui réside au Québec, y paie ses taxes et participe à l'élaboration de ses lois » ? Poussé par l'approche du Bloc québécois sur la scène fédérale, le PQ cherche à développer un nationalisme civique, incluant tous les Québécois, anglophones ou francophones, natifs ou immigrés. Au tournant de l'an 2000, il imagine même le concept de citoyenneté québécoise, pour investir dans l'identité, en attendant la souveraineté.

On peut pourtant être québécois, jeune et souverainiste, comme en témoigne Caroline Saint-Hilaire. Celle-ci a suivi la « saison des idées », organisée en 2004 par le Parti québécois pour renouveler son approche de la souveraineté après le revers cuisant aux élections de 2003. Pour elle, c'est évident, la vision du Québec souverain a évolué : « Elle est plus inclusive, elle ne s'adresse pas qu'aux Québécois de souche, elle doit intégrer les minorités issues de l'immigration. Elle doit aussi prendre en compte la dimension internationale. Il ne s'agit pas seulement d'être pour le Québec, contre le Canada, il faut s'ouvrir aux autres pays, gagner une reconnaissance internationale. » Les débats sur la méthode l'ennuient : « Faisons la souveraineté, fixons les grandes balises et, par la suite, nous élirons les partis qui dirigeront le Québec souverain. » Mais la jeune femme ne s'éloigne guère de la doctrine définie par René Lévesque en

---

6. Gilles Vigneault, *Il me reste un pays*, 1974.

1968 : « L'indépendance pure et dure, cela n'a pas de sens. Il faudra forcément un partenariat sur certains sujets, comme la monnaie. On ira vers une association. » L'association avec le reste du Canada a toujours fait partie intégrante du projet souverainiste et a été inscrite par René Lévesque dès la fondation du Parti québécois, de même que la démarche dite « étapiste », c'est-à-dire basée sur l'élection du PQ dans un premier temps, suivie par l'organisation d'un référendum. Ébranlée par son échec électoral de 2003 et par le double « non » aux référendums de 1980 et 1995, une partie du PQ milite aujourd'hui pour une stratégie plus radicale : abandonner la démarche en deux étapes, enclencher le processus de souveraineté dès le retour au pouvoir, et renoncer au partenariat avec le Canada.

Mais la plupart des sondages montrent que les Québécois sont en moyenne entre 45 et 49 % à être favorables à la souveraineté, si elle est assortie d'un partenariat avec le Canada. Cette proportion monte à 50-55 % chez les francophones du Québec. « Presque chaque Québécois francophone a été au moins quelques jours souverainiste dans sa vie », estimait dans une chronique la journaliste Lysiane Gagnon. En revanche, l'appui à la souveraineté chute à moins de 30 % si elle ne s'accompagne pas d'un partenariat. « Aujourd'hui, la souveraineté reste un rêve pour une bonne partie de la population, analyse Alain Giguère, mais le processus politique, le débat et l'énergie à y consacrer, tout cela est perçu comme un prix trop élevé à payer. » Dans les mouvements politiques souverainistes, les jeunes sont peu nombreux, alors que dans le discours et les sondages ils apparaissent souvent plus souverainistes que leurs aînés. Deux conceptions de la nation coexistent encore au Québec, « l'une, culturelle, défendue par le Parti libéral, l'autre, politique, défendue par le PQ », résume Michel

Venne. L'une est en marche, l'autre reste à faire. La feront-ils ? Beaucoup de Québécois sont convaincus que la question nationale reviendra sur le devant de la scène d'ici 2008, lors des prochaines élections législatives au Québec. Rien ne dit qu'elle sera résolue.

Elle a d'ailleurs resurgi plus vite que prévu, au printemps 2004, un an pourtant après l'élection d'un gouvernement libéral et fédéraliste à Québec. Le scandale des « commandites » a brusquement ramené sur le devant de la scène l'opposition Québec-Ottawa et réveillé les sentiments indépendantistes des électeurs de la province. Résultat : ils ont envoyé 54 députés du Bloc québécois, sur les 75 sièges réservés au Québec, au Parlement canadien en juin 2004. En février 2004, le rapport de la vérificatrice générale du Canada révélait que des fonds avaient été détournés à l'occasion d'un programme fédéral de sponsoring. Ce programme, lancé après le référendum de 1995 au Québec, visait à promouvoir l'image du Canada dans la province alors que le « non » l'avait emporté de justesse. Sponsoring d'événements culturels, sportifs et sociaux, mise en avant de l'unité canadienne, quelque 250 millions de dollars ont été consacrés, de 1997 à 2003, à cette opération. Mais une centaine de millions auraient été détournés sous forme de commissions occultes au profit d'agences de relations publiques et de publicité proches des libéraux. Il n'en fallait pas plus pour raviver les vieilles querelles. Un ministre fédéral se laisse aller à dire que tout cela est lié « à la façon québécoise de faire de la politique ». Les Québécois dénoncent ce mépris et se révoltent qu'on ait voulu les acheter. Si le Bloc québécois a beau jeu de faire campagne en appelant à voter pour « un parti propre au Québec », sa victoire éclatante ne doit cependant pas être considérée comme un vote en faveur de la souveraineté, mais plutôt comme un avertissement à Ottawa, et comme l'affirmation, une fois de plus, du caractère distinct de la société québécoise.

Cette victoire redonne malgré tout du grain à moudre au Parti québécois. « Le débat sur l'indépendance n'est pas fini, il ne le sera peut-être jamais », reconnaissait d'ailleurs le très libéral Jean Charest dans une interview au *Figaro* le 3 mai 2004. En lançant le grand chantier de « la re-ingénierie de l'État », son gouvernement a aussi contribué à réveiller la question nationale. Il s'est en effet attaqué à un tabou : l'État a été l'élément de promotion des francophones dans les années 1960. Depuis la chute de l'Église et l'avènement de la Révolution tranquille, il incarne la nation. Alléger l'État, c'est, d'une certaine façon, mettre en péril l'identité nationale. Voilà sans doute ce qui explique, entre autres, la chute de popularité de ce gouvernement élu en avril 2003, malgré sa promesse de baisser les impôts des Québécois, citoyens les plus taxés d'Amérique du Nord. Si l'État perd sa force symbolique, la langue restera le seul élément rassembleur de la nation québécoise moderne. « Le gouvernement Charest a remis en cause le nationalisme économique, et c'est une première, souligne le sociologue Benoît Lévesque. Mais le nationalisme ne suffit pas à construire un projet de société aujourd'hui. » À l'heure de la mondialisation, le débat sur la question nationale prend une nouvelle résonance.

LE RÊVE INDÉPENDANTISTE FACE À LA RÉALITÉ DU MONDE

« Aujourd'hui, le principal obstacle à l'indépendance, ce n'est plus le Canada, c'est la mondialisation », assure Pierre Anctil, anthropologue. Dans les années 1960, le projet indépendantiste s'était construit en opposition au Canada anglais, comme un projet de libération, de décolonisation disaient même certains, face à l'oppresseur. C'était l'affrontement des deux solitudes. Au XXIᵉ siècle, qui peut prétendre que le peuple québécois est opprimé ? « Nous payons pour nos succès, reconnaît le député péquiste Michel Létourneau. La majorité se demande quel est le problème. Nous avons protégé notre langue et diffusé notre culture. » Les Québécois apparaissent alors comme un peuple privilégié cherchant à se séparer d'un pays privilégié ! À l'heure où les échanges se multiplient, où l'Alena va bientôt s'étendre à l'Amérique du Sud, où l'Union Européenne passe à 25 membres, comment justifier de surcroît cette volonté de se mettre à part ? Comment démontrer que la constitution de grands ensembles économiques est compatible avec la survie de petits ensembles politiques ? Cette déstabilisation du projet indépendantiste par la nouvelle donne internationale n'a pas échappé au mouvement souverainiste. En 2002, le gouvernement péquiste avait même créé un Observatoire de la mondialisation. La sensibilité sociale-démocrate du Parti québécois le conduisait à développer une approche critique et à militer pour une mondialisation « équitable ». Louise Beaudoin, la flamboyante ministre des Relations internationales du gouvernement péquiste de Bernard Landry, n'avait pas hésité à se proclamer « altermondialiste ». Retournée dans le privé, elle appelait encore récemment « la francophonie et les autres aires linguistiques à créer une constellation culturelle qui fasse contrepoids à l'hyperpuissance américaine[7] ».

Les promoteurs de la souveraineté savent en effet que les échanges économiques et l'ouverture culturelle aux autres sont indispensables, elles sont même constitutives du Qué-

---

7. Discours de Louise Beaudoin à l'Assemblée nationale à Paris, 23 septembre 2004.

bec. Pour rallier les jeunes générations, pas question de s'inscrire dans un repli identitaire. Il faut construire un projet positif. « Souveraineté ne veut pas dire isolement, affirme Michel Létourneau. Au contraire, être souverain, c'est pouvoir s'asseoir à la même table que les autres pays et parler de sa propre voix sur les enjeux culturels, économiques, sociaux, de plus en plus discutés au niveau international. » Et de citer l'exemple de la ratification des accords de Kyoto, poussée par le Québec, ou encore de la guerre en Irak, refusée par le Canada... sous la pression des Québécois. « La mondialisation rend la dimension politique de la nation encore plus importante, insiste Michel Venne, à la fois dans les relations internationales, où se sont multipliées les structures intergouvernementales, et dans la gouvernance locale, où le citoyen a besoin de retrouver le contrôle de ce qui se passe chez lui. » La souveraineté permettrait ainsi de répondre au besoin de démocratie de proximité et serait en même temps, pour le Québec, la seule façon de défendre sa propre vision du monde. « Sans souveraineté, il risque d'assister, impuissant, à la définition des règles de la mondialisation puisqu'il n'a pas de représentant aux grands sommets internationaux », analyse l'universitaire français Christophe Traisnel, auteur d'un ouvrage sur les nationalismes de contestation[8].

« Les grands ensembles et l'ouverture des marchés font peur, constate de son côté, fataliste, Stéphane Dion, député libéral et fédéraliste du Québec à Ottawa. Ils conduisent à un repli sur l'identité de proximité. Il y aura toujours un leader au Québec pour dire que le Canada est un grand tout, qu'on y est perdu. Le rêve indépendantiste sera toujours là. » Pourtant, certains restent convaincus que le seul

---

8. *La construction sociale des identités nationales en francophonie, le cas des nationalismes de contestation wallons, québécois et acadiens*, 2002.

contrepoids possible à la mondialisation, c'est l'union. Un Québec indépendant serait vite noyé dans la mondialisation uniformisante. Bien inséré dans le Canada, il serait mieux armé pour défendre sa culture et son économie. « Le monde global ne doit pas conduire à retrancher les identités mais à les ajouter, estime Stéphane Dion. Nous avons des identités différentes, il faut les accepter toutes, n'en rejeter aucune. Pourquoi choisir entre l'identité québécoise et l'identité canadienne ? Le cumul d'identités sera plus que jamais un atout pour s'ouvrir aux autres... et le principal obstacle à l'indépendance. » L'auteur de la fameuse loi sur la clarté référendaire va même plus loin : « Une philosophie de la démocratie basée sur la logique de la sécession ne saurait fonctionner, dit-il. La démocratie encourage à être solidaire de tous les citoyens. Or, la sécession conduit à exclure. Dès qu'on se choisit entre citoyens, cela peut aller très loin et créer un effet domino, y compris au Québec. Que deviennent les anglophones, les autochtones ? Si le Québec obtient l'indépendance tout en profitant de la souveraineté canadienne, pourquoi d'autres provinces ne seraient-elles pas tentées, comme la Colombie-Britannique ? Qui dit que les autres provinces accepteront de coexister avec un Ontario surpuissant ? »

L'indépendance n'est pas pour demain. Les ambassadeurs français au Canada ont tous constaté la même retenue chez les Québécois : « Il y a toujours eu une espèce de fatalité au Québec, écrivait ainsi Pierre Maillard, nommé à Ottawa en 1979. On trouve, chez les Québécois, un dynamisme certain, mais aussi une crainte du saut final. Ils gardent à la fois le pied sur l'accélérateur et l'autre sur le frein[9]. » Vingt ans plus tard, Denis Bauchard, ambassadeur de 1998 à

---

9. *France Québec Magazine,* octobre 2001.

2001, dresse le même constat : « Si le Parti québécois a "tangenté" les 50 % en 1995, c'est au profit d'une certaine ambiguïté. C'était le sommet de la vague. Les vrais souverainistes ne représentent qu'un tiers de la population. » Les souverainistes n'ont pas toujours fait preuve de tact quand ils ont comparé la situation du Québec au Canada avec la lutte du peuple algérien contre l'impérialisme colonial français, ou pire encore avec le combat des Tchétchènes. Cette génération qui a souffert de la domination et de l'humiliation imposées par les anglophones vieillit et disparaît peu à peu. Enfin, les immigrants ne se sentent pas forcément concernés par le débat sur la souveraineté. Ils viennent au Québec pour vivre en Amérique du Nord, pas dans un ghetto francophone. Dans les grandes villes québécoises, l'heure est au mélange et à l'ouverture. Déjà, en 1995, Montréal avait majoritairement voté « non » au référendum sur l'indépendance.

Le droit à la différence, réclamé par le Québec, se heurte donc à la mondialisation, mais celle-ci lui donne aussi un nouvel écho. « La mondialisation, c'est un terme poli pour dire américanisation, tranche Jacques Duval, le patron de l'agence de publicité Marketel. Ici, nous vivons à côté du mondialisateur en chef, les États-Unis. Garder notre identité est un défi quotidien. » Le Québec a trouvé la parade : une présence offensive sur la scène internationale, sur le front de la création et du savoir. La meilleure défense, c'est l'attaque ! Il exporte sa différence sans complexe, mais sans agressivité. En matière de création et de savoir, peu importe la masse critique. L'influence des esprits compte autant que le pouvoir des nombres. Il faut juste faire preuve d'inventivité. Heureusement, car la mondialisation n'est pas la seule menace à l'identité québécoise. La démographie déclinante en est une autre. La réponse, dans ce cas, tient dans la politique d'immigration qui est en train de modifier profondément le visage de la société québécoise en réunissant sur un même territoire des gens d'origines et d'aspirations très diverses. La diversité vient ainsi renforcer la différence québécoise. Elle fait du Québec une étonnante plate-forme de créativité, qu'il s'agisse de culture, de technologie ou de vivre ensemble. « Il y a, dans la dynamique québécoise, une façon d'entrer en relation, de s'ouvrir à l'autre et de capitaliser sur ses idées plutôt que de s'y opposer, analyse François Forget, chez Cossette. C'est une capacité à faire de la place pour l'autre, à prendre en compte son point de vue pour préserver le lien. Ce que Franco Dragone, le metteur en scène italo-belge du Cirque du Soleil, avait désigné comme le "consensus créateur". »

Depuis sa naissance, le Québec a dû compter avec l'existence de l'autre : la mère patrie, puis la Couronne britannique, la fédération canadienne, le voisin américain et, bien sûr, l'immigrant. La question nationale, jamais résolue, l'oblige sans cesse à se redéfinir par rapport à l'autre. Aujourd'hui, l'autre, ce n'est plus seulement le Canada, c'est le reste du monde. Voilà sans doute pourquoi le Québec apparaît si bien armé pour évoluer dans cet univers ouvert et multiple, et dont la complexité grandissante peut conduire les moins courageux à choisir la solution de facilité : l'uniformisation. Or, le Québec, « petit pays », réunit une incroyable diversité d'intérêts sur son sol, avec lesquels il doit sans cesse composer. Cela ne l'empêche pas pour autant d'avancer. Sa culture populaire rayonne. Son économie sait innover et encourager l'initiative privée sans mettre en danger le lien social. Ses habitants réinventent chaque jour une identité collective. Non sans mal, mais avec un véritable enthousiasme collectif. Tout cela fait aujourd'hui du Québec un avant-poste de la société du XXIe siècle. Un exemple à méditer.

DEUXIÈME PARTIE

Les secrets de la réussite

CHAPITRE I

Les combattants du français

Dans le taxi qui emmène le voyageur de l'aéroport au centre-ville de Montréal, le chauffeur est rarement natif du Québec. Il vient d'Haïti, d'Algérie ou du Liban. Karim, trente-cinq ans, est né en France de parents algériens. Depuis dix-huit ans, il a trouvé ici une terre à vivre et à partager. Une terre précieuse : « On est en Amérique du Nord et on a le privilège de parler français, c'est incroyable, non ? » Incroyable, oui. Une prouesse palpable dès les premiers kilomètres sur le sol québécois. Dans le monde entier, les voitures s'arrêtent au « stop ». Ici, elles s'immobilisent au panneau « arrêt ». Un détail loin d'être anodin...

Le Québec compte quelque six millions de francophones, isolés sur un continent de six cents millions d'habitants, les Amériques, dont une moitié parle anglais et l'autre moitié espagnol. Pour cette petite société largement ouverte sur le monde, par son économie et par son immigration, c'est un véritable exploit de continuer à s'exprimer en français, une langue concurrencée à l'extérieur comme à l'intérieur. Au Québec, les 81,4 % de francophones cohabitent avec 10,3 % d'allophones (ni francophones ni anglophones), 8,3 % d'anglophones et 1,1 % d'autochtones. La confrontation des langues est surtout forte dans les grandes villes. Montréal et Gatineau, à la lisière de l'Ontario, abritent un peu plus de la moitié de la population de la province, dont près de 80 % de sa population anglophone et 90 % de sa population allophone. Le Québec profond est francophone. Mais de Gatineau à Rimouski, en Gaspésie, le français doit être la langue commune. Le petit livret *Vivre en français,* distribué dans toutes les administrations, est disponible en dix langues ! Outre la version française, il a été traduit en anglais, allemand, arabe, catalan, espagnol, italien, japonais, mandarin et portugais.

Aujourd'hui, 95 % des Québécois connaissent le français. Il est devenu leur plus grand dénominateur commun, partagé par tous, qu'ils soient nés ou pas au Québec, qu'ils soient d'origine francophone ou pas. La littérature contemporaine en est le plus bel exemple. Les auteurs Ying Chen, d'origine chinoise, Dany Laferrière, né à Port-au-Prince, ou Sergio Kokis, venu du Brésil, tous trois Québécois d'adoption, ont choisi d'écrire dans cette langue qui a traversé les vicissitudes de l'histoire. Pendant quatre cents ans, le français s'est battu pour sa survie au Québec, il s'est frotté à d'autres langues, tantôt étranges, celles des Amérindiens, tantôt dominantes, celle des Britanniques. Il s'est enrichi d'expressions liées au mode de vie canadien et, plus récemment, il s'est adapté aux nouvelles technologies. C'est un français vivant et militant. Et pour cause : il n'a été proclamé langue officielle du Québec qu'en 1974, quatre cent quarante ans après l'arrivée de Jacques Cartier dans le golfe du Saint-Laurent ! Depuis 1977, la loi 101, dite aussi Charte de la langue française, a fait de la langue le principal ciment de l'identité québécoise. Dans chaque gouvernement, un ministre en est responsable. Pas moins de quatre organismes publics veillent au quotidien sur ce bien si précieux. Le Secrétariat à la politique linguistique coordonne l'action gouvernementale, le Conseil supérieur de la langue française conseille le ministre, l'Office de la langue française est le gardien de la francisation et le spécialiste des questions terminologiques et, enfin, la Commission de toponymie s'occupe de la nomenclature géographique du Québec. Chaque année est organisée la semaine de la langue française et, depuis 2002, on célèbre la « journée de la Charte » le 26 août, date de son adoption officielle.

Pour les Français, le Québec, c'est donc l'Amérique en VF. C'est vrai, nous partageons la même langue. Mais parlons-nous pour autant le même langage ? Rien n'est moins sûr. Le touriste en vacances pour quelques semaines dans la Belle Province se délecte des expressions fleuries ou imagées, même s'il ne les comprend pas toutes. La « parlure québécoise » est riche de tournures souvent énigmatiques pour l'étranger, y compris francophone. Le chef d'entreprise en voyage d'affaires découvre que partager la même langue peut en fait diablement compliquer les choses. Et ce n'est pas une question d'accent. Les mots n'ont pas toujours le même sens d'un côté ou de l'autre de l'océan Atlantique. « Bonjour » ouvre une conversation en France, il la clôt au Québec. Un bachelier québécois détient en fait l'équivalent d'une licence française. De tels exemples se ramassent à la pelle... Oublions l'accent. D'ailleurs, soyons francs, les Québécois n'ont ni plus ni moins d'accent qu'un Marseillais ou un ch'timi du Nord, qu'un Belge ou un Suisse. Autant prévenir tout de suite : ils en ont assez d'être identifiés à leurs fameuses intonations ! On ferait mieux de saluer leur obstination à parler français en Amérique du Nord et dans le reste du monde. Cette obstination que nous, Français, avons perdue, fascinés par la soi-disant modernité et efficacité de l'anglais. En France, parler anglais, c'est un *must*, un moyen de se valoriser. Au Québec, c'est à la fois une nécessité et un danger. Français et Québécois s'accusent mutuellement d'être sous influence anglophone. Au quotidien, la différence est minime. Au Québec, on parque son char dans un stationnement, en France, on gare sa voiture dans un parking... Les anglicismes québécois sont hérités de plus de deux siècles de confrontation avec l'anglais, alors que les anglicismes français sont bien plus récents. En revanche, la sensibilité des citoyens à la vulnérabilité de leur langue n'est pas comparable : celle des Québécois est particulièrement aiguë. Abandonnons donc toute velléité de leur donner des leçons. Découvrons la richesse de leur langue, apprécions surtout le terrain qu'elle a reconquis depuis trente ans. Sans l'engagement des Québécois, le français serait moribond en Amérique du Nord, et la francophonie bien pâle.

Un français chargé d'histoire(s)

Quand les premiers colons débarquent de France au XVIIe siècle pour s'installer le long du fleuve Saint-Laurent, le français n'est pas encore une langue unifiée en métropole, où les patois prédominent. La plupart des émigrants sont originaires des mêmes régions, le Centre et l'Ouest. Ils parlent normand, breton ou picard. Au Canada, ils se regroupent à Québec, fondé en 1608, à Montréal, établi en 1642, ou dans les campagnes autour des seigneurs et des curés. Très vite, aidés sans doute par la proximité avec les élites et la petite taille de leur communauté, ils adoptent une langue commune, « la langue du Roy », c'est-à-dire le français de Paris. L'arrivée des « filles du Roy », toutes éduquées par l'État avant d'être envoyées dans la colonie pour se marier et assurer la descendance, achève l'unification linguistique. D'après les témoignages historiques, dès la fin du XVIIe siècle le français parlé en Nouvelle-France est pur et sans accent.

Il subit toutefois l'influence des échanges avec les Amérindiens et d'une vie au contact de la nature. Les colons empruntent aux autochtones des noms de lieux : l'Algonquin a donné Québec, « là où la rivière rétrécit », Chicoutimi, « jusqu'ici c'est profond », et Saguenay, « l'eau qui sort ». Tadoussac et Gaspé sont dérivés du micmac : *gtatosag* signifiait « entre les rochers » et *gespeg* « extrémité ». Canada vient de l'iroquois *kanata* qui voulait dire « ensemble de cabanes » et, par extension, « village ». Des mots nouveaux apparaissent pour nommer la faune et la flore particulières de la colonie – le fameux caribou – ou les attributs typiques comme les mocassins. Les colons, dont la vie est organisée autour du fleuve, recourent aussi de façon abondante, bien plus qu'en métropole, à des termes marins. Ils disent « amarrer » pour attacher, « hâler » pour tirer, « larguer » pour jeter, « embarquer » pour monter à bord. L'hiver très rude les conduit à inventer des termes pour désigner certains phénomènes, telles la neige tourbillonnante – on parle de « poudrerie » – ou les bordures de glace, appelées « bordages ».

La victoire britannique sur les troupes de Louis XIV à Québec, en 1760, plonge les colons français dans la résistance. Abandonnés par leurs élites, contraints de survivre dans un environnement linguistique étranger, ils vont continuer à parler leur langue, conserver des formules archaïques qui disparaissent en France, tout en adoptant des expressions issues de l'anglais. À tel point que les témoignages du XIXᵉ siècle décrivent un « jargon canadien ». Au lendemain de sa victoire, Londres, pour communiquer avec les habitants conquis, est bien obligé d'utiliser leur langue. Les capitulations de Québec et Montréal sont donc rédigées en français, tout comme le traité de Paris, en 1763, qui cède officiellement la Nouvelle-France à la Couronne britannique. Mais l'administration et le commerce sont désormais contrôlés par les anglophones : les règlements, les enseignes des boutiques, les appellations de produits, tout est en anglais. Le français n'est plus utilisé qu'à la maison ou à l'église.

L'Acte de Québec de 1774 rétablit le droit civil, hérité de la colonisation française, et permet aux francophones d'utiliser leur langue devant les tribunaux civils. En revanche, le droit criminel reste exclusivement exercé en anglais. Après l'Acte de 1791, qui crée le Haut-Canada (à majorité anglophone) et le Bas-Canada (à majorité francophone), les premiers débats de la Chambre élue du Bas-Canada sont consacrés, en décembre 1792, à la langue. Un tiers des députés sont anglais ; un francophone est choisi comme président. Il demande le droit de s'exprimer dans sa langue maternelle. Après moult discussions, on s'accorde sur la possibilité de présenter les motions en anglais et en français. Mais dans quelle langue rédiger les lois ? Le débat fait rage jusqu'à ce qu'il soit décidé d'écrire les textes en anglais et en français. Une cohabitation de fait s'instaure jusqu'en 1840 : l'Acte d'union regroupant le Haut-Canada et le Bas-Canada met alors les députés francophones en minorité dans une assemblée unique et fait de l'anglais la seule langue officielle du Canada-Uni. Cette disposition est abandonnée en 1849, sous la pression des députés francophones, et le bilinguisme se retrouve de facto dans la vie politique et juridique.

Il n'empêche : l'Acte d'union de 1840 manifeste clairement la volonté de Londres d'assimiler le peuple canadien français. Au Français catholique, il oppose l'Anglais protestant. Au-delà des lois, le mode de vie britannique et les mots qui vont avec se diffusent. On parle de *brown bread* pour le pain complet, de *set* de vaisselle pour le service de table, la cuillère à thé remplace la cuillère à café. Un groupe devient une *gang* (prononcez « gagne »). Maintenant disparaît au profit de *présentement*. Le tutoiement s'impose. L'élite canadienne française se met d'elle-même à l'anglais, indispensable à maîtriser pour qui espère une promotion sociale. Si les élites françaises sont à la même époque, elles aussi, attirées par l'anglais, les emprunts ne sont pas les mêmes des deux côtés de l'Atlantique. Au Québec, ils se font aussi dans la vie quotidienne et imprègnent le parler populaire.

Tandis que l'industrialisation pousse les paysans à quitter les campagnes pour les villes, où ils se retrouvent dans un environnement complètement anglo-saxon, travaillant pour des patrons anglais dans des usines anglaises, l'Église cherche à protéger le français traditionnel, rural, contre le français populaire, ouvrier, sous influence étrangère. Dans la première moitié du XXᵉ siècle apparaît en effet une nouvelle langue, baptisée le *joual*, d'un terme répandu pour désigner le cheval. Français argotique et dénaturé, le joual est considéré comme un signe de l'appauvrissement de la langue face à la domination de l'anglais, jusqu'à ce qu'il soit élevé au rang de littérature par l'écrivain Michel Tremblay en 1968. Sa pièce *Les Belles-Sœurs*, entièrement écrite en joual, est difficilement compréhensible pour un Français. Reprise par certains chanteurs, comme Robert Charlebois, cette langue si particulière et populaire devient vite un symbole de l'identité québécoise en pleine émergence au cours des années 1960-1970. Les « joualisants », partisans du français québécois, s'opposent aux « francisants », défenseurs du bon français.

Au-delà de la polémique, souvent réduite à un cercle d'intellectuels, tout un peuple prend conscience que sa langue exprime sa différence, une différence en danger. Il réalise la nécessité de la préserver et de l'encadrer. Cette prise de conscience coïncide avec la volonté d'émancipation des francophones vis-à-vis du pouvoir économique et institutionnel des anglophones. La défense du français au Québec dépasse alors le simple cadre linguistique, elle devient un enjeu politique et va contribuer à affirmer une vision de la société : priorité est donnée à la francisation pour asseoir le fait français au Québec. On dit « magasiner » pour faire ses courses, laissant ainsi le shopping aux Canadiens anglais. On « fait du pouce » pour ne pas faire du stop, on commande un « chien-chaud » plutôt qu'un hot-dog, ou un « sous-marin » plutôt qu'un sandwich. Anecdotique ? Tout le contraire : cette francisation n'est que le signe le plus apparent d'une réappropriation du territoire, de l'identité et, *in fine,* du pouvoir. « Ce n'est pas seulement la langue qui fait le Québec, ce sont toutes les représentations liées à la langue », rappelle à juste titre la politologue Anne Legaré.

Ainsi, la féminisation des termes traduit l'ambition, au plus haut niveau de l'État, d'assurer l'égalité des sexes. Au Québec, il y a des « docteures », des « chercheures », des « professeures », des « auteures », une « gouverneure » générale, etc. On n'y parle pas de droits de l'homme mais de droits de la personne. « Québécois » n'est jamais utilisé sans son alter ego « Québécoise ». Si, pour des raisons pratiques, le masculin inclut le féminin, par exemple dans des documents officiels, il est toujours précisé : « Les termes qui renvoient à des personnes sont pris au sens générique, ils ont à la fois la valeur d'un masculin et d'un féminin. » Mais, dans les discours, les doublets sont de règle : « Tous et toutes, citoyens et citoyennes. » Plus récemment, l'attention accordée aux nouvelles technologies et à leur expression française

– de courriel à « clavardage[1] » en passant par la toile – témoigne de la volonté de maintenir la langue opérationnelle, y compris pour les innovations technologiques. On doit ainsi aux Québécois d'utiliser des logiciels plutôt que du *software*. Si, à Paris, on parle encore de *spams* et de *grid computing*, au Québec, on est fier de chasser les « pourriels » et d'organiser le « calcul distribué ».

Deux siècles après la Conquête anglaise, le français du Québec reflète donc une histoire chaotique. Mais il a survécu et, riche de ses multiples influences, a entrepris depuis 1960 une reconquête impressionnante au pays de l'anglais triomphant. Imaginez : dans l'immédiat après-guerre, Montréal était une ville anglaise par ses affiches, ses enseignes, son économie, et ce malgré ses 60 % de francophones...

LA RECONQUÊTE FACE À L'ANGLAIS

La première moitié du XXe siècle a vu le français reprendre progressivement du terrain, jusqu'à la Révolution tranquille qui a marqué l'avènement de véritables politiques linguistiques. En 1867, la création de la Confédération canadienne n'avait pas forcément été une bonne nouvelle pour les francophones : déjà minoritaires dans le Canada-Uni, ils le deviennent davantage encore dans cette nouvelle entité regroupant quatre provinces – Québec, Ontario, Nouvelle-Écosse, Nouveau-Brunswick. Le texte de l'Acte de l'Amérique du Nord britannique prévoit néanmoins l'usage obligatoire de l'anglais et du français au niveau fédéral et dans la province de Québec, à la fois au Parlement et

---

1. Clavarder : chater.

devant les tribunaux. Certains voient dans cette Constitution un pacte entre deux nations, la française et l'anglaise, représentant les deux « peuples fondateurs ». Dans les faits, le bilinguisme est loin d'être acquis. Des provinces comme l'Ontario adoptent des mesures législatives contre la langue et les minorités françaises, l'arrivée massive d'immigrants britanniques au XIXe siècle et l'émigration de Canadiens français vers les États-Unis contribue à diminuer le poids des francophones, l'industrialisation se fait au profit des anglophones, détenteurs des capitaux. Si l'anglais et le français sont à égalité au niveau des institutions fédérales, il le sont aussi, par la loi, au Québec, et le pouvoir étant aux mains des anglophones dans la province, l'anglais prend vite le dessus.

L'élection, en 1896, de Wilfrid Laurier, premier Canadien français à occuper le poste de Premier ministre du Canada, ne change pas grand-chose. Le député Armand Lavergne dépose en 1908, au Parlement fédéral, un projet de loi pour obliger les compagnies de service public – transport, électricité, téléphone – à respecter le bilinguisme avec leurs usagers et abonnés : Wilfrid Laurier refuse qu'il soit discuté en séance publique ! Recalé à Ottawa, Lavergne réussit à faire voter son texte en 1910 à Québec. Mais, dans les usines et dans les commerces, l'anglais reste incontournable. Peu à peu, cependant, les médias font leur œuvre. CKAC, première radio francophone d'Amérique, émet au Québec à partir de 1922. L'agence Canadian Press qui, depuis sa fondation en 1917, diffusait ses dépêches seulement en anglais, démarre un service en français en 1951. En 1952, la télévision publique Radio Canada propose ses premières émissions en français. En 1955, un vigoureux débat s'engage sur le nom d'un grand hôtel construit à Montréal par la société publique de chemins de fer Canadien National : celle-ci veut le baptiser Queen Elizabeth, des journaux francophones s'indignent et militent pour Château Maisonneuve. Une pétition est signée par 200 000 personnes en faveur d'un nom français. Le gouvernement fédéral refuse d'intervenir. Ce sera finalement l'hôtel Queen Elizabeth/Reine Élisabeth !

Au cours des années 1960, à la faveur de la Révolution tranquille, les francophones reprennent en main leur destin et l'État québécois s'affirme. Le gouvernement se saisit de la question linguistique. En 1961, il crée un Office de la langue française dans le cadre du tout nouveau ministère des Affaires culturelles. En 1967, une loi impose l'étiquetage des produits agricoles en français. La même année se tiennent les premiers États généraux du Canada français : les Québécois se démarquent des autres francophones du Canada, ils veulent identifier leur province au français. À Ottawa, le nouveau Premier ministre fédéral, le Québécois Pierre-Elliott Trudeau, cherche à éviter la division du pays sur la question linguistique. Le 7 septembre 1969, il fait adopter au Parlement fédéral la loi sur les langues officielles. Ce texte consacre l'égalité de l'anglais et du français dans toutes les institutions fédérales. Ottawa prône un bilinguisme national d'est en ouest. Pour le Québec, cette vision est utopique et dangereuse : la meilleure façon d'assurer la survie du français au Canada, c'est de faire du Québec, dont les habitants sont à plus de 80 % francophones, la terre d'élection du français dominant. En novembre 1969, quelques semaines après le vote de la loi sur les langues officielles à Ottawa, la loi « pour promouvoir la langue française au Québec » est la réponse du berger à la bergère. Elle mentionne pour la première fois l'objectif de faire du français la langue de travail et la langue prioritaire de l'affichage public. Elle rend obligatoire l'enseignement du français dans le réseau scolaire anglophone, mais reconnaît en même temps le droit des parents à choisir la langue principale d'enseignement de leurs enfants. Cette disposition, qui ne satisfait ni les anglophones ni les francophones, tente de mettre fin à une violente polémique surgie dans une école de la banlieue de Montréal : la direction voulait inscrire d'office les enfants d'immigrants dans des classes françaises.

La vraie riposte à la loi fédérale sur les langues officielles ne s'organise qu'en 1974, sous le gouvernement libéral de Robert Bourassa. La loi québécoise 22, dite « loi sur la langue officielle », proclame dans son article 1, et pour la première fois au Québec : « Le français est la langue officielle du Québec. » Suivent plus de cent vingt articles pour imposer le français dans l'affichage public, obliger les entreprises traitant avec l'État à engager des programmes de francisation, donner la priorité au français dans les lois, la justice et l'enseignement. Si le texte reconnaît toujours le principe du libre choix de la langue d'enseignement, il pose des conditions : l'élève doit passer un test prouvant qu'il dispose des connaissances suffisantes dans la langue choisie. L'objectif est de ramener vers le français les immigrés allophones qui sont tentés d'envoyer leurs enfants à l'école anglophone parce que l'anglais favorise la promotion sociale et symbolise la réussite économique. Plusieurs études montrent alors comment l'assimilation anglophone des immigrés, y compris ceux d'origine latine tels les Italiens, menace à moyen terme la majorité francophone de la province. Les tensions linguistiques atteignent des sommets. On se bat pour savoir s'il faut inscrire *stop* ou arrêt sur les panneaux routiers, si les contrôleurs aériens et les pilotes ont le droit de s'exprimer en français dans leurs échanges. La victoire du Parti québécois aux élections de 1976 va définitivement trancher ce type de débats.

QUÉBEC, AVEC UN ACCENT SUR LE E

En 1977, le gouvernement dirigé par René Lévesque dépose à l'Assemblée nationale du Québec un projet de loi qui va changer le visage de la province. Pour bien marquer la portée de cette future loi 101, adoptée le 26 août 1977, on la baptise même Charte de la langue française. Son objectif est de faire du français non seulement la langue de l'État et de la loi mais aussi la langue « normale et habituelle du travail, de l'enseignement, des communications, du commerce et des affaires ». Plus qu'une langue instrumentale, une langue de la vie publique commune, du « vivre ensemble ». La Charte impose l'usage exclusif du français dans l'affichage public et la publicité commerciale. Elle étend les obligations de francisation à toutes les entreprises de plus de cinquante salariés, exige la connaissance de la langue officielle par les dirigeants et même « l'augmentation, à tous les niveaux de l'entreprise, y compris au sein du conseil d'administration, du nombre de personnes ayant une bonne connaissance de la langue française ». Elle restreint l'accès à l'école anglaise aux seuls enfants dont l'un des deux parents a reçu une éducation en anglais au Québec. Enfin, elle fait de la version française des textes de loi la seule version officielle. La Charte crée plusieurs organismes chargés de veiller à son application, notamment l'Office de la langue française, le Conseil de la langue française et la Commission de toponymie.

Des affiches de l'époque célèbrent le français retrouvé : face à l'anglais, qui ignore les accents, une main dépose un accent aigu sur le premier e de Québec. En trente ans, la province et ses grandes villes prennent un visage français. Des rues sont débaptisées, les menus des restaurants, les promotions des boutiques, les programmes de spectacles sont désormais affichés en français. Les apostrophes disparaissent. On va chez Bens et non plus Ben's, on commande un hambourgeois chez MacDo. Aujourd'hui, au cinéma, on va voir *Tuer Bill* ou *Au revoir, Lénine*. À la radio, on ne dit plus depuis longtemps que les automobilistes roulent « *bumper* à *bumper* » mais « pare-chocs contre pare-chocs ». Les étiquettes de description et de composition des produits, leurs modes d'emploi, sont rédigés en français. L'école française est la règle, du primaire jusqu'à la fin du secondaire. Les entreprises doivent obtenir un certificat de francisation, renouvelé tous les trois ans, elles sont sanctionnées dans le cas contraire. Les conventions collectives sont écrites en français, les syndicats proposent des cours de français aux salariés. Un seul quotidien anglophone subsiste à Montréal : *The Gazette*. *The Board of Trade* est transformé en Chambre de commerce et celle-ci tient ses réunions en français alors que la majorité de ses membres parlent anglais ! Pour la première fois, les anglophones se trouvent mis en minorité. « Des anglos frustrés commencèrent massivement à quitter le Québec pour l'Ontario, de sorte que l'autoroute 401 entre Montréal et Toronto devint connue sous le nom d'autoroute 101 », raconte le chroniqueur décapant de *The Gazette*, Josh Freed, Québécois anglophone, dans *Montréal, l'oasis du nord*[2]. D'autres créent leurs propres associations de défense !

Pour les francophones, la loi 101 a joué un rôle d'ascenseur social : ils accèdent plus facilement aux postes de responsabilités et voient l'écart de revenu avec les anglophones se réduire considérablement. « Dans l'immédiat, l'effet de la loi 101 a été de dévaloriser l'unilinguisme anglais et de don-

---

2. Éditions Autrement, 1992.

ner une plus-value au bilinguisme francophone », rappelle André Bernard, professeur de science politique à l'Université du Québec à Montréal[3]. Ce bilinguisme, les Québécois ont su en faire un atout économique puisqu'ils forment aujourd'hui le bassin de main-d'œuvre bilingue le plus important du Canada. Près de la moitié de la population active parle français et anglais. Ce taux atteint même aujourd'hui 60 % dans la métropole montréalaise. De nombreux centres d'appel ont élu domicile dans la province ; l'ingénierie linguistique est un secteur en pleine croissance, dopé par les nouvelles technologies. Les Québécois sont ainsi devenus les champions des logiciels multilingues, comme les outils de traduction automatique vendus par Alis Technologies jusqu'en Europe, ou des outils d'orthographe, comme le Correcteur 101, best-seller de la start-up Machina Sapiens.

De leur côté, les immigrés ont progressivement adopté la langue officielle. Le président de la communauté italienne a troqué l'anglais contre le français pour se faire comprendre du plus grand nombre de ses compatriotes. Avant l'adoption de la loi 101, à peine plus de 20 % des enfants d'immigrés fréquentaient l'école française. Dix ans plus tard, ils sont près de 65 %. Aujourd'hui, la proportion dépasse 80 % ! Mais le préambule de la Charte précise que la loi 101 s'applique dans le respect des minorités ethniques. En 1975, la Charte des droits et libertés de la personne du Québec avait d'ailleurs pris soin de préciser que « la langue n'est pas discriminatoire ». Elle avait aussi inscrit le droit des minorités ethniques à « maintenir et faire progresser leur propre vie culturelle ». La loi 101 reconnaît l'existence des langues immigrées et prévoit même leur apprentissage, facultatif, pour les enfants d'immigrés inscrits dans les

3. *Le français au Québec, 400 ans d'histoire et de vie*, CSLF, Fides, 2000.

écoles publiques françaises. Le Programme d'enseignement des langues d'origine est lancé dès 1978. « La loi 101 crée une nouvelle définition de la société québécoise, celle d'une collectivité territoriale francophone, souligne Denise Helly, anthropologue et sociologue de formation, chercheuse à l'INRS[4]. Elle fait apparaître deux nouveaux paramètres propres aux résidents de la province : une langue publique commune, le français, et un territoire, le Québec. En aucun cas, la Charte de la langue française ne prône l'assimilation. Elle s'intéresse à la langue de la vie publique et n'intervient pas sur la langue de la vie privée, des échanges familiaux ou intracommunautaires. « Il ne s'agit pas de faire de tous les citoyens des francophones pure laine », insiste Pierre Georgeault, directeur des études au Conseil supérieur de la langue française. Après le secondaire, quand il entre au collège, puis à l'université, chaque étudiant est libre de poursuivre ses études en français ou en anglais.

Malgré cela, l'application de la loi 101 ne se fait pas sans mal. Certaines dispositions, jugées non constitutionnelles par Ottawa, doivent être revues. Pour respecter le bilinguisme fédéral, les textes de loi du Québec doivent exister en deux versions officielles, française et anglaise, et toute personne doit pouvoir s'adresser en anglais ou en français devant les tribunaux. L'école anglaise doit être accessible à tout enfant dont l'un des deux parents a reçu un enseignement primaire en anglais au Canada (et pas seulement au Québec). L'obligation d'affichage commercial unilingue a été assouplie pour permettre un affichage dans les deux langues, à condition que le français soit prédominant. L'étiquetage d'un produit peut présenter une autre langue à condition que la place accordée au français soit au moins équivalente. Par différents textes successifs et sous la pres-

---

4. Institut national de la recherche scientifique.

sion du fédéral, le Québec a rétabli un certain équilibre pour sa population anglophone. En 1983, il a reconnu « les institutions de la communauté québécoise d'expression anglaise » et, en 1986, il a rendu obligatoire l'existence d'un accès aux services de santé et aux services sociaux en langue anglaise sur tout le territoire. La communauté anglophone dispose aussi de ses écoles et de ses universités. Aujourd'hui, on peut théoriquement vivre en anglais dans la plupart des villes du Québec. À Sept-Îles, bourgade de 30 000 habitants sur la rive nord du Saint-Laurent, à 900 kilomètres de Montréal, il existe des écoles et un hôpital anglais. Les anglophones ont su tirer parti de la francisation du Québec : leur taux de bilinguisme a bondi, il est le plus élevé de tous les Québécois. Huit Anglo-Québécois sur dix de quinze à vingt ans maîtrisent aujourd'hui le français, et les classes d'immersion française ont de plus en plus la cote.

Alors, difficile d'être anglophone au Québec ? Non, répondent en chœur, Michael, Joseph, Bruce, ou encore Nancy. Michael travaille chez Alcan. Il dirige une usine dans la banlieue de Montréal, dans un environnement totalement francophone. Sa femme est égyptienne et francophone, ses enfants sont bilingues. Joseph, cadre supérieur, travaille à Montréal et vit à quelques kilomètres de la frontière américaine. Ancien journaliste, il a longtemps collaboré à des médias anglais. « Je parle français comme une vache espagnole », regrette-t-il dans un éclat de rire... dans un français bien meilleur qu'il ne veut le faire croire ! Bruce anime une équipe de dix personnes, toutes anglophones, dans une société française. Il accepte la dimension francophone du Québec, mais répond en anglais à ses interlocuteurs tout en rêvant de devenir vraiment bilingue... comme ses enfants. Nancy, elle, manie parfaitement la langue de Molière. Sa recette pour bien vivre en tant qu'anglophone au Québec ? « Apprendre le français et travailler en français, sinon c'est refuser de s'intégrer et s'isoler. » Josh Freed, lui, a renoncé à être parfaitement bilingue : « Il y a trop de mots, trop de temps, trop de sexes. Pourquoi dire "monsieur le couteau" et "madame la fourchette" ? "Monsieur le soleil" et "madame la lune" ? Comment est-ce qu'on décide ? » s'interroge-t-il non sans humour [5]. Dans *The Gazette*, ses chroniques décapantes étaient souvent consacrées aux « anglos » du Québec. Il raconte toujours avec gourmandise la même anecdote édifiante : « J'ai passé de longues soirées d'hiver dans des cabines de téléphone glaciales à chercher désespérément le sexe d'un restaurant où je voulais réserver une table. Est-ce le restaurant Le Viaduc ou le restaurant La Viaduc ? Ou encore le restaurant Au Viaduc, le restaurant Aux Viaducs ou quelque chose de compliqué comme Chez le restaurant du Viaduc ? Il suffit que vous vous trompiez d'un seul pronom et vous mangez à la maison [6]. » Résultat de la francisation : le discours des anglophones est truffé de mots français – garderie, cegep, métro, dépanneur –, tout comme celui des francophones reste émaillé d'expressions anglaises. « Je viens vérifier les *breakers* des *hiters* », s'est entendu dire un Français fraîchement installé au Québec accueillant dans sa maison le chauffagiste. Il ne faut pas être choqué de commander un chien-chaud *steamé* ou une salade *all dressed*. Les puristes crient au loup. Mais le plus important est ailleurs : une cohabitation pacifique s'est mise en place, qui ne refuse pas les emprunts aux autres langues. Montréal est et restera la capitale des *bagels*. D'ailleurs, on peut vivre uniquement en anglais à Montréal, comme on peut vivre uniquement en français au Québec... « Nous sommes parvenus à un équilibre qui a permis de renforcer l'identité francophone, de généraliser l'usage du français,

---

5. *Montréal, l'oasis du Nord, op. cit.*
6. *Vive le Québec Freed,* Éditions Boréal, 1996.

mais d'un français qui laisse toute sa place à l'anglais et aux autres langues », résume Pierre Georgeault.

Voilà sans doute pourquoi, pour les Québécois nés après 1975, la langue française n'est plus franchement menacée. « Ils sont tombés tout petits dans la potion magique, constate Pierre Georgeault. Pour eux, c'est un acquis. » Ils parlent aussi anglais, et s'ils sont originaires d'une communauté culturelle immigrée, il n'est pas rare qu'ils maîtrisent une troisième langue. Pour autant, tout n'est pas gagné. La démographie et l'immigration ont pour conséquence une diminution régulière du poids des francophones dans la population totale du Canada : 29 % en 1951, moins de 23 % en 2001. Certains s'inquiètent de voir diminuer le pourcentage de Montréalais parlant français à la maison – ils sont actuellement 55 %. Selon le démographe Marc Termote, les francophones de langue maternelle pourraient être minoritaires d'ici quinze à vingt ans sur l'île de Montréal. « Il peut y avoir des signes menaçants », concède le directeur des études du CSLF, plus soucieux des évolutions dans le milieu professionnel. Aujourd'hui, 84 % des travailleurs au Québec déclarent utiliser principalement le français dans leur univers professionnel. Cette proportion tombe à 74 % dans la région de Montréal et à 54 % chez les travailleurs allophones. La francisation des entreprises marque le pas : le taux de certification stagne à 70 %. Le 15 octobre 2004, le magazine *L'Actualité,* le seul news francophone du Québec, s'inquiétait dans sa une : « Le français, c'est *hot.* » « Vingt-sept ans après l'adoption de la loi 101, le français n'est toujours pas la langue normale et habituelle de travail partout au Québec », pouvait-on lire en ouverture d'un dossier spécial. Que signifie travailler en français dans une économie ouverte sur le monde, dont la richesse dépend majoritairement des exportations et où les nouvelles technologies ont pris une place considérable ? Avec la mondialisation, la pression de l'anglais se fait de plus en plus forte.

LE GENDARME DES MOTS

La vigilance doit donc être constante. Installé à Montréal, à deux pas du boulevard Saint-Laurent, l'Office québécois de la langue française est le gendarme des mots. Son adresse est déjà tout un symbole. Ce boulevard, l'une des principales artères de la ville surnommée le « *main* » au temps où l'anglais était dans toutes les bouches, a longtemps marqué la coupure entre les quartiers francophones à l'est, et anglophones à l'ouest. L'OQLF veille au respect de la Charte et reçoit les plaintes du public constatant des entraves à cette loi. Rempart indispensable pour les francophones, l'Office peut passer aux yeux des anglophones pour « une assemblée de bureaucrates à lunettes cerclées d'acier, fébrilement occupés à démembrer nos pauvres mots anglais avant de les rôtir à petit feu », selon le trait d'humour grinçant de Josh Freed[7]. Bonne fée pour les uns, diable pour les autres, l'OQLF a reçu plus de 3 500 plaintes en 2002-2003. Il les instruit et la sanction peut être sévère, comme ce grand hôtel montréalais privé de la clientèle gouvernementale tant que son site Internet n'offrirait pas de version française ! Ou encore cette entreprise menacée de perdre ses subventions pour cause de non-conformité avec la Charte de la langue française.

Depuis sa création, l'OQLF a développé toute une série d'outils – lexiques, guides – pour assurer la diffusion d'un français de qualité et répondre à toutes les questions de ter-

---

7. *Vive le Québec Freed, op. cit.*

minologie. Il a constitué plus de 260 lexiques spécialisés et son *Grand Dictionnaire terminologique du Québec* offre la consultation de plus de trois millions de termes techniques, économiques et scientifiques ! Il reçoit 70 000 visites par jour, dont 20 % en provenance d'Europe ! L'Office aide les entreprises à mettre en place des programmes de francisation : on lui doit notamment d'avoir convaincu la marque Nike de changer son fameux slogan *Just do it* par *Es-tu prêt ?* Les entreprises françaises installées au Canada n'en reviennent pas de cette « police de la langue ». Des responsables de Danone se souviennent encore d'avoir négocié dur pour obtenir le droit d'implanter le logiciel SAP uniquement en anglais dans leur filiale québécoise. Ils avaient dû s'engager formellement à assurer la formation en anglais et en français.

L'OQLF est aussi au service des citoyens : la Banque de dépannage linguistique est une source précieuse pour les sujets relatifs au langage quotidien. L'homme de la rue aux prises avec une question d'orthographe existentielle peut appeler gratuitement le téléphone linguistique et trouver la réponse à plus de deux cents questions courantes ! De son côté, du haut de l'édifice 800, place d'Youville, à Québec, le Conseil supérieur de la langue française surveille l'évolution de la langue de Molière dans la société, au travail, à la maison, selon les générations et les communautés. Rien ne lui échappe : ses sujets d'étude vont de la qualité de la langue dans les courriels à l'intégration linguistique des enfants d'immigrés, en passant par le suivi des industries de la langue. Ses rapports réguliers sur l'état du français au Québec sont toujours décortiqués avec attention. Ils servent de référence au gouvernement qui légifère régulièrement. Sa « politique culturelle de 1992 » accordait une importance particulière aux œuvres en langue française. La défense du français par nos amis québécois n'a d'ailleurs pas toujours fait le bonheur de Paris. La guerre du doublage a longtemps déchiré les deux communautés francophones : pour soutenir son industrie du cinéma, Québec imposait un doublage québécois de tous les films étrangers, refusant les copies doublées par les Français... En 2002, la ministre des Relations internationales, Louise Beaudoin, avait lancé un appel à la France pour assurer la place du français dans les communications scientifiques. Réponse du Quai d'Orsay : ce n'est pas prioritaire... La même ministre avait vigoureusement protesté contre le projet d'imposer l'anglais comme langue unique de communication entre les pilotes d'Air France et les contrôleurs aériens français, projet finalement abandonné !

Ce genre de mésaventures ne risque pas de survenir au Québec. En 1996, la « politique relative à l'emploi et à la qualité de la langue française dans l'administration » a renforcé certaines exigences de la loi 101 pour garantir la cohésion des pratiques dans tous les services publics. Les documents écrits ou électroniques doivent être exclusivement rédigés en français, et le personnel doit s'adresser en priorité en français aux usagers. Toutefois, l'administration peut communiquer dans une autre langue que le français avec les citoyens qui s'adressent à elle dans cette langue ou qui lui en font la demande. Depuis 1999, la « politique sur les marchés publics » exige que toutes les étapes du processus d'acquisition se déroulent en français. C'est sur la place du français dans les nouvelles technologies que le Québec se montre tout à fait exemplaire, conscient plus que les autres de la menace : l'ordinateur comme la toile viennent des États-Unis voisins et, selon le CSLF, plus de la moitié de la main-d'œuvre québécoise tire aujourd'hui ses revenus de sa capacité à produire, repérer ou analyser l'information.

En 1992, le Québec a adopté une « politique d'utilisation du français dans les technologies de l'information et des communications ». Celle-ci s'applique à tous les organismes publics. Objectif : faire respecter les caractéristiques du français dans les communications en ligne entre l'administration et les citoyens. Elle vise aussi à assurer une utilisation maximale du français dans les postes de travail informatisés, qu'il s'agisse de matériel, de logiciel ou de documentation. Tous les moyens sont bons pour stimuler l'offre de produits technologiques en français permettant à la fois la navigation en français sur la toile et la création de contenus francophones. Dans les écoles, les jeunes sont formés à l'informatique en français. En 1994, le Québec a mis sur pied le Fonds de l'autoroute de l'information (FAI), auquel 105 millions de dollars ont été consacrés depuis dix ans. Plus du tiers des 640 projets soutenus concernent le développement de contenus francophones, et près de la moitié des moyens financiers y sont consacrés. Un bel effort !

En 1998, le Québec a franchi un pas supplémentaire en lançant une vaste politique de soutien aux autoroutes de l'information en français. La province se classait déjà comme la société francophone offrant le plus de sites web en français par nombre d'habitants. Elle a clairement choisi de voir dans les nouvelles technologies une opportunité pour diffuser davantage sa langue et sa culture. « Les inforoutes n'imposent pas un bilinguisme où l'anglais s'avère un passage obligé, mais elles ouvrent toute grande la voie au plurilinguisme où toutes les langues occupent le même rang », soulignait la Politique québécoise de l'autoroute de l'information[8]. Le gouvernement a donc mis l'accent sur la francisation des outils informatiques – l'ordinateur doit comprendre le français –, sur la création d'une masse cri-

---

8. 1998.

tique de contenus francophones et sur la numérisation du patrimoine culturel québécois.

Cette politique s'est développée en partenariat avec le secteur privé. Celui-ci, devant l'étroitesse de son marché domestique, s'était mobilisé très tôt. Dès 1990, en effet, les fabricants de logiciels se sont rassemblés au sein du Centre de promotion du logiciel québécois. Rebaptisé Réseau inter-logiQ en 2002, il regroupe aujourd'hui 400 membres soucieux de se donner une présence commerciale internationale. De leur côté, les producteurs de contenus numériques et interactifs ont fondé l'Alliance numériQC pour défendre la place du Québec dans la création, la production et la diffusion de produits multimédias. Ils ne manquent pas une occasion de rappeler au gouvernement la nécessité de soutenir leur industrie face à la concurrence des produits américains. Dans une lettre ouverte au nouveau Premier ministre Jean Charest, en juin 2003, ils soulignaient ainsi la nécessité de « stimuler la présence francophone dans la diversité culturelle planétaire » par la production de contenus québécois originaux, pour éviter que le multimédia québécois ne soit cantonné dans un rôle de sous-traitance ou d'adaptation sous licence de produits américains, européens ou asiatiques.

L'État québécois, qui a largement soutenu la diffusion des nouvelles technologies en favorisant l'équipement des écoles, des familles et des entreprises, est aussi attendu sur les contenus. Le nouveau gouvernement n'a pas remis en question l'un de ses principaux outils, le Fonds de l'autoroute de l'information. Guy Dumas, le sous-ministre responsable de la politique linguistique du Québec, en a réaffirmé l'importance devant le congrès mondial des professeurs de français en août 2004 : « L'avenir du français dépendra, dans une large mesure, du volume et de la qualité des contenus culturels, sociaux, scientifiques et économiques que l'on trouvera dans les inforoutes. » Et de rappe-ler que, si la proportion des internautes utilisant l'anglais diminue (de 40 % en 2002 à 36 % en 2004) face aux langues latines (20 %), la part des internautes utilisant l'espagnol augmente (de 7 à 9 % entre 2002 et 2004), tandis que celle des locuteurs français stagne... à 4 %. Un chiffre, à peine connu en France, qui fait frémir au Québec !

Sur le front de la langue, les Québécois sont toujours plus combatifs que les Français et leur vigilance ne s'arrête pas aux frontières du Québec. L'institut Pasteur veut publier en anglais ? C'est le branle-bas de combat dans les minis-tères de l'autre côté de l'Atlantique. Le libéralisme n'a qu'une langue, celle de Shakespeare ? Des patrons franco-phones s'associent pour financer un *think-tank* capable de porter les idées libérales sur la place publique en français. Ainsi est né, en 1999, l'Institut économique de Montréal. « Au Québec, la plupart des études sur l'entrepreneurship sont réalisées par des anglophones », souligne Michel Kelly-Gagnon, directeur exécutif de l'IEDM qui, en cinq ans, a su imposer une voix différente dans le débat d'idées. Les Québécois sont aussi très attentifs aux enjeux linguistiques de la mondialisation avec, notamment, la création de vastes zones de libre-échange, comme l'Accord de libre-échange de l'Amérique du Nord (Alena) entré en vigueur en 1994 et la Zone de libre-échange des Amériques (Zlea) qui devrait se concrétiser en 2005. Le Québec s'inquiète de voir le fran-çais menacé dans ses ambitions, notamment « celle de maintenir son statut de grande langue de communication au sein des organisations internationales », selon les mots de Guy Dumas. À l'Assemblée générale de l'ONU, le nombre de délégations s'exprimant en anglais est passé de 74 à 97 en moins de dix ans. Celles qui s'expriment en français ont chuté de 31 à 21. Pourtant, 28 pays membres de l'ONU ont le français comme langue officielle, et plus de 40 sont membres de la francophonie ! L'Europe élargie est en train de basculer dangereusement vers l'anglais, et certaines mesures de protection linguistiques sont considérées comme des entraves à la libre circulation des biens et des services. Bruxelles projette d'unifier les emballages avec un descriptif en anglais et un pictogramme ? À Québec, on se mobilise. « Pour survivre, une langue doit être utile et s'inscrire dans la vie économique, assène Pierre Georgeault. Si elle est seulement culturelle, elle court le risque de devenir régionale, voire locale. »

Les Québécois militent sans relâche pour le multilinguisme dans les instances supranationales. On leur doit la création d'une direction technique sur l'adaptabilité culturelle et linguistique à l'Iso, l'organisme chargé de la normalisation internationale. Il s'agit qu'une norme puisse être adaptée à une culture donnée, dans une langue donnée, sans perdre sa valeur. Après le Sommet des Amériques en 2001, ils se sont battus pour obtenir la traduction en français des 600 pages de documents officiels des négociations de la future Zone de libre-échange des Amériques. « Nous ne voulons pas que le français devienne une langue à traduire », martelait Louise Beaudoin, la ministre des Relations internationales et responsable de la francophonie au premier séminaire interaméricain sur la gestion des langues organisé par le CSLF à Québec, en août 2002. Ce séminaire a demandé la reconnaissance d'au moins quatre langues officielles dans la Zlea : l'anglais, l'espagnol, le français et le portugais. « Les États doivent créer les conditions d'usage de leur langue sur leur territoire, les citoyens doivent avoir accès à tous les documents dans leur langue », explique Pierre Georgeault. De la même façon, le gouvernement québécois encourage le multilinguisme au niveau commercial. Il veut que ses consommateurs puissent avoir accès à l'information dans leur langue, que le produit vienne du Brésil ou d'Argentine. Avec un argument de choc : une entreprise adoptant une stratégie d'unilinguisme anglais pour attaquer des marchés étrangers a moins de chance de succès. Le Québec encourage d'ailleurs le multilinguisme de ses propres entreprises pour les rendre plus efficaces à l'exportation. Pendant ce temps, de grandes entreprises françaises telles Alcatel ou Schneider adoptent l'anglais comme *lingua franca* dans le monde entier...

Corollaire de la croisade québécoise pour le multilinguisme, l'enseignement des langues, et notamment d'une troisième langue aux côtés du français et de l'anglais, a été inscrit parmi les priorités du ministère de l'Éducation. Si les Québécois sont largement plus bilingues que la moyenne des Canadiens (40 % contre 30 %), ils ne sont « que » 9 % à être trilingues. C'est mieux que la moyenne des Canadiens (5,6 %), mais moins bien que la moyenne européenne (plus de 17 %). La plus grande proportion de trilingues se recrute chez les allophones qui, en plus de leur langue maternelle, parlent français et anglais. Le CSLF a ainsi recommandé à plusieurs reprises au gouvernement de rendre obligatoire l'enseignement d'une troisième langue dans le secondaire. Le Québec est déjà, avec le Nouveau-Brunswick, la seule province canadienne dans laquelle l'enseignement d'une deuxième langue est obligatoire. HEC Montréal, la première école de gestion francophone, a déjà pris les devants : dès la rentrée 2005, elle proposera à des étudiants triés sur le volet une scolarité en trois langues, français, anglais, espagnol, à parité ! « Nous, Québécois, avons beaucoup de misère à accepter qu'international se traduise par l'anglais uniquement, explique Jean-Marie Toulouse, le directeur de l'école. Pour nous, l'international, c'est au moins trois langues. Donc, nous protégeons le français, nous pratiquons l'anglais et nous intégrons l'espagnol ! »

Le Québec s'affirme sur la scène économique et internationale comme le chantre de la diversité linguistique, indissociable de la diversité culturelle. Il s'oppose à une internationalisation trop souvent synonyme d'anglicisation. Malins, les deux Québécois proposent plus qu'un repli défensif sur le français. « Il faut renforcer l'usage de la langue officielle sur son territoire et favoriser le multilinguisme au plan supranational », résume Pierre Georgeault. La promotion du multilinguisme, érigé en valeur supérieure, se fait au service de l'intérêt francophone.

MILITANT DE LA FRANCOPHONIE

Pour diffuser ces thèses, quel meilleur espace que celui de la francophonie ? Soixante-quinze millions de personnes dans le monde ont le français comme langue maternelle. Plus de cent millions le parlent comme langue seconde ou langue étrangère. La francophonie regroupe 55 États. Le Québec, avec ses six millions de francophones, est depuis l'origine l'un des promoteurs les plus actifs de la francophonie. Il y va de sa survie linguistique, mais aussi de son affirmation politique. C'est en effet le seul forum gouvernemental international où il occupe une place distincte de celle du Canada. Il y a obtenu, après une longue bataille, le statut de « gouvernement participant », au même titre que la Communauté française de Belgique ou le Nouveau-Brunswick. Les mauvaises langues se plaisent d'ailleurs à rappeler que la francophonie a été surtout créée dans ce but...

Le Québec en est en tout cas un membre très actif. Troisième bailleur de fonds, après la France et le Canada, il consacre quelque 11 millions de dollars par an en subventions aux différents opérateurs de la francophonie (TV5, Agence intergouvernementale, Agence universitaire, etc.). Il a joué un rôle déterminant dans la création de l'Association internationale des journalistes de langue française (1952) et de l'Association des universités de langue française (1961), devenue l'Agence universitaire de la francophonie. Il est aussi à l'origine de l'Agence de coopération culturelle et technique, fondée en 1970, première organisation gouvernementale francophone, connue aujourd'hui sous le nom d'Agence intergouvernementale de la francophonie. Son premier secrétaire général était d'ailleurs un Québécois. À Paris, le Québec a installé, aux côtés de sa Délégation générale, une Délégation aux affaires francophones et multilatérales, composée de quatre personnes. « L'implication du Québec dans la francophonie ne s'est jamais démentie, quel que soit le parti au pouvoir », assure Rita Poulin, directrice à la francophonie au ministère des Relations internationales. Avec toujours les mêmes objectifs : la promotion de la langue française, des cultures francophones, de la démocratie et de l'éducation.

Aucun pays ne dispose comme le Québec d'un arsenal aussi complet pour sa langue. Aucun pays n'en a fait un tel enjeu de société. Non pas dans les hautes sphères d'une élite intellectuelle, mais dans le cœur même des citoyens. En 1974, l'année où le français a été consacré langue officielle, la ville de Québec a accueilli un immense rassemblement populaire, devenu au fil des ans le rendez-vous de la chanson francophone. Le 13 août 1974, la première Francofête avait réuni sur la même scène trois générations de chanteurs, Félix Leclerc, Gilles Vigneault et Robert Charlebois, trois des plus prestigieux ambassadeurs québécois du français. En 1979, Québec accueille le lancement de l'Association internationale des maires francophones. Le Forum francophone des affaires est créé en 1987 à l'initiative du Québec. Cette année-là, la capitale québécoise organise aussi le deuxième sommet de la francophonie : le logo du sommet deviendra l'emblème officiel de la francophonie. Vingt ans plus tard, la ville s'apprête à en accueillir le douzième sommet, en 2008, l'année où elle fêtera le 400ᵉ anniversaire de sa fondation.

« Le Québec est souvent sollicité pour son expertise en matière d'aménagement linguistique », souligne Rita Poulin. Aucun pays de la francophonie n'a en effet poussé aussi loin l'implication de l'État dans la défense de la langue. La Charte de la langue française, unique en son genre, sert d'exemple aux gouvernements africains préoccupés par le maintien du français. Elle a inspiré la loi Toubon en France. Elle a même été brandie récemment comme modèle par les peuples autochtones du Canada, inquiets de la survie de leurs langues ! De nombreux outils de la francophonie se sont inspirés des outils québécois. Le Fonds de garantie des industries culturelles pour le Sud a été créé sur le modèle du Fonds de garantie pour les industries culturelles québécoises. Les centres de lecture et d'animation culturelle ont été constitués par un Québécois sur le modèle des bibliothèques itinérantes destinées aux régions éloignées du Québec. Les radios développées dans les communautés autochtones ont servi d'expérience pour les radios rurales créées en Afrique. C'est à l'initiative du Québec qu'ont été organisés les états généraux de l'enseignement du français en Afrique et la première conférence des ministres francophones chargés des inforoutes, en 1997, débouchant sur la création d'un Institut des nouvelles technologies de la francophonie, dirigé par un Québécois.

Les Québécois sont sur tous les fronts : leur travail de vigilance et d'influence se fait sans relâche. La francophonie leur ouvre un espace de débat sur les relations Nord-Sud. Elle leur offre un tremplin précieux pour se donner une présence internationale. À travers elle, les Québécois ont également imposé l'idée d'un français dont la France ne serait pas la seule propriétaire. « Affirmant qu'il est aussi propriétaire de sa langue, le Québec participe à la déculpabilisation du francophone marginal, à qui on a trop souvent insufflé une âme de locataire », souligne le belge Jean-Marie Klinkenberg, professeur à l'université de Liège[9]. Il a doucement amené la francophonie à fonctionner en réseau, et pas en étoile autour de Paris, centre tout-puissant. La francophonie a aidé les Québécois à surmonter leur complexe de minoritaires : la nécessité de défendre la langue française les avait longtemps enfermés dans une frilosité vis-à-vis de l'étranger, à tel point que certains anglophones, à l'instar de l'écrivain Mordecai Richler, ont pu dénoncer le racisme des Québécois. Il y avait « nous autres », les francophones, et « eux autres », tous ceux qui ne parlaient pas français, tous ceux qui n'avaient pas vécu ces années de lutte pour imposer leur langue et leur identité.

Aujourd'hui, la bataille pour le français est devenue synonyme d'ouverture. Le Québec profite de toutes les rencontres et de toutes les instances de la francophonie pour porter la bonne parole sur la diversité linguistique et culturelle. Sous son impulsion, la francophonie ne se consacre plus seulement à la consolidation du français dans l'espace francophone et à l'élargissement de la place du français au

---

7. « L'impact de la politique linguistique québécoise vue de Belgique francophone », par Jean-Marie Klinkenberg, professeur à la Faculté de Philosophie et Lettres de l'Université de Liège.

niveau international. Elle a pris en compte de nouveaux enjeux, comme en témoignent les déclarations finales des récents sommets. La Déclaration de Moncton, en 1999, soulignait pour la première fois l'importance de la diversité culturelle : « Les biens culturels ne sont en aucun cas réductibles à leur seule dimension économique. » À Cotonou, en 2001, les gouvernements se sont engagés à mettre en place des politiques linguistiques et à ne pas signer d'accords de libéralisation concernant les biens et les services culturels. En 2002, à Beyrouth, ils se prononçaient solennellement en faveur d'un traité pour que la culture ne puisse pas être considérée comme une marchandise ordinaire dans les échanges internationaux. Pour le Québec, diversité culturelle et linguistique vont en effet de pair : la diversité culturelle n'a pas de sens si la seule langue d'expression reste l'anglais. Pour faire avancer sa cause, il mise sur le dialogue avec les autres aires linguistiques et travaille, notamment en Amérique, à renforcer le partenariat entre francophones, hispanophones et lusophones pour faire face aux tentations hégémoniques de l'anglais. Tous derrière les Québécois !

CHAPITRE II

L'exception culturelle sans complexe

Une saison d'été en France. La ronde des festivals met la chanson à l'honneur. Les Québécois sont omniprésents. Robert Charlebois, Garou et Corneille sont en tournée pour plusieurs mois dans l'Hexagone, avec quelques incursions en Belgique et en Suisse. Trois visages de la chanson québécoise, trois époques, autant de succès à chaque concert. On ne présente plus Charlebois, l'homme aux vingt albums, la révolte intacte après trente ans de carrière. Garou, le Quasimodo de *Notre-Dame de Paris*, a réussi le pari de sa carrière en solo. Appuyé par René Angeli, le manager et époux de Céline Dion, il suit les traces de la Québécoise la plus connue du monde. Quant à Corneille, il incarne un Québec coloré, encore peu médiatisé. Né au Rwanda, il a fui le génocide en Allemagne avant de s'installer dans la Belle Province. Son premier album, *Parce qu'on vient de loin,* a fait un tabac en France : il s'est vendu à plus de 100 000 exemplaires, et le jeune homme de vingt-six ans a déjà rempli plusieurs fois le Zénith à Paris ! Les voix féminines ne sont pas en reste : difficile d'échapper à Linda Lemay, Isabelle Boulay ou encore Natasha St-Pier, dans les bacs de disques de variétés et sur les programmes des salles de spectacle.

Cette déferlante de chanteuses et chanteurs québécois est

le signe d'une profonde vitalité. On le sait, le statut de minoritaire est propice à la créativité. Celle du Québec est débridée. Ce petit pays de sept millions et demi d'âmes s'enorgueillit de compter le plus grand nombre d'artistes par habitant au monde ! Un statut les protège, chose unique au Canada. « J'aurais voulu être un artiste », clamait le businessman de *Starmania*, la comédie musicale qui a révélé Luc Plamondon dans les années 1970. Au Québec, ce rêve n'est pas impossible. La société tout entière soutient ceux qui empruntent cette voie. Elle les aide financièrement et les valorise sur la scène publique et internationale. Parce qu'ils répondent à l'impératif de survie de tout un peuple. Parce qu'ils participent à son expression collective et à son rayonnement. « Nous nous sommes emparés de ce territoire, faute d'en avoir un autre pendant des années, analyse François Forget chez Cossette. Nous n'étions ni banquiers ni commerçants, le monde de l'argent nous était fermé, alors nous avons investi celui des saltimbanques. »

Avec quel bonheur ! Montréal accueille pas moins de soixante compagnies de danse, des dizaines de festivals en tous genres occupent durant l'été les rues et les places de la métropole et de la moindre petite ville au fin fond du Québec. La culture populaire fait preuve d'une vigueur incroyable. À l'instar de la chanson, héritée de la tradition rurale, et de la télévision, miroir du peuple québécois depuis plus de quarante ans. Caisses de résonance de la créativité québécoise, chanson et télévision sont aussi le reflet d'une identité longtemps revendiquée et désormais assumée sans complexe. Si la souveraineté politique reste un rêve, la souveraineté culturelle, elle, est devenue une réalité. À deux pas de la frontière américaine, les entreprises québécoises accaparent le quart du marché local du disque, près de la moitié de celui du spectacle. À défaut d'être reconnu comme nation politique, le Québec s'est bien imposé comme nation culturelle qui, de surcroît, fait entendre sa voix dans le concert international, aux côtés de la France notamment, pour la défense de la diversité culturelle.

Identité culturelle bien affirmée : il suffit, une fois arrivé dans la Belle Province, d'allumer radio ou télévision pour s'en convaincre. Sur le top 100 des hits radio francophones, 95 sont des titres québécois... Certes, le système de quotas réservant un minimum d'espace aux chansons francophones et canadiennes y est pour beaucoup. Sauf qu'au Québec, ces quotas sont largement respectés, et par une chanson exclusivement québécoise ! Rares sont les airs français aujourd'hui en vogue sur les ondes. Même domination écrasante des productions locales sur le petit écran : les trente émissions les plus regardées sont toutes... québécoises ! Les chaînes francophones ont brillamment résisté à la multiplication des chaînes anglophones : elles maintiennent auprès du public une cote d'écoute supérieure à 90 %, alors que le câble donne accès à quelque 350 chaînes, dont une quinzaine seulement en langue française ! Bien sûr, la barrière de la langue a permis de protéger le marché et de développer des productions locales dont le public est friand. Employés ou cadres supérieurs, tous plébiscitent leur télé : « Elle met en scène des situations d'ici, d'aujourd'hui ou d'hier, ses héros font partie de notre quotidien », explique Louise Roy, ancienne présidente de la Régie des transports de Montréal, aujourd'hui consultante chez Cirano. La télévision est à la fois le miroir et le ciment de l'identité québécoise. Dans les années 1960, personne ne manquait les aventures de *Quelle Famille*. Il y a dix ans, *Les Filles de Caleb* ont passionné les téléspectateurs. À travers le parcours de trois générations de femmes, ce récit, tiré de la trilogie écrite par Arlette Couture, donnait une vision romanesque et sociale de l'histoire du Québec moderne. En 2004, *Les Bougon* ont remporté un immense succès, en tournant en dérision une famille québécoise d'aujourd'hui, assistée et râleuse. Si les intellectuels jugent les informations télévisées désespérément provinciales, ils apprécient les autres programmes : « La télévision, on l'aime car on s'y reconnaît. Tout le monde y trouve son bonheur », assure Michel Venne. Le fondateur de l'Institut du Nouveau Monde, un *think-tank* francophone, s'avoue même ravi, comme nombre de ses pairs, que *Star Académie* (adaptation québécoise du *Star Academy* français) ait conduit des millions de gens à écouter des chansons francophones chaque semaine !

Au Québec, les plus grandes stars sont les acteurs de séries télé, puis les chanteurs. Les acteurs de cinéma viennent après. Un cinéma en train de s'imposer sur son propre territoire : il s'est adjugé 13,5 % de part de marché en 2003, contre 8,3 % en 2002, 6,3 % en 2001 et 4 % en 1999. Le film *La Grande Séduction* s'est classé premier au box-office en 2003. Cette comédie bon enfant racontant les efforts désespérés d'une communauté de pêcheurs de la Basse-Côte-Nord, à des centaines de kilomètres de Montréal, pour attirer chez eux un médecin, a réalisé plus de recettes en salle que *Le Seigneur des anneaux* ! Pendant ce temps, le cinéma canadien anglophone peine à atteindre les 3 % de part de marché face au rouleau compresseur des productions américaines. Entre 1991 et 2003, le nombre de spectateurs pour les productions québécoises – ciné ou télé – a presque décuplé, passant de 400 000 à 3,7 millions ! La production audiovisuelle québécoise n'a jamais été aussi dynamique. De 1994 à 2004, elle a connu une croissance trois fois supérieure à celle du PIB (+ 18 % par an contre + 4,7 % par an), ce qui en fait aujourd'hui un secteur aussi important en termes d'emplois que l'imprimerie ou l'aéronautique.

Et comme les avions, la culture québécoise s'exporte, bien au-delà du Saint-Laurent ! C'est une nécessité : la petite taille du marché ne permet pas d'amortir tous les coûts. La série *Un gars, une fille*, diffusée pendant six ans sur Radio Canada, a été vendue dans trente pays. Les aventures du bonhomme *Caillou*, héros des tout-petits, sont traduites dans une quinzaine de langues. Le festival Juste pour rire attire chaque été presque deux millions de spectateurs à Montréal et ses productions télé sont diffusées dans une centaine de pays. Le Cirque du Soleil présente dix spectacles en simultané dans le monde entier. Il a ouvert la voie à Céline Dion. La chanteuse a maintenant, elle aussi, son spectacle permanent à Las Vegas ! Contre toute attente, *La Grande Séduction*, premier long-métrage d'un réalisateur publicitaire, a fait le tour des salles américaines et françaises : elle a réjoui un demi-million de spectateurs dans l'Hexagone. Le clou, c'est bien sûr le césar du meilleur film... français, remporté en 2004 par les *Invasions barbares*, le film de Denys Arcand... « C'en était presque gênant », remarque Michel Venne. Janie Duquette, jeune P-DG de DKD Disques, dont le fondateur a lancé « la Céline », n'a pas ces préventions. Au contraire : « Aujourd'hui, le Québec se célèbre et se retrouve, dit-elle. On a de plus en plus une fierté québécoise alors qu'on a longtemps été le "petit peuple". Avant, nous avions peur du succès : réussir et gagner de l'argent pouvait être suspicieux. C'était contraire à la morale catholique ou signe de compromission avec le grand méchant loup, les États-Unis. » Les temps ont bien changé. Les organisateurs de festivals n'ont aucun complexe à solliciter le soutien de commanditaires privés pour assurer le succès de leurs manifestations et à publier leurs résultats financiers.

Protégé par son insularité, soutenu par son public et par l'État, le milieu culturel québécois a développé des savoir-faire de pointe dans la musique, la télévision et la scène. Il a enfanté toute une génération d'artistes entrepreneurs qui ont misé sur la culture populaire et n'ont pas eu peur de voir grand dans leur petit pays. Ils ont développé de véritables industries capables de séduire hors des frontières. Ils ont accepté la logique économique – plaire au plus grand nombre pour réussir – sans renoncer à leur ambition de création. Au Québec, un spectacle sans public est un spectacle mort. L'argent ne salit pas la culture, il permet de l'embellir !

« LA FAUTE À CÉLINE »,
OU COMMENT LA CHANSON QUÉBÉCOISE
EST PARTIE À LA CONQUÊTE DU MONDE

Le marché québécois du disque fait figure de petit village gaulois résistant vaillamment à la mondialisation des sons. Côté production et distribution, les labels indépendants dominent. Céline Dion (Sony), Linda Lemay (Warner) et Garou (Sony) mis à part, aucun artiste québécois ne dépend d'une major. Côté chanson, les artistes locaux dominent aussi. Rares sont les groupes ou chanteurs français aujourd'hui écoutés, à l'exception notable de Francis Cabrel et Patrick Bruel. Le Québec produit entre 300 et 400 albums par an. Le public aime les artistes autant que leurs chansons : le marché single est inexistant depuis plus de vingt ans ! Il plébiscite les voix. Pour gagner son cœur, pas question d'échapper au direct et aux spectacles de tournées. « Ici, les interprètes ont de si belles voix qu'il faut au moins trois chansons pour réaliser que leurs textes sont niaiseux », rigole le comédien et humoriste Guy A. Lepage. La critique française est plus acerbe : de Véronique Mortaigne, journaliste au *Monde,* peu impressionnée par ces interprètes qui chantent à la québécoise, « à gorge déployée, comme si le monde était un vaste stade[1] », à Jean-Louis Murat, dénonçant dans *L'Express* « les invasions barbares québécoises[2] ». Ces artistes chantent fort, c'est un fait. Avec sa voix poussée au maximum, Céline Dion a inventé le genre. Même la presse québécoise en convient : « Elle fait plus de bruit qu'un Airbus au décollage », pouvait-on lire à l'automne 2004 dans *La Presse Affaires* au sujet de Céline Dion, nouvelle icône de la campagne de publicité d'Air Canada. Il n'empêche. Avec elle, les voix québécoises se sont imposées. « Tout ça, c'est la faute à Céline », sourit Janie Duquette.

Bien sûr, la politique de quotas a favorisé cet épanouissement. Depuis le début des années 1970, les radios francophones sont tenues de réserver 65 % de leur contenu musical aux chansons d'expression française. À cela s'est ajoutée une obligation de 35 % de contenu canadien. Au Québec, ce double quota est rempli presque entièrement par des productions québécoises. Il faut dire que ces vingt-cinq dernières années ont vu l'émergence de nombreuses maisons de disques locales. Au début des années 1970, les majors contrôlaient encore le marché, mais devant son étroitesse et face aux incertitudes politiques, elles ont préféré se retirer et déménager à Toronto. Les producteurs indépendants ont alors pris le relais, soutenus par des aides publiques, à la fois fédérales et provinciales, qui ont permis de diminuer les coûts d'investissement et de réduire les risques. Le Programme d'aide à l'industrie du disque et du spectacle de variétés (Padisq) a été mis en place par le gou-

1. *Le Monde,* 14 juillet 2004.
2. *L'Express,* 1er mars 2004.

vernement québécois en 1983. Il distribue quelque 10 millions de dollars en aide sélective chaque année. Il est complété depuis 1999 par un programme de crédits d'impôts. Le disque québécois profite aussi au niveau fédéral d'un Programme d'aide à l'enregistrement sonore (Pades) et d'un fonds dédié, Music Action. Enfin, il est soutenu par une distribution locale puissante. Archambault, réseau familial racheté par le groupe Quebecor, aujourd'hui leader avec les deux tiers du marché, est devenu le distributeur attitré des maisons de production québécoises. « Un peu comme si à sa création, en France, la Fnac s'était dédiée à la distribution de produits français », raconte Luc Martel, manager chez Novem, le producteur qui a lancé Natasha St-Pier. On a vu, dans les années 1990, jusqu'à 40 % des ventes de disques réalisées sur la seule musique québécoise. Avant cela, à la grande époque de Gilbert Bécaud, pas un Québécois ne parvenait à se faire entendre au Québec. Le marché était partagé entre les artistes anglophones et français. Seuls Félix Leclerc et Gilles Vigneault émergeaient.

Ces poètes célébraient les beautés de leur pays. À la fin des années 1960, la chanson québécoise, qui accompagnait la Révolution tranquille, a pris un ton plus revendicatif. En 1968, Charlebois criait sa révolte contre l'ordre établi dans le premier album rock en français jamais sorti au Québec. C'est l'avènement d'une identité, celle d'un peuple libéré de la domination anglophone et des interdits de l'Église. Les artistes, influencés par la formation classique française, le deviennent davantage encore par le rêve indépendantiste. Les années 1970 sont marquées par l'aventure *Starmania*. L'immense succès de Luc Plamondon inaugure une tradition de comédie musicale qui perdure aujourd'hui avec *Notre-Dame de Paris*, présentée jusqu'à Moscou en russe, et *Don Juan*, en France en 2005. L'an dernier, *Chicago*, produit à Paris par Juste pour rire avec le jeune héros des *Inva-*

sions barbares dans le rôle du personnage principal, a reçu une critique plutôt élogieuse de journaux parisiens pourtant avares de compliments. « La troupe franco-canadienne est largement à la hauteur, écrivait *Aden*, le supplément culturel du *Monde*. Chorégraphie millimétrée à l'américaine, voix impeccables, mise en scène huilée, adaptation française de Laurent Ruquier aux petits oignons... Un pur produit Broadway, loin, très loin des *Autant en emporte le vent* à la française[3]. » Qui mieux que les Québécois pouvaient en effet saisir l'essence de la comédie musicale américaine et la livrer en français ? Ce genre dans lequel ils excellent a ouvert la voie à plusieurs carrières solo, de Garou à Isabelle Boulay. Il démontre aussi leur capacité à produire des artistes complets : chanteur et comédien comme Stéphane Rousseau, humoriste et chanteur comme Anthony Kavanagh.

Le succès de Luc Plamondon a fait des émules et la comédie musicale est en train de devenir une marque de fabrique du Québec. Depuis 1995, un spectacle à la gloire du King fait le tour du monde, des États-Unis au Japon en passant par la France. *Elvis Story* est une production 100 % québécoise, avec le très francophone et très efficace Martin Fontaine dans le rôle-titre ! Elle a déjà conquis plus d'un million de téléspectateurs. *Danse Sing* suit la même voie. Créé en 1999 à Saint-Esprit lors d'un festival d'été, ce spectacle, monté avec une douzaine d'artistes, raconte soixante-dix ans de chansons, des années 1930 à l'an 2000, dans l'esprit revue de Broadway. Beaucoup de titres anglais, quelques grands classiques français et, surtout, une véritable performance : chacun des artistes chante, danse et interprète plusieurs personnages en changeant de costume en un éclair. Plébiscité au Québec, *Danse Sing* a connu le baptême

---

3. *Aden*, 19-25 mai 2004.

du feu aux États-Unis et en Chine, avant de débarquer en Europe fin 2004. Il est mis en scène et produit par Sophye Nolet, une jeune femme de trente-six ans, à la fois artiste de scène et chef d'entreprise dans les coulisses ! Elle dirige aujourd'hui deux troupes, l'une pour *Danse Sing*, l'autre pour *Il était une fois... un cabaret*, son deuxième spectacle. Fidèle à sa région d'origine, les Laurentides, elle veut y créer une académie artistique autour de ses ateliers de costumes et de décors, avec studios de répétition et d'enregistrement, école de formation et, surtout, une salle de spectacle de 800 places !

Dans les années 1980, la chanson québécoise s'est lassée du folklore. Ébranlée par une crise à la fois politique – l'échec du premier référendum sur l'indépendance – et économique – la pire crise qu'ait connu le Québec depuis 1929 –, elle renonce à célébrer un pays trop mal en point. Après l'échec du deuxième référendum sur l'indépendance (1995), les artistes se retrouvent carrément muets. Dans un Québec déchiré sur la façon d'affirmer sa spécificité, la chanson se fait douce et consensuelle. Un impresario de talent, Donald K. Donald, organise les premiers concerts d'une jeune inconnue qui n'a pas encore rencontré son « René » : Céline Dion. Dix ans plus tard, « la Céline » a vendu plus de 165 millions d'albums et se donne en spectacle depuis mars 2003, à guichets fermés cinq soirs par semaine, au Colosseum du Caesar Palace à Las Vegas, La Mecque du spectacle à l'américaine. Avec elle, la chanson québécoise a acquis une dimension internationale. Cette consécration est souvent passée par la France, grâce à des parrains enthousiastes. Jean-Jacques Goldmann a ouvert les portes à Céline Dion, Charles Aznavour a lancé Linda Lemay, Serge Lama a soutenu Isabelle Boulay, et Patricia Kaas a invité Roch Voisine à chanter à ses côtés. Quand un artiste québécois réussit dans l'Hexagone, il n'est pas rare qu'il retrouve un second souffle chez lui. Mais le public québécois peut aussi bouder ces vedettes, trop « lisses » à son goût. D'autant que, à l'image de Céline Dion, les plus ambitieux se tournent désormais vers les États-Unis. Pour conquérir ce marché, ils sont prêts à chanter en anglais... des refrains plutôt légers.

« Les artistes québécois ont longtemps exprimé des valeurs fortes, la survie de l'identité, la bataille pour la langue, raconte Diane Pinet, P-DG de Bloc-Notes, l'éditeur musical le plus recherché du Québec. Leurs chansons étaient des cris. Aujourd'hui, ils ne sont plus dans la glorification du pays, ce sont les chansons d'amour qui ont la cote. » Dans son bureau installé rue Saint-Denis, au premier étage d'une maison XIXe, Diane Pinet sent battre le pouls du quartier latin, repère des « cultureux » de Montréal depuis les années 1960. Née en Ontario, dans une famille d'origine acadienne, élevée à Londres et à Paris, elle est revenue vivre à Montréal où elle a créé Bloc-Notes en 1986. « Quand je suis à Toronto ou à Paris, je ne suis pas chez moi, c'est clair », reconnaît cette blonde affairée. Celle qui a fait aimer Bruel et Cabrel aux Québécois aurait aujourd'hui de la difficulté à leur vendre Obispo ou un autre. Si Johnny Halliday fait salle comble à Montréal, il n'est pas certain qu'il y gagne beaucoup d'argent. « Il y a dix ou quinze ans, tout ce qui bougeait en France était au Québec, les Français contrôlaient le marché, se souvient-elle. Depuis, les Québécois sont montés en puissance et, aujourd'hui, ce sont eux qui dominent de manière écrasante. » Le Québec a formé ses propres interprètes et les compagnies locales ont signé de moins en moins d'artistes français. Ce n'est pas que les Québécois dédaignent les chanteurs français, mais ceux-ci doivent investir en promotion sur la durée pour réussir au

Québec... et accepter de repartir de zéro. Peu y sont prêts. D'autant que le Québec est un marché exigeant : « Ici, seule la voix compte, prévient Diane Pinet. En France, l'apparence joue un rôle beaucoup plus important. » Au Québec la musique est toujours « live », le play-back est banni. Un artiste sans voix n'a aucune chance de percer et ses musiciens doivent être à la hauteur.

Les Québécois, eux, ne rechignent pas à travailler d'arrache-pied pour séduire l'Hexagone. Potentiellement, le public francophone y est dix fois plus nombreux que chez eux ! « Pour survivre, nous devons être sur les deux marchés, le Québec et la France », reconnaît Diane Pinet. Il faut aussi redoubler de créativité et d'audace. Les producteurs ont appris à travailler avec des moyens adaptés à la petite taille de leur marché national et à la vigueur de la concurrence anglo-saxonne. « Au Québec, il est impossible, vu l'étroitesse du marché, de dépenser 300 000 euros comme en France pour faire un album, souligne Luc Martel chez Novem. Nos coûts de production vont de 60 000 à 120 000 euros, mais personne n'entend la différence ! » Menacée par le piratage, l'industrie locale a réagi très vite et lancé des campagnes de sensibilisation auprès du grand public. Aujourd'hui, la chute des ventes a cessé, l'année 2004 a même vu une légère progression (+ 2,6 %), profitant surtout à la chanson francophone selon l'Adisq, Association québécoise de l'industrie du disque, du spectacle et de la vidéo. Pour soutenir ses ventes, l'industrie locale a misé à fond sur le spectacle vivant, meilleur moyen de rejoindre et de convaincre le public. Plus de 1500 représentations ont ainsi eu lieu en 2002 et 2003 au Québec contre moins de 500 cinq ans plus tôt, en partie grâce aux aides publiques. Cet engagement pour la création locale n'empêche pas l'ouverture à l'extérieur. Novem, qui produit

Natasha St-Pier et Don Juan, a édité pendant cinq ans toutes les compilations des plus grands chanteurs français : plus d'un million et demi de disques vendus au total ! Alain Simard, fondateur du festival de jazz de Montréal en 1979, a fait venir pour la première fois en Amérique du Nord Pink Floyd et Genesis. Le metteur en scène de théâtre Robert Lepage a mis son talent au service des concerts de Peter Gabriel. Le Cirque du Soleil va produire un spectacle consacré à l'aventure des Beatles. Les cultures étrangères sont autant sources d'inspiration que le folklore local.

Aujourd'hui, la relève de la chanson québécoise incarne la diversité culturelle du pays : Corneille n'est pas le seul à chanter l'exil et la quête d'identité. Luck Mervil, né en 1967 à Port-au-Prince, donne enfin une voix sur scène à la communauté haïtienne. Lhasa, canadienne d'origine américano-mexicaine, vit et compose à Montréal. Enfant du continent Amérique, elle écrit ses textes en trois langues, tantôt le français, l'espagnol ou l'anglais. Ils évoquent la route, l'espace, la renaissance : « Maintenant j'habite ce pays, on m'appelle par ce nom, je parle ce langage, ce n'est pas tout à fait pareil, et seulement pour ces raisons, ici c'est chez moi et les lieux desquels j'étais loin ont disparu[4]. » À côté de cette génération globe-trotter apparaît aussi une nouvelle vague de chanteurs québécois que certains professionnels jugent très « locale », trop sans doute pour être exportée. Elle témoigne en tout cas de la persistance du besoin identitaire du public. « Si on donne aux Québécois un miroir avec lequel se regarder et s'entendre, se retrouver et se reconnaître, ils vont acheter en priorité, assure Luc Martel. Plus c'est tricoté serré, plus ça ressemble au filet de pêcheur, plus le public aime ! »

---

4. *Nulle part sur cette route,* album The Living Road, 2003.

La chanson engagée semble connaître une nouvelle embellie. Moins idéaliste et lyrique que dans les années 1970, plus réaliste, voire cynique, elle commence à percer sur les radios commerciales. Témoins, les Cow-Boys fringants et Loco Locass. Groupe de rap, les Loco Locass ont lancé en 2004 une chanson pamphlet contre le gouvernement Charest, *Libérez-nous des libéraux,* devenue un vrai tube. Leur discours antilibéral et antimondialisation se double d'une forte conviction indépendantiste. Moins radicaux, plus consensuels, les Cow-Boys fringants ne sont pas tendres pour autant avec leur époque, chantant à tue-tête comment ils ont mis leur « drapeau en berne[5] ». Ces cinq jeunes, quatre garçons et une fille, issus de la banlieue de Montréal où ils vivent toujours, ont grandi ensemble : cousins ou camarades de classe, ils ont commencé à enregistrer des disques distribués dans le circuit alternatif en 1997... jusqu'à l'album *Break syndical,* véritable phénomène : 100 000 exemplaires vendus au Québec en 2003 et autant la même année pour un DVD live décoiffant, *Attache ta tuque...* Les balades les ont révélés, la scène a fait leur réputation. Leur musique mélange le country américain avec les sonorités d'un rock français inspiré des Négresses vertes ou de Louise Attaque. Leurs paroles font vivre le langage de la rue, plus proche du « joual » que du « français international ». Ils assument leur double héritage culturel et leurs contradictions de Québécois modernes. « Nous avons le syndrome du petit peuple de porteurs d'eau, pauvre et complexé. Mais nous n'aimons pas trop nous regarder dans la glace, raconte Jean-François Pauzé, l'auteur des textes. Nous, les Cow-Boys, nous voulons casser cette vision d'un Québec opprimé au sein du Canada, où nos malheurs

---

5. *En berne, op. cit.*

seraient toujours la faute des autres et où tout serait beau chez nous. » Dans leur nouveau disque[6], ils adressent une « Lettre à (René) Lévesque ». « Le débat sur la souveraineté, c'est un cycle de quinze ans, ça reviendra toujours, poursuit Jean-François Pauzé. Pour nous, c'est important de chanter le 24 juin, c'est une grande fête et, en même temps, il n'y a pas de vision sur l'avenir, tout est ramené au passé, avec la référence aux Patriotes de 1837, le salut au drapeau. On ne peut pas nier le passé mais il faut regarder devant. » Les textes écrits par Jean-François Pauzé parlent aussi bien de l'environnement, pour tirer la sonnette d'alarme, que des Québécois de souche, pour dénoncer cette expression porteuse d'exclusion. Ils donnent vie à des personnages dignes de téléromans, telle Loulou Lapierre, convaincue « qu'au fond, la vie est pas si pire ». Le public s'y retrouve et, une fois de plus, l'identification est très forte. Le 30 décembre 2003, les Cow-Boys ont clos une tournée québécoise de 180 concerts par une soirée à guichets fermés au centre Bell de Montréal devant 20 000 personnes ! En février 2005, ils repartent pour une tournée de deux ans au Québec. De Montréal à Natashquan, de Sherbrooke à Chibougameau, ils vont se produire aussi bien devant 2 500 spectateurs que devant 150 ! Chanter à l'étranger ? Ce n'est pas leur priorité. Pour eux, le Québec est grand. Mais les Cow-Boys fringants ont reçu un accueil enthousiaste à Paris, où ils ont donné deux concerts en 2004. Ils comptent déjà un fan-club européen très actif, les Cousins fringants, réunissant des amateurs français, belges et suisses. Parions qu'on les retrouvera bientôt dans les festivals d'été aux côtés d'autres vedettes venues du Québec !

---

6. Les Cow-Boys fringants, album La Grand-messe, 2004.

Leur vie est un (télé)roman

Chaque soir vers 19 heures, le Québec se regarde vivre sur le petit écran. À Radio Canada, la chaîne publique, ou TVA et TQS, les principales chaînes privées francophones, c'est l'heure du téléroman. Un genre bien particulier, inimité et sans doute inimitable. Ici, *Dallas* ou *Dynastie* n'ont jamais détrôné les productions locales. *Friends* et *Sex and the city* n'ont pas tourné au phénomène de société. La télévision est un média de proximité. Les Québécois aiment leur histoire, la petite comme la grande, et sont prêts à rire d'eux-mêmes, une trace de leur héritage britannique. Le téléroman raconte leur quotidien, d'hier ou d'aujourd'hui, avec une qualité de scénario et de réalisation qui vaut souvent tous les téléfilms du monde.

Tout a commencé avec le développement de Radio Canada, la branche francophone de la télévision publique canadienne. Pour alimenter les programmes en émissions originales, le diffuseur a soutenu l'adaptation télévisuelle d'auteurs québécois. Car les téléspectateurs se sont vite lassés des traductions de séries américaines. Grâce au soutien de Radio Canada, le téléroman s'est rapidement imposé comme un genre à part entière. Les télés privées ont dû s'aligner. À la différence des *soaps* américains ou des *télénovelas* brésiliennes, qui privilégient l'intrigue romantico-sentimentale sans grand effort de scénario, le téléroman québécois s'empare de sujets sociologiques et s'appuie sur une écriture exigeante. Mais il reste très populaire, racontant d'abord la vie du Québec profond. « Il incarne notre propre réalité », explique Daniel Beauchesne, directeur général de Pixcom Productions. Dans les années 1960, *La Famille Plouffe* a inauguré le genre. *Lance et compte* a fait vivre aux spectateurs le quotidien d'une équipe de hockey. En 2004, *Les Bougon* ont amusé le pays entier, attirant chaque semaine 1,8 million de spectateurs en moyenne et déclenchant une véritable « Bougonmania ». En dépeignant une famille marginale en lutte contre le système, l'histoire égratigne au passage les bien-pensants de la société québécoise. Le plus beau score d'audience a été atteint par *La Petite Vie*, une autre série à l'humour très caustique, pointant les travers des Québécois. Diffusées pendant dix ans, les aventures de « Popa », quincaillier à la retraite, et « Moman » Paré, et de leurs quatre grands enfants ont réussi l'exploit de réunir un soir 4 millions de fidèles, soit plus de la moitié de la population du Québec ! Même la finale 2004 de *Star Académie* n'a pas fait mieux, avec pourtant 2,6 millions de téléspectateurs ...

Au-delà de ces séries quotidiennes, d'autres témoignent des aventures collectives du peuple québécois, de la vie de l'ancien Premier ministre canadien Pierre-Elliott Trudeau, à l'exploit du commandant Pichet, pilote d'Air Transat, qui a réussi à poser sans encombre aux Açores un avion dont les deux moteurs étaient tombés en panne. Au Québec, les gens du quotidien sont des héros et la télévision n'est pas un art mineur. « C'est une fierté chez nous de travailler pour la télévision », rappelle Daniel Beauchesne, tombé dedans tout petit et aujourd'hui n° 2 de Pixcom. Tremplin pour de nombreux artistes, la télévision attire aussi des talents confirmés. Il n'est pas déshonorant pour un auteur célèbre, ni même une ancienne ministre, d'écrire pour la télévision. Au contraire. Le petit écran est aussi le passage obligé de tous les comédiens. Paul Bougon, chef de famille des *Bougon*, est incarné par Rémy Girard, l'acteur principal des *Invasions barbares*, qui tenait aussi un rôle dans *La Petite Vie*. Les téléromans évoluent avec la société. Depuis quelques années, certains, plus modernes et urbains, rompent avec l'expression de l'histoire et du patrimoine. Pixcom a ainsi produit *Fredy*, l'histoire d'une famille ayant adopté des enfants dans un quartier défavorisé de Montréal. Les trentenaires ont plébiscité *La Vie, la Vie*, écrit par un jeune auteur, Stéphane Bourguignon. Le plus grand succès reste toutefois celui d'*Un gars, une fille*. Ni téléroman ni sitcom, la série a inventé un genre.

Attablé devant une bière au Café Cherrier, l'un des rendez-vous branchés du plateau Mont-Royal à Montréal, Guy A. Lepage est « le gars ». Il raconte l'incroyable succès de cette série, qu'il a imaginée et interprétée. Humoriste, il a démarré sa carrière à la radio dans les années 1980, avant de devenir comédien. Avec « le gars », il est entré dans tous les foyers québécois, et ce n'est pas fini. Après avoir réalisé un premier film, il est désormais l'animateur vedette de l'adaptation québécoise de *Tout le monde en parle*, l'émission de Thierry Ardisson. Ici, Guy est une vedette, mais personne ne se jette sur lui pour le questionner ou obtenir un autographe. Il est si familier, si accessible, que chacun respecte sa tranquillité. Les clients du bar le saluent, il répond d'un signe de tête, c'est tout simple et cela suffit. Voilà le star-system à la québécoise : les stars sont proches, elles font partie de la famille. « Les gens s'identifient facilement à eux, explique Jacques Bouchard, P-DG du groupe Multimedia, spécialisé dans la diffusion de concepts. Nos acteurs passent aisément de la télévision à la radio, du théâtre à la musique ; c'est un mariage assez heureux entre les artistes, les différentes expressions artistiques et le public. »

En France, tout le monde a suivi les aventures du couple Loulou et Chouchou. Au Québec, le duo de Guy et Sylvie a duré six ans et cent trente émissions, à raison d'un rendez-vous par semaine ! La série a obtenu jusqu'à 80 % de part de marché ! « J'avais l'impression d'avoir écrit quelque chose de typiquement montréalais », assure pourtant Guy A. Lepage. Le quotidien d'un couple « yuppie » de trente-cinq ans, vivant dans une grande métropole, aux états d'âme finalement universels : se marier ou pas, faire des enfants ou pas, déménager en banlieue ou pas, travailler à son compte ou rester salarié, consommer plus ou moins. Résultat, la série a été vendue dans plus de trente pays, de la Grèce à la Pologne en passant par la France et l'Italie, mais aussi la Turquie, Israël et la Thaïlande, bientôt l'Ukraine et la Chine... Le Canada anglais n'a été que le 22e pays à l'acheter. Universelles, les aventures d'*Un gars, une fille* ? La façon dont le couple est traité a pourtant quelque chose de typiquement québécois : « Nous avons eu l'impudeur de mettre la réalité du couple à l'écran, reconnaît Guy A. Lepage, dans toute sa vérité, aussi belle que moche, aussi grandiose que mesquine, et sans fermer la porte quand on entre dans la chambre. » *Un gars, une fille* est sans aucun doute le premier format dramatique à avoir connu un tel succès d'exportation. Derrière ce succès, une entreprise québécoise, Distraction Formats, spécialisée dans la vente de formats de télévision, et beaucoup de travail !

À l'exception de la version française, pour laquelle des dialogues ont été réécrits, toutes les versions étrangères s'appuient soit sur une version française internationale écrite par Guy A. Lepage, soit sur une traduction anglaise faite par un humoriste québécois. Le professionnalisme avec lequel l'équipe a travaillé la diffusion étrangère de son concept est impressionnant. Pas un mot, pas un gag qui ne soient approuvés par Guy A Lepage, en lien constant avec les traducteurs dans les différents pays où l'émission a été vendue. Même le casting lui est soumis ! Mais le créateur de l'émission sait aussi que la condition du succès réside dans le respect du marché local : « Le téléspectateur doit être convaincu que la série vient de chez lui. » La réussite d'*Un gars, une fille* à l'étranger a donné des idées à d'autres producteurs québécois. Ainsi, *Les Bougon*, déjà vendus sur un réseau canadien anglophone, pourraient tenter de séduire la France, tout comme *Virginie*, héroïne d'un téléroman situé dans le milieu scolaire.

Pragmatiques, les Québécois savent aussi importer des concepts et en faire des succès inégalés chez eux. Leur adaptation de *Tout le monde en parle* a été l'événement de la rentrée 2004 sur Radio Canada et a imposé chaque dimanche soir un nouveau style de « show de chaises », comme on dit au Québec... bien différent du ton Ardisson. Rebaptisé *Talk of the Town* dans sa version anglaise, il pourrait être vendu au-delà du Québec par Distraction Formats, détenteur des droits. La société de production Zone 3 a ramené de Nouvelle-Zélande le concept d'une émission de télé-réalité sur le thème de la décoration. *Ma maison Rona* – du nom de la première chaîne de bricolage québécoise – a fait un carton au Québec aux printemps 2003 et 2004, avant d'être déclinée sur un réseau canadien anglais. Puis elle a été vendue en Allemagne et en Grèce. Les Québécois sont champions pour acheter des produits télé étrangers et se les réapproprier. Le meilleur exemple reste *Star Académie*.

Importé par Julie Snyder, jeune et talentueuse animatrice productrice de télévision, *Star Académie* fait depuis trois saisons les belles heures de la télévision québécoise et le bonheur de Quebecor. Le leader québécois des médias a appliqué au concept la fameuse convergence à laquelle plus personne ne croyait. TVA, télévision du groupe, diffuse l'émission ; Archambault, disquaire contrôlé par le groupe, produit et distribue les CD ; des magazines spéciaux sont édités et imprimés par le groupe ; les serveurs de Netgraphe, portail de Videotron, le câble-opérateur contrôlé par Quebecor, permettent aux amateurs de rester connectés avec leur émission préférée... Évidemment, *Star Académie* ne réjouit pas les éditeurs de musique indépendants. Mais la première vedette, c'est la chanson francophone, comme le rappelle le site Internet de l'émission : « *Star Académie* veut donner le goût aux gens d'apprécier la musique d'ici avec des artistes d'ici. » Et là, tout le Québec s'y retrouve. Un candidat sans voix ne passera jamais la barrière du casting et les quatorze jeunes apprentis chanteurs reprennent chaque dimanche en direct de grands tubes, en duo avec les stars locales. La directrice de *Star Académie* n'est autre qu'une comédienne et metteuse en scène de renom, Denise Filiatrault, capable aussi bien de monter *Les Monologues du vagin* que de participer à cette émission populaire. Même les pourfendeurs de la télé-réalité reconnaissent la qualité de la version québécoise de *Star Academy*, créé par le Hollandais Endemol pour TF1 : « La *Star Académie* est un magnifique produit pour faire émerger la fierté régionale », estime ainsi Jacques Bouchard. Pour preuve, Wilfred Le Bouthillier, le gagnant de la première édition, est un jeune pêcheur originaire du Nouveau-Brunswick. Une façon d'oublier qu'en succombant à ce phénomène, le Québec a rejoint « le concert des nations cathodiques », selon les mots de l'universitaire de Laval, Véronique Nguyen-Duy[7] et perdu un peu de la spécificité dont il est si fier !

DE L'ART DE RENDRE LA CULTURE POPULAIRE

Il y a vingt-cinq ans, le Québec sortait du premier échec référendaire des indépendantistes. Pour la chorégraphe Marie Chouinard, le choc de ce « non » a été décisif : « Je

---

7. Véronique Nguyen-Duy, *Le Phénomène Star Académie*, L'Annuaire du Québec, Fides, 2004.

venais de perdre mon pays. J'étais dans un autobus et je me suis dit : maintenant, mon pays, c'est le monde.» La voix des auteurs-compositeurs engagés célébrant le Québec, sa nature et son histoire, s'est faite moins vigoureuse, comme si les mots avaient perdu de leur pouvoir. Le geste, à travers la danse et, plus largement, les arts vivants, a pris le relais. Il a même connu une véritable explosion : jusque dans les années 1960, l'Église interdisait les représentations de cirque et de danse dans ses paroisses. Délivré de la tutelle religieuse, ramené à la raison politique, secoué par une crise économique sans précédent, le Québec a vu naître au milieu des années 1980 des aventures artistiques transformées au fil des ans en entreprises de divertissement couronnées d'un véritable succès international. Les compagnies de danse Marie Chouinard et La La La Human Steps, plus souvent à l'étranger qu'à Montréal, en témoignent. Le Cirque du Soleil, créé par Guy Laliberté, et Juste pour rire, lancé par Gilbert Rozon, qui viennent de fêter leurs vingt ans, en sont les illustrations les plus éclatantes. Tout comme le festival de jazz de Montréal, vingt-cinq ans en 2004, imaginé par Alain Simard. Ces trois hommes, au milieu de leur quarantaine aujourd'hui, sont des piliers de la culture et de l'économie québécoises. Débordés, insaisissables, il n'est guère facile de leur voler du temps.

Rencontrer Guy Laliberté ? Une gageure ! L'ex-étudiant rebelle et bohème est aujourd'hui le patron admiré – et craint – d'une entreprise employant 3 000 salariés et réalisant 600 millions de dollars de chiffre d'affaires. Il en est l'actionnaire unique... et convoité. Depuis sa création, en 1984, le Cirque du Soleil a visité une centaine de villes et rencontré 40 millions de spectateurs. Ses bénéfices ne sont pas divulgués, mais ils sont estimés entre 15 et 20 % du chiffre d'affaires. Il y a cinq ans, le Cirque était valorisé

800 millions de dollars. Disney et Sony auraient chacun proposé plus d'un milliard de dollars pour le racheter... La firme de Mickey a tenté plus d'une fois de convaincre Guy Laliberté, en vain. Elle a dû se contenter d'une coproduction et accueille depuis 1998, pour douze ans, le spectacle *La Nouba* sur son site d'Orlando en Floride.

À ce jour, Guy Laliberté, unique actionnaire, tient solidement son cirque en main. Et quel cirque ! Dix spectacles sont présentés simultanément. Cinq en tournée, en Amérique du Nord, en Asie et en Europe, cinq autres fixes. Outre le spectacle d'Orlando, quatre font salle comble chaque soir à Las Vegas. Le plus impressionnant, le show aquatique *O*, sera visible jusqu'en 2008. La dernière création, *KA*, dévoilée en septembre 2004 à Las Vegas, a été mise en scène par Robert Lepage et coproduite par la MGM. Le Cirque parcourt la planète, accueille des artistes du monde entier, du metteur en scène italo-belge Franco Dragone au couturier français Thierry Mugler, mais il reste solidement ancré à Montréal.

Le siège social de l'entreprise s'étend sur un vaste terrain dont personne ne voulait, un ancien dépotoir au nord de la ville, le deuxième plus grand en Amérique du Nord, dans un quartier gris et pauvre, enserré par l'autoroute métropolitaine. Il jouxte une usine de traitement des déchets. Construit en 1997, il est l'unique centre de création et de production du Cirque. Tous les spectacles sont pensés et répétés ici. Ils sont présentés aux salariés et aux Montréalais avant de partir en tournée. « Nos débuts se sont faits ici et c'était important de conserver à Montréal le centre névralgique de nos opérations », expliquait Guy Laliberté aux journalistes lors de l'inauguration. Le 21 avril 2005, les Montréalais vont ainsi découvrir le sixième spectacle itinérant du Cirque avant qu'il ne prenne la route pour une tournée de plusieurs années.

L'entreprise est totalement intégrée. Les artistes disposent de superbes équipements pour se former et s'entraîner : un studio de théâtre, quatre pour la danse, trois autres consacrés au cirque dont l'un aux dimensions d'une scène sous chapiteau. Dans les mêmes bâtiments, des artisans travaillent à la réalisation des costumes, des chaussures, des chapeaux et des accessoires. Tout est fabriqué à la main. Pour les chaussures, soixante-dix points de mesure différents sont pris sur chaque artiste de la troupe ; toutes les têtes ont droit à un moulage pour ajuster au mieux les coiffes ; l'atelier de costumes reçoit des kilomètres de lycra, teints sur place. Le Cirque possède même son atelier de prototypage scénique consacré aux machines de scène et aux décors. Plus de cent corps de métiers s'y côtoient ! De son côté, le casting emploie quarante « dépisteurs » chargés de repérer et recruter les futurs artistes, dans les milieux du sport ou de l'acrobatie. Ils reçoivent une centaine de cassettes par semaine, épluchent les magazines spécialisés, visionnent les retransmissions des compétitions internationales. Une douzaine d'auditions sont organisées chaque année dans différents pays. Une banque de données numérique conserve les fiches et les performances de tous les artistes sélectionnés. Il suffit d'y puiser quand un rôle doit être pourvu.

Entreprise de création, le Cirque soigne tout autant sa diffusion. Le marketing emploie soixante personnes, les villes de tournée ne sont pas choisies au hasard. Elles doivent répondre à plusieurs exigences : des infrastructures de taille, un bassin de population important avec un bon niveau d'éducation... et un pouvoir d'achat suffisant pour emplir plusieurs semaines un chapiteau de 2 500 places vendues entre 35 et 75 euros. Les spectacles de tournée, très coûteux en exploitation, sont entièrement autofinancés par la compagnie et affichent une durée de vie de plus en plus longue – douze à quinze ans ! Ils s'équilibrent avec les shows permanents, aux coûts d'investissement élevés mais partagés avec un partenaire (Disney, MGM), et plus vite amortis grâce à un certain nombre de représentations et à un prix de vente plus élevé. Itinérante ou fixe, chaque équipe fonctionne comme une petite PME. Au-delà des spectacles, le Cirque du Soleil a imaginé toute une série d'activités pour « prolonger la magie »... et générer des revenus supplémentaires. La première boutique proposant des produits dérivés ouvrait fin 1998 chez Walt Disney en Floride. Désormais, chaque chapiteau est doté d'un espace vente : du nez rouge en mousse à 3 euros au masque à 450 euros, en passant par les stylos, tee-shirts, CD, DVD, l'univers du Cirque est largement décliné. La filiale multimédia, Cirque du Soleil Images, a présenté en 1999 son premier long-métrage, inspiré du spectacle *Alegria,* et coproduit en 2002 sa première série télé, *Sans filet.* Fin 2004, le Cirque du Soleil lançait son label de musique. Un véritable développement « à l'américaine », indispensable aux yeux de Guy Laliberté pour continuer à monter des spectacles sans trop de contrainte financière. « Pour nous, le marketing n'est pas un pêché, explique Gaëtan Morency, vice-président des affaires publiques et sociales. Nous côtoyons les multinationales américaines, nous devons nous battre contre elles. »

En 2004, le Cirque a fêté ses vingt ans en grande pompe. Lors d'une immense fête offerte aux salariés après le grand prix de Montréal en juin, Guy Laliberté, fana de F1, a rejoint ses artistes pour présenter le numéro de cracheur de feu qui était le sien aux débuts du Cirque. Une véritable ovation a salué la performance... et l'homme a disparu dans la foule. Entre gourou spirituel et homme d'affaires, il cultive son mythe. Alain Simard, le fondateur du festival de jazz de Montréal, est resté plus abordable. Il a même gardé une certaine timidité. Cet homme dirige pourtant aujourd'hui une entreprise culturelle à multiples facettes : le groupe Spectra, qui gère des salles de spectacle, manage la carrière d'artistes, organise des tournées, produit des disques et des films. Ici la convergence aussi a un sens. Et on ne craint pas de parler chiffres. Le festival est un organisme à but non lucratif, financé par des subventions publiques, des sponsorings privés et des ventes sur le site. L'équipe d'Alain Simard a développé une véritable expertise dans le « merchandising intelligent » : carte de membre, produits dérivés, etc. Pour rendre viable le festival, ses créateurs n'ont pas hésité à en céder les droits à la télévision : « Cela nous a permis de continuer et de décoller », reconnaît aujourd'hui Alain Simard.

Le 11 juillet 2004, le festival de jazz de Montréal et le Cirque du Soleil ont célébré leurs anniversaires respectifs, vingt-cinq et vingt ans, en offrant au public un immense spectacle gratuit, produit en commun : *Soleil de minuit,* ou quand la lune du jazz rencontre le soleil du Cirque ! Ce spectacle illustrait à lui seul cette tradition bien québécoise de la fête collective qui offre aux artistes locaux un tremplin exceptionnel. « Au Québec, explique Alain Simard, nous avons toujours organisé de grands rassemblements populaires, où les artistes partagent la scène. La culture est forcément militante, elle crée un élan propice à la participation du plus grand nombre. » Ajoutez à cela la joie de fêter l'arrivée de l'été après un hiver interminable. Les retrouvailles sur la place publique donnent lieu à des fêtes mémorables. D'où cette tradition de festivals, qui mêlent spectacles en plein air et animations urbaines. « C'est devenu un phénomène social d'intégration culturelle », poursuit Alain Simard. Qui se souvient aujourd'hui que les Francofolies de La Rochelle – vingt ans en 2004 –, déclinées à Montréal depuis une quinzaine d'années, ont trouvé leur inspiration à Québec ? Jean-Louis Foulquier y avait découvert la Franco-fête en 1974, où les chanteurs partageaient le micro, un concept inédit en France !

L'absence de barrière linguistique explique en grande partie le succès international du Cirque du Soleil, comme celui du festival de jazz de Montréal. Leurs créateurs ont su toucher un public très large tout en donnant un fort contenu identitaire à leur démarche. Alain Simard a encore attiré l'été dernier à Montréal deux millions de festivaliers, dont 10 à 15 % d'Américains ! Tout comme Gilbert Rozon, qui a su décliner le rire dans toutes les langues. N'importe quel spectateur au monde peut voir et apprécier les spectacles du Cirque du Soleil. La troupe, diront certains, n'a rien inventé. Elle puise dans la tradition européenne du cirque et dans le vivier québécois des arts de la rue, mélangeant acrobatie, danse et théâtre. En France, « le nouveau cirque » est tout aussi imaginatif. Mais la grande force du Cirque du Soleil, c'est sa volonté de conquérir le plus grand nombre de spectateurs, sans jamais renoncer à la création, sans jamais accepter de compromis sur la qualité. Pas plus d'une nouvelle création par an, telle est la règle. « Le Cirque a pris un produit culturel européen et l'a développé à la mode américaine, résume Daniel Lamarre, le P-DG du groupe. C'est un modèle économique. Nous sommes exigeants sur la création pour concevoir un produit unique que le public aura envie de voir. » Et pour lequel il sera prêt à payer le prix. « Plus on est exigeant sur la création, plus on fait de bonnes affaires », renchérit Gilbert Rozon, fondateur du festival Juste pour rire, dans son bureau boulevard Saint-Laurent. Son univers ressemble à un vaste terrain de jeu : tapis et tableaux bariolés, sculptures délirantes, figurines de

BD et autos miniatures ! C'est le repère d'un homme qui prend l'humour... très au sérieux.

Les entreprises de Guy Laliberté et Gilbert Rozon ont grandi en parallèle, les routes des deux hommes, d'origines très différentes, se sont souvent croisées. Guy Laliberté est né en 1959 à Québec, dans un milieu bourgeois et aisé. Son père est ingénieur, sa mère infirmière. Le couple est passionné de musique et leur fils est fasciné par les artistes de rue. Il participe à la première Francofête de Québec en 1974, puis monte une expédition à La Nouvelle-Orléans pour mardi gras en 1976. L'accordéon en bandoulière, il se rêve amuseur public. Il passe un an en Europe à bourlinguer de festival en festival et devient cracheur de feu. En 1980, de retour au Québec, il découvre la fête foraine de Baie-Saint-Paul, petite ville du Charlevoix, chérie des peintres pour les magnifiques paysages qu'elle offre entre fleuve et montagne. Là, il rencontre et rejoint les Échassiers, une troupe créée par Gilles Ste-Croix et logée à l'auberge de jeunesse. Daniel Gauthier, le comptable de l'auberge, ancien camarade de classe de Guy Laliberté, devient le troisième larron de la bande. Étudiant en arts plastiques, il est plus à l'aise avec les chiffres qu'avec les pinceaux. L'année suivante, le Club des Talons-Hauts voit le jour. Pendant trois étés (1982-1984), ils animent la fête foraine de Baie-Saint-Paul avec grand succès. Ils y retrouvent un certain Gilbert Rozon, créateur d'un festival de campagne, La Grande Virée. Fils de maraîchers, aîné de sept enfants, originaire d'un petit village, Saint-André-d'Argenteuil, Rozon a reçu une éducation très stricte et très catholique. « À la maison, la seule valeur était le travail, se souvient-il. Le jeu n'avait pas bonne presse... » À quatorze ans, pour se faire de l'argent de poche, il creuse les tombes pour le curé, après la mort du fossoyeur du village. À dix-huit ans, il part à Montréal, s'inscrit en droit mais se passionne pour le théâtre amateur. Ses études terminées, il rejoint des troupes itinérantes, tantôt éclairagiste, tantôt comédien ou metteur en scène, mais il rêve toujours plus grand. En 1980, il organise dans sa région natale La Grande Virée, un festival éclectique de plein air, une fête de quatre jours et quatre nuits sous les étoiles. Parmi les premiers artistes engagés, Gilles Ste-Croix et Guy Laliberté. Ces deux-là aussi rêvent plus grand : la fête foraine de Baie-Saint-Paul ne leur suffit plus, ils veulent un cirque permanent.

Les uns comme les autres sont ambitieux. En 1982, Gilbert Rozon déménage La Grande Virée dans la banlieue de Montréal : c'est l'échec. Pendant un an, il s'échine à rembourser ses dettes... et à imaginer une autre formule. Juste pour rire naît en 1983. Le festival a réjoui l'an dernier 1,8 million de festivaliers. Au programme : des animations en extérieur, qui rassemblent plus de 1,5 million de personnes, et des spectacles en salle qui réunissent plus de 250 000 spectateurs. Le festival, organisme à but non lucratif, largement soutenu par la ville de Montréal, est devenu un événement autant touristique que culturel. C'est aussi un véritable marché : chaque été, il attire 1 500 professionnels des États-Unis venus repérer des artistes et acheter des shows. D'autres acheteurs viennent de Grande-Bretagne et d'Australie. Une version anglophone, Just for Laugh, existe en effet depuis 1985 et accueille des artistes de tout le Commonwealth (Australie, Afrique du Sud, Irlande, Nouvelle-Zélande, Canada anglais) et, bien sûr, des États-Unis. Avec leurs confrères francophones, ils sont au total 2 500 venant de quinze à vingt pays différents à se produire dans l'espoir de décrocher le contrat du siècle. Toute l'année, les équipes de Gilbert Rozon recherchent de nouveaux talents, notamment québécois, à faire découvrir. Mais 80 % de la programmation « rue » est composée avec des troupes ou des artistes étrangers. Architecte du festival, l'entreprise Juste pour rire a grossi. Elle produit des artistes, organise des tournées et conçoit des émissions pour la télévision. Pour le fondateur du festival, le petit écran est un aiguillon très stimulant : « La télévision oblige à créer rapidement des produits de grande écoute et de qualité. » Juste pour rire est ainsi le producteur de *Surprise, surprise* et *Rien à cirer* (France 2), *Vidéogags* (TF1), l'agence des humoristes Laurent Ruquier, Virginie Lemoine, Laurent Gerra, Christophe Alevesque, etc.

De leur côté, en 1984, alors que Québec s'apprête à célébrer le 450e anniversaire de l'arrivée de Jacques Cartier, Guy Laliberté et Gilles Ste-Croix préparent une tournée. Le spectacle s'appelle *Le Grand Tour* et la troupe est baptisée le Cirque du Soleil. Ils obtiennent des subventions du gouvernement souverainiste de René Lévesque, achètent un chapiteau de 800 places en Italie et engagent 35 artistes : musiciens, clowns, acrobates, échassiers. Onze villes sont visitées en onze semaines. Le succès est immédiat. L'aventure du Cirque est lancée. Jusqu'en 1994, le Cirque reste un organisme à but non lucratif, aidé par les subventions publiques. Le voici transformé aujourd'hui en une multinationale du divertissement. Détail qui a son importance : on compte toujours en dollars américains au siège du Cirque du Soleil... Entreprise jeune (moyenne d'âge trente-deux ans, vingt-deux ans chez les artistes), multilingue et multiethnique (vingt-cinq langues différentes y sont parlées), le Cirque du Soleil est une sorte de résumé de la société québécoise, de son origine provinciale à sa diversité mondiale. « C'est une entreprise culturelle typiquement québécoise, à la fois indépendante et internationale », assure Gaëtan Morency. Pas question d'exprimer à travers le Cirque une quelconque revendication nationale. Mais des valeurs, oui. L'ouverture, la tolérance, le respect des cultures, la citoyenneté. « Bienvenue, mesdames et messieurs au Cirque du

Soleil » : ainsi commence, en français dans le texte, chaque représentation, que le chapiteau soit planté à Londres, Tokyo ou New York. Sur les sites de tournée, l'anglais est la langue de travail, mais les professeurs d'école qui accompagnent chaque spectacle pour les enfants délivrent leurs cours en français, quelle que soit la nationalité des élèves ! Au siège social de Montréal, le français est la langue la plus couramment utilisée. « On ne dira jamais assez l'entêtement de Guy Laliberté à protéger l'identité, la langue et la liberté de son cirque », écrit le journaliste Jean Beaunoyer dans son ouvrage critique consacré à l'histoire du Cirque du Soleil[8]. Les fondateurs du Cirque ont toujours voulu garder le contrôle artistique et sont ainsi parvenus à attirer des metteurs en scène de haut vol. Le très prometteur Dominic Champagne, qui a travaillé sur *Varekaï* et *Zhumanity*, ou le déjà confirmé Robert Lepage, auteur de *KA*, le dernier spectacle à Las Vegas, ont obtenu carte blanche sur la création et de gros moyens pour la réalisation.

De la même façon, Juste pour rire a toujours su s'attacher la collaboration de grands noms de la culture tels Pierre Bernard, du Théâtre de Quat'sous, et Denise Filiatrault, qui anime depuis 1999 le théâtre Juste pour rire. Le festival a révélé Mister Bean et lancé l'Italien Arturo Brachetti. Pour JPR, la culture ne doit pas seulement se regarder : il faut amener le public à participer. Défilés, jeux, danses, chants, et aussi expositions en plein air, la palette s'est élargie, de l'humour à une multitude d'émotions capables de divertir toute une famille. La télévision est un formidable relais : elle familiarise les plus timides avec les créations du festival, les attire dans la rue, puis au spectacle et pourquoi pas au

---

8. Jean Beaunoyer, *Dans les coulisses du Cirque du Soleil*, Éditions Québec-Amérique, 2004.

théâtre. « Nous essayons de créer un événement qui ait du sens, explique Gilbert Rozon. C'est notre contribution à la construction d'une société où il fait bon vivre malgré les contradictions. »

Les fondateurs du Cirque du Soleil comme ceux des festivals Juste pour rire et Jazz à Montréal appartiennent à une espèce rare, à moitié artistes, à moitié entrepreneurs, accrochés à leur liberté de création, soucieux d'une large diffusion. Juste pour rire est un festival international, ce qui, en Amérique du Nord, continent tiré vers l'homogénéité, n'est pas rien. C'est un festival populaire : « Faire de l'élitisme, c'est très facile, assure Gilbert Rozon. Faire du populaire intelligent, c'est moins évident. Il faut comprendre le public, ne pas faire de compromis sur le fond, mais être digeste sur la forme, utiliser des mots que tout le monde comprend. » Rester simple mais dire quelque chose, voilà la grande ambition de Gilbert Rozon. « On peut être creux avec un langage très ésotérique ! » prévient-il. Alors, il se dit fier de produire un événement qui ressemble aux Québécois d'aujourd'hui, « à la fois enracinés et ouverts sur le monde. Le festival exprime la curiosité, l'éclectisme et la joie de vivre ». Canadienne anglophone, Lyn Heward, ancienne directrice des contenus créatifs au Cirque du Soleil, lui fait écho : « Le Québec est en marge et en même temps toutes les cultures ont leur place à Montréal, constate-t-elle. Ici, les créateurs peuvent prendre plus de risques, ils sont stimulés par ces différents axes culturels. » Alain Simard profite de l'effervescence créée par la confluence de deux mondes au Québec. Son festival a fait découvrir aux Américains aussi bien Stéphane Grapelli que Dee Dee Bridgewater. Qu'il s'agisse de jazz ou d'humour, les deux festivals les plus célèbres de Montréal ont toujours tenu à rester accessibles au plus grand nombre de spectateurs, par une politique de gratuité importante, au plus grand nombre d'artistes, par une programmation éclectique. Ils ont toujours été soutenus dans leur démarche par des aides d'État ou des fonds provenant d'institutions financières publiques.

Au fil des ans, chacune de ces entreprises s'est professionnalisée. Les fondateurs ont d'abord dirigé à l'intuition. Puis ils ont fait appel à des spécialistes. Alain Simard s'est entouré d'experts de la production et de la télévision. Son entreprise, Spectra, est devenue une véritable fabrique de festivals. Après le jazz et les Francofolies de l'été, Montréal en lumière anime l'hiver dans la métropole. Gilbert Rozon a ouvert le capital de sa société. Ils sont désormais dix-huit associés actionnaires. Objectif : faire de Juste pour rire le premier festival au monde, devant Édimbourg. Au Cirque du Soleil, Guy Laliberté est l'unique actionnaire depuis que Daniel Gauthier a démissionné fin 2000 et lui a revendu ses parts, rachetées grâce au soutien de la Caisse de dépôt et placement du Québec. Il a embauché en 2001 Daniel Lamarre, ancien P-DG de TVA, la première télévision privée québécoise, pour gérer la division spectacles. Depuis mars 2004, Daniel Lamarre est le P-DG du Cirque du Soleil. Guy Laliberté a délégué ses pouvoirs de gestion, mais supervise toujours les créations. Il est le « guide créatif », celui dont les « pressentiments obscurs » – dixit Lyn Heward – peuvent orienter un projet. Tout comme Rozon voit passer chaque révélation potentielle.

Aujourd'hui, Gilbert Rozon continue de dénicher les humoristes québécois de demain. Il a créé il y a une quinzaine d'années une École nationale de l'humour, sans doute le bébé dont il est le plus fier. Au Québec, on ne naît pas artiste, on le devient. Montréal dispose ainsi d'une école de la chanson et du show-bizz. Plus spectaculaire encore, la Cité des arts du cirque, baptisée « la Tohu », a ouvert ses portes courant 2004, dans le quartier Saint-Michel de la métropole, à deux pas du siège du Cirque du Soleil. Outre les bureaux de celui-ci, elle regroupe l'École nationale du cirque, des studios d'entraînement, des logements pour les artistes et, surtout, une salle circulaire, la plus grande en Amérique du Nord, qui fait en même temps office de maison de la culture pour le quartier. Au programme, spectacles et expositions. L'ensemble se veut une plate-forme pour tous les arts du cirque. « Le Cirque a réussi à faire de Montréal un laboratoire international de création, estime Daniel Lamarre. Souvent, la création se fait dans un environnement très culturel, donc élitiste, ou très commercial, donc décourageant pour les artistes. Ici, c'est un lieu unique. »

Cette solidarité des milieux culturels se retrouve aussi à l'étranger. Les artistes partagent la scène, le micro, et s'entraînent dans leur sillage. Céline Dion n'a pas seulement été une formidable locomotive pour toute la chanson québécoise : elle est fidèle depuis ses débuts à l'entreprise québécoise Solotech pour la sonorisation de ses spectacles. À Las Vegas, elle fait appel à une société de Longueuil, installée dans la banlieue de Montréal, pour le système vidéo. Scéno Plus, qui avait déjà œuvré pour les chapiteaux permanents du Cirque du Soleil dans la capitale du jeu américaine, a conçu sa salle de concert. Luc Plamondon a révélé Isabelle Boulay dans la nouvelle version de *Starmania* et Garou dans *Notre-Dame de Paris*. La mise en scène et en musique de ses comédies musicales sont toujours signées par des Québécois. Guy Laliberté, Gilbert Rozon ou Alain Simard sont de la même trempe. Audacieux, ambitieux, ils se définissent aujourd'hui avec fierté comme des citoyens du monde. Leurs entreprises sont stimulées par l'ouverture internationale et le mélange des cultures. Mais aucun d'entre eux n'oublie d'où il vient. « On est juste en train de prendre notre place, conclut Gilbert Rozon. On était un peuple inexistant qui commence à se faire entendre. Nous sommes combatifs, pas pour envahir mais pour exister. »

Dans le sillage du Cirque du Soleil, des festivals Juste pour rire et Jazz à Montréal, une nouvelle génération d'événements et d'artistes tout aussi entreprenants a émergé. Guy Laliberté a fait de nombreux émules, qui s'inspirent de son expérience ou tentent de s'en émanciper. D'anciens membres de sa troupe, originaires des Îles de la Madeleine, ont fondé dix ans après lui le Cirque Éloize. Déjà parti en tournée mondiale, il présente actuellement deux spectacles en simultané, l'un en Europe *(Nomade),* l'autre en Amérique du Nord *(Rain),* tous deux sobres et poétiques, loin de la flamboyance du Soleil. Plus jeunes encore, les Cinq Doigts de la main ont inventé un cirque urbain et moderne. Pour leurs aînés, la question nationale était un aiguillon. Pour eux, elle n'est plus forcément une source d'inspiration. C'est désormais dans la diversité que les jeunes artistes du Québec puisent leur force. Ils ne doutent pas de l'identité culturelle québécoise, ils l'assument et l'affirment. À l'image d'un de leurs mécènes, Daniel Langlois, entrepreneur à succès devenu incontournable sur la scène culturelle québécoise. Cet homme a un point commun avec Guy Laliberté : il est invisible, mais on ne cesse de parler de lui.

À quarante-sept ans, Daniel Langlois appartient à la même génération que Guy Laliberté, Gilbert Rozon et Alain Simard. Son entrée dans le monde de la culture est en revanche plus récente. Jeune diplômé en design, passionné de cinéma, il a passé trois ans à tenter de réaliser un film de sept minutes sur ordinateur. Devant la difficulté, il a imaginé développer de nouveaux logiciels. Ainsi est née la société Softimage, en 1986. En quelques années, elle est devenue l'un des leaders mondiaux des effets spéciaux pour le cinéma, apportant sa patte à *Jurassic Park, Titanic* ou encore *Harry Potter*. En 1994, Daniel Langlois cède son entreprise à Microsoft. À moins de quarante ans, il se retrouve multimillionnaire et peut investir dans ce qui lui tient à cœur : le cinéma indépendant et les nouveaux médias. Il aide à la relance du Festival international du nouveau cinéma et des nouveaux médias de Montréal (FCMM). Parallèlement, il fait construire sur le boulevard Saint-Laurent un complexe architectural audacieux, aux allures futuristes, baptisé Ex-Centris. Inauguré en juin 1999, il accueille trois salles de cinéma, des studios de production et postproduction numérique. Il abrite également une nouvelle société, Digiscreen, chargée de concevoir un format de diffusion numérique des films, accessible aux petits exploitants. Le grand combat de Daniel Langlois, c'est de permettre aux cultures minoritaires de circuler en leur offrant un réseau capable de contrer l'uniformisation menée par les grands studios hollywoodiens. L'homme est sur le front de toutes les innovations technologiques ouvrant de nouvelles perspectives à l'art. Ex-Centris accueille désormais le FCMM ainsi que le festival Mutek, lancé en 2000 autour de la nouvelle création sonore issue des outils numériques. Daniel Langlois a également monté sa propre fondation pour financer le développement du numérique dans des régions défavorisées, et pour favoriser les projets autour des arts et des sciences. Mais la rencontre qui lui tient le plus à cœur est sans doute celle des affaires et des arts. Deux mondes encore éloignés, malgré les performances du Cirque du Soleil ou des grands festivals montréalais. Alors, Daniel Langlois imagine un lieu original : un club privé, installé dans le vieux Montréal, réservé aux grands patrons... et aux artistes. Les premiers paient, les seconds sont invités et chacun peut échanger. Les profits générés par ce club, qui offre restaurant, bar, salles de réception et quelques chambres d'hôtel, sont remis à la Fondation Daniel Langlois. Et la boucle est bouclée...

Ce pont entre business et culture, certains jeunes artistes l'ont déjà dressé, à leur façon. Tel Carlito Dalceggio. Silhouette élancée, cheveux bruns en queue-de-cheval, Carlito est né à Montréal dans une famille d'origine italienne – son arrière-grand-père, venu d'Italie, a épousé une Québécoise. Le jeune peintre se souvient de ses deux amis d'enfance, l'un brésilien, l'autre japonais, avec lesquels il jouait en français. Au téléphone, il salue d'un *buenos dias*. Il faut dire que Carlito a vécu au Mexique et adore la langue espagnole. Dès l'âge de vingt ans, il a passé jusqu'à dix mois par an en voyage, mais il revient toujours à Montréal. « C'est un lieu facile pour créer, la vie n'est pas chère, la culture est accessible, les influences sont multiples. Aucune ville n'a atteint une telle fusion des cultures. » Il a parcouru le Maroc, a vécu à Bali, passé deux mois en Thaïlande alors qu'il s'arrêtait pour une escale de deux heures à Bangkok. Il a travaillé neuf mois en Inde avec un cirque indien et appris à réaliser des peintures sur éléphants. Dans son atelier parisien, des patchworks ornés de mandalas témoignent de cette expérience. Les slogans qui émaillent ses œuvres sont en anglais, forcément : « C'est plus percutant. » Mais le français est sa langue, il l'aime, il s'en régale. Il a vécu deux ans à New York, jusqu'en septembre 2001. Là-bas, presque tous ses amis étaient français. Après l'effondrement des tours jumelles, il est revenu à Montréal. « Ici, les gens viennent librement. Le Québec est un nouveau pays qui n'a envahi personne, personne ne déteste les Québécois. Nous n'avons rien à protéger, à part la langue française ! »

La notoriété de Carlito a décollé quand Gilbert Rozon lui a offert un site pour présenter une œuvre, trois années de suite, pendant le festival Juste pour rire. Aujourd'hui, il collabore avec le Cirque du Soleil. Le jeune artiste est dans la lignée de ses aînés : une imagination sans limites, mais le souci de faire partager sa création au plus grand nombre et donc d'avoir les moyens de ses ambitions. Peintre, il ne se contente pas de la peinture. Il a créé son propre circuit de distribution avec la galerie Plaza de Toros, et possède aujourd'hui trois studios à Montréal. Il a réuni autour de lui plusieurs artistes, danseurs, DJ, sculpteurs, comédiens. Ils forment une « tribu », baptisée Circo de Bakuza, qui réalise des happenings et des événements, aussi bien pour Dior et L'Oréal que pour le festival Montréal en lumière. « Ce n'est pas une compagnie, c'est un cercle de créateurs, chacun participe, apporte une énergie, raconte Carlito. Nous sommes capables de nous adapter à des cahiers des charges très précis. » De fait, il a développé une relation privilégiée avec des clients comme le Cirque du Soleil en animant notamment la soirée de lancement de *Varekaï* à Montréal, la première de *Dralion* à New York et préparé le gala pour la première à Las Vegas du nouveau spectacle du Cirque, *KA*, mis en scène par Robert Lepage. « Chaque soirée est comme un tableau, une histoire, on dégage un esprit, on choisit les motifs, les couleurs. » Il a aussi été le grand ordonnateur du vingtième anniversaire du Cirque à Montréal. Comme un passage de relais entre générations. Il ne craint pas de se lancer dans de gros projets, même coûteux. Sans état d'âme, il cherche des sponsors, qu'il s'agisse de réaliser une exposition, produire une vidéo ou un disque, éditer un livre. Rien ne doit l'empêcher de créer, surtout pas le manque d'argent.

À LA POINTE DU COMBAT POUR LA DIVERSITÉ CULTURELLE

La vigueur de la production québécoise, sa spécificité, sa capacité à s'exporter en font le porte-drapeau idéal de la diversité culturelle au niveau international. Le Québec, comme la France, défend le droit des États à poursuivre une politique de soutien à leurs industries culturelles. Et pour cause : la province a développé tout un arsenal de mesures pour aider la création et l'entreprise artistique. La culture est en effet hissée, aussi bien par le Parti québécois que par le Parti libéral, au rang des responsabilités majeures de l'État qui y investit chaque année environ 530 millions de dollars. Elle est en effet la meilleure expression de l'identité collective du Québec et son rempart le plus efficace. Elle est devenue un secteur économique aussi important que l'agriculture, les forêts, les mines et la pêche réunies.

À l'origine, la politique culturelle du Québec était calquée sur le modèle français avec un ministère, créé en 1961, inspiré de celui de Malraux. Mais après avoir soutenu la création pure, le gouvernement a compris que l'enjeu était dans la diffusion. Très vite, il a reconnu l'existence des industries culturelles et la nécessité de s'appuyer sur les mécanismes commerciaux. Dès la fin des années 1970, une banque d'affaires était créée, pour offrir des prêts et des garanties de prêt aux industries culturelles pénalisées par leur sous-capitalisation. Cette structure inédite octroie chaque année quelque 20 millions de dollars d'aides au financement. Dès les années 1980 émerge l'idée d'une politique de soutien aux entreprises culturelles.

En 1990, une première mesure est instaurée : le crédit d'impôt, calculé sur les dépenses de main-d'œuvre et plafonné à 50 % du coût global de production. Avec cette initiative, reprise ensuite par d'autres provinces canadiennes et, en 2004, par la France pour le cinéma, le Québec fait figure de précurseur. Imaginé d'abord pour l'audiovisuel (cinéma, télévision), le crédit d'impôt a été élargi en 1995 aux émissions de variétés et, en 1999, à la musique, aux spectacles et à l'édition. Le gouvernement québécois y consacre actuellement 150 millions de dollars par an. « Ajoutez les subventions au crédit d'impôt, et c'est jusqu'à 70 % du coût de production d'une émission télé – dramatique, documentaire, variété, enfant – qui peut ainsi être couvert, le diffuseur payant le solde ! » résume Daniel Beauchesne chez Pixcom. L'efficacité du crédit d'impôt s'est révélée redoutable. En dix ans, de 1991 à 2001, il a soutenu plus de 2 000 œuvres de cinéma ou de télévision ! Bonifié pour les longs-métrages en langue française, les documentaires ou les productions réalisées en région, il permet aussi d'orienter certains choix culturels. Mesure automatique, ce crédit d'impôt vient s'ajouter aux subventions dites aides sélectives qui, elles, sont attribuées après un processus d'évaluation. En 2002-2003, près de 40 millions de dollars ont été distribués en aides sélectives. Enfin, l'État québécois consacre près de 20 millions de dollars par an à l'exportation et au rayonnement international de ses industries culturelles.

Toutes ces mesures de soutien sont gérées par la Sodec, une agence gouvernementale d'une centaine de salariés faisant office de guichet unique pour les cinq domaines placés sous sa responsabilité : le cinéma, le disque et le spectacle, le livre, les métiers d'art et les œuvres numériques interactives. Les industries culturelles sont considérées comme de véritables clientèles, et l'efficacité est de mise dans le service. Société d'État, la Sodec est appuyée dans sa mission par des commissions consultatives, composées de représentants des différents milieux culturels, professionnels de la création et de la production. Ils sont obligatoirement consultés sur les programmes d'aide dans leur domaine respectif. Le dispositif est complété par deux bras financiers : le Fonds d'investissement de la culture et des communications, qui prend des parts au capital d'entreprises culturelles, et la Financière des entreprises culturelles, qui aide les projets de développement à l'international. C'est avec son appui que Juste pour rire a monté la tournée étrangère du spectacle d'Arturo Brachetti, ou que le groupe Gilett exporte la comédie musicale *Don Juan*. À la Sodec, on résume ainsi le paradoxe québécois : « Le Québec est un petit marché, et c'est un grand défi. Il faut être dynamique pour s'imposer. C'est aussi un marché captif, ce qui constitue un grand atout. » La barrière de la langue a longtemps protégé la province et lui a permis de développer en toute sécurité, avec le soutien public, des expertises pointues dans le domaine du cinéma, des jeux vidéo, de la digitalisation. Le Québec offre une technologie de pointe à coûts abordables... et des décors naturels mêlant à la fois l'Europe et l'Amérique. À tel point qu'Hollywood s'inquiète de voir les superproductions américaines partir en tournage au Québec. *Le Jour d'après*, film à grand spectacle et multiples effets spéciaux, produit par la Fox et réalisé par Roland Emmerich, montre New York envahi par un raz-de-marée. Il a été tourné à Montréal !

Pour assurer l'accès du plus large public possible à ses productions, le Québec mise ouvertement sur la convergence entre culture et économie, avec le soutien de l'État. Mais cet arsenal d'aides étatiques a également créé une industrie très dépendante des pouvoirs publics et forcément vulnérable à l'assaut des majors américaines et des hérauts de la libéralisation. « La création culturelle québécoise est abondante et variée, encouragée en cela par l'intervention de l'État, résume André Dorval, directeur général au ministère de la Culture et des Communications. Cela accentue le déséquilibre entre l'étroitesse du marché et la quantité de l'offre. » Plutôt que de limiter l'offre, considérée comme le meilleur rempart contre l'afflux des productions américaines, le Québec préfère chercher à développer ses marchés, à l'intérieur comme à l'extérieur. Quel que soit le gouvernement au pouvoir, libéral ou souverainiste, la défense des industries culturelles reste une priorité. Le Québec consacre 1,4 % de son budget à la culture. Le ministère de la Culture et des Communications a même bénéficié de crédits en hausse en 2004, plus que les autres ministères, à l'exclusion de la santé et de l'éducation. « On ne peut pas considérer la culture comme un bien ordinaire », « il faut préserver notre capacité d'aide », autant d'impératifs partagés par tous les politiques québécois, et régulièrement réaffirmés par l'actuel Premier ministre : « Les Québécois forment une société unique, déclarait Jean Charest à Berlin en janvier 2004. Nous sommes fiers de notre langue et de notre culture que nous avons fait fleurir sur ce continent en confrontation directe avec les lois du nombre et du temps. De ce fait découle une responsabilité, à la fois morale et historique, qui nous amène à travailler pour la protection de la diversité culturelle. »

Au milieu des années 1990, Paris prenait la tête du combat pour « l'exception culturelle ». Mais dans les instances internationales, notamment l'Alena, où le Québec se frotte à ce débat, ses représentants réalisent vite que le concept français n'est guère opérant. « L'exception culturelle, c'est un bon slogan, résume Robert Pilon, vice-président exécutif de la Coalition pour la diversité culturelle. Comme proposition juridique, ça ne tient pas. » Trop défensif, trop spécifique. Les Québécois, tout à fait conscients de la menace que faisaient peser les négociations commerciales internationales sur les cultures minoritaires, ont alors témoigné d'une grande ingéniosité : « Il fallait sortir du discours exclusif de la France, explique André Dorval, au ministère de la Culture et des Communications, et proposer une approche plus positive. Nous avons donc défendu l'idée que les gouvernements devaient garder le droit d'intervenir en culture et ce pour deux raisons : assurer un espace culturel propre à leur communauté nationale et un accès aux autres cultures, ce qui suppose réciprocité et ouverture. »

Le Québec entraîne la France sur cette voie, avec la création d'un groupe bilatéral de réflexion sur la diversité culturelle en 1998. Celui-ci est coprésidé, côté français, par Catherine Lalumière. Aujourd'hui députée européenne, elle se souvient : « Les Québécois étaient à la pointe de la réflexion théorique, ils avaient déjà beaucoup travaillé sur les moyens pratiques, à la fois juridiques et financiers, de préserver la diversité culturelle. Ils ont pris le problème à bras-le-corps, bien plus vite que les Français. En France, nous sommes intarissables sur les dangers du nivellement et de l'homogénéité de la culture, mais nous en restons aux incantations. Les Québécois ont fait preuve de volontarisme. » Quand le groupe de travail bilatéral est créé, l'idée d'un instrument juridique international, articulé sur les mécanismes de l'OMC pour défendre la diversité des cultures, était déjà dans l'air. Mais les Français freinaient des quatre fers, de peur d'y laisser un morceau de leur souveraineté. Les Québécois n'ont jamais lâché, en s'appuyant toujours sur des arguments techniques, et sans jamais faire appel aux accents de l'émotion. Parallèlement, ils ont cherché des appuis au sein de la francophonie. Au Sommet de Moncton, en 1999, la notion de « diversité culturelle » est introduite dans la déclaration finale. Au Sommet de Beyrouth, en 2001, une résolution appelle de ses vœux une convention internationale sur la diversité culturelle à l'Unesco. Enfin, en 2002, un tandem de juristes franco-québécois rend son rapport sur la faisabilité d'un instrument juridique international ad hoc. Le document, traduit en dix langues, conclut à la nécessité d'un instrument contraignant, émanant de la sphère culturelle plutôt que commerciale. Il n'engage que leurs auteurs, mais circule dans les milieux autorisés. Dès lors, le Québec et le Canada militent en faveur d'une convention à l'Unesco. Ils reçoivent, fin 2002, l'appui du président français Jacques Chirac.

Le directeur général de l'Unesco saisit la balle au bond. En octobre 2003, les défenseurs de la diversité culturelle peuvent se féliciter d'avoir remporté une première bataille : la conférence générale de l'Unesco accepte en effet, sur proposition du directeur général, d'élaborer pour 2005 un projet de convention internationale sur « la protection de la diversité, des contenus culturels et des expressions artistiques ». Un avant-projet est proposé en juillet 2004 aux experts gouvernementaux. La négociation s'engage à l'automne 2004 pour aboutir à une proposition définitive au printemps 2005. Ne disposant pas de siège à l'Unesco, Québec doit travailler étroitement avec Ottawa pour défendre ses positions dans cette négociation. Son objectif est clair : faire voter une convention aussi contraignante que les accords de l'OMC peuvent l'être, pour permettre le développement d'un droit propre à la culture. Avec quelques principes de base : le droit des États à mener une politique culturelle, à choisir leurs moyens et à disposer d'un organisme de règlement des litiges en cas de besoin.

En cinq ans, entre 1998 et 2003, un chemin énorme a été parcouru. On le doit beaucoup à l'opiniâtreté d'une poignée de Québécois œuvrant dans les couloirs de la diplomatie internationale. Dans cette bataille, le Québec a fait preuve d'une continuité absolue entre le gouvernement péquiste, au pouvoir de 1996 à 2003, et le gouvernement libéral qui lui a succédé en avril 2003. Aux élections générales de 2003, la diversité culturelle était de toutes les plateformes politiques. Et entre le gouvernement Charest et le gouvernement Landry, rien n'a changé, ni le fond, bien sûr, ni la méthode. La concertation est de mise, à la fois entre les différents ministères impliqués et avec la société civile. Le Québec abrite en effet la Coalition pour la diversité culturelle, qui regroupe à la fois des artistes et des entreprises.

Cette structure est la déclinaison québécoise du comité de vigilance pour l'exception culturelle, née en France en 1998. Créée à Montréal, elle est rapidement devenue pan-canadienne, regroupant aujourd'hui plus de trente associations. Son action internationale a largement dépassé celle du comité de vigilance français, quelque peu endormi. Elle a essaimé dans le monde entier, suscitant la création d'une dizaine d'autres coalitions, au Sénégal, en Corée, au Mexique. Le Québec porte ainsi au-delà de ses frontières le message d'une mondialisation ouverte à toutes les cultures, y compris les plus minoritaires et les plus fragiles.

Chapitre III

Petits arrangements avec le capitalisme

Été 2003 : coup de tonnerre sur la place financière parisienne. Le canadien Alcan lance une OPA hostile sur Pechiney, le grand producteur d'aluminium français. En quelques semaines, le sort de ce fleuron de l'industrie tricolore est scellé. Six mois plus tard, la nouvelle organisation est en place, les rescapés de Pechiney dans la haute direction sont rares, Jean-Pierre Rodier, le P-DG, a quitté le groupe, les décisions sont prises à Montréal, siège d'Alcan. Même le nom de Pechiney disparaît. Les stratèges français n'ont rien vu venir. En dehors des spécialistes, rares sont ceux qui connaissent le géant canadien Alcan, numéro deux mondial de l'aluminium derrière l'américain Alcoa. Pourtant, il avait fait son apparition sur la scène française en 1999 avec le projet de fusion à trois Pechiney-Alcan-Alusuisse, finalement bloqué par la Commission européenne. Pechiney avait jeté l'éponge. De son côté, Alcan avait poursuivi les négociations avec AluSuisse, et finalement conclu un accord pour le racheter. C'est ce groupe renforcé, fort d'un chiffre d'affaires de 12,5 milliards de dollars américains et de 53 000 salariés, présent dans 41 pays, qui est revenu à la charge pour avaler Pechiney. Devant les réticences du français, le canadien n'a pas hésité : on a beau être québécois, né au fin fond du fjord du Saguenay, « *business is business* ».

Qui aurait pu penser chez Pechiney que nos fameux « cousins », avec lesquels une alliance avait été discutée deux ans plus tôt, engageraient une opération inamicale ? C'est bien mal les connaître ! Ils sont francophones, certes, mais nord-américains dans les affaires, même si tous les patrons québécois, loin de là, ne sont pas nés aux États-Unis, comme Travis Engen, l'actuel chef de la direction d'Alcan.

À l'image d'Alcan, les entreprises québécoises ont grandi sans crier gare, largement soutenues, qui par les tarifs d'électricité les plus bas du monde consentis par l'entreprise publique Hydro-Québec à l'imprimeur Quebecor ou au papetier Cascades, qui par la reprise opportune et bon marché d'une société d'État (le rachat de Canadair par Bombardier), qui par les contrats publics (la société d'ingénierie SNC-Lavallin). Le plus souvent d'origine familiale, cotés en Bourse mais encore contrôlés par les fondateurs ou leurs enfants, ces groupes bien ancrés dans le territoire québécois sont partis à la conquête du monde. À coups d'acquisitions, ils se sont imposés parmi les leaders dans leurs industries respectives, Alcan dans l'aluminium, Bombardier dans la construction ferroviaire et l'aéronautique, Cascades dans le papier, CGI dans les services informatiques, Quebecor dans l'imprimerie et les médias. Le capitalisme québécois est non seulement familial et international, il est aussi ingénieux.

Pour les entreprises québécoises, innover est en effet crucial. Sans produits ou services inédits, impossible de prétendre rivaliser avec les concurrents américains ou conquérir les marchés étrangers. L'innovation est une nécessité, une condition de la survie, à tel point qu'elle est devenue une valeur partagée par tous, entreprises, syndicats, État, et même citoyens. L'économie du savoir n'est pas un vain mot au Québec. Pour ses sept millions et demi d'habitants, la province dispose de sept grandes universités. Sa population est l'une des plus instruites d'Amérique du Nord. Depuis la Révolution tranquille, l'éducation a toujours été prioritaire : les frais de scolarité sont gratuits et les coûts d'accès à l'université québécoise sont deux à trois fois inférieurs à ceux des autres universités canadiennes. Si le fardeau fiscal des ménages québécois est bien plus lourd que celui des Ontariens ou des habitants d'autres provinces canadiennes, celui des entreprises et entrepreneurs québécois est bien plus faible. Le Québec affiche ainsi un taux d'impôt sur les sociétés parmi les plus bas d'Amérique du Nord.

Depuis deux décennies, le gouvernement consent de généreux crédits d'impôt pour soutenir la recherche et le développement. Les nouvelles technologies ont été particulièrement choyées et constituent aujourd'hui des secteurs économiques importants, qu'il s'agisse des biotechnologies, des télécoms ou du multimédia. L'économie québécoise repose aujourd'hui à 70 % sur les services et à 3 % seulement sur les ressources naturelles ! Montréal concentre la moitié des effectifs et du chiffre d'affaires de toute la recherche canadienne, alors que le Québec ne représente que le quart de la population du pays ! La moitié de l'industrie pharmaceutique canadienne se trouve au Québec, où est aussi réalisée plus de la moitié de la recherche fondamentale et clinique du Canada. Plus de la moitié de la production de l'industrie canadienne aérospatiale provient du Québec, et les deux tiers de la recherche et du développement y sont effectués. Plus de 40 % des activités de télécommunication au Canada sont établies à Montréal. Les télécoms représentent aujourd'hui le premier secteur industriel du Québec. La Belle Province s'est aussi imposée comme la troisième région d'Amérique du Nord pour ses investissements en biotech, après la Californie et le Massa-

chusetts. Enfin, Montréal est devenue la capitale canadienne des jeux vidéo, accueillant les leaders du secteur, les
français Ubisoft et Microïds. Même l'Américain Electronic
Arts s'y est établi. Télécoms, pharmacie, aéronautique, multimédia, la haute technologie a largement pris sa place au
Québec, bénéficiant d'une main-d'œuvre bien formée, du
soutien public et de partenariats entreprises-universités per-
formants. L'administration donne l'exemple en s'efforçant
de développer des services en ligne.

Par ailleurs, l'État a fait de gros efforts pour encourager la
création d'entreprise. En 1980, le Québec accueillait 10 à
15 % du capital-risque canadien. Cette part est aujourd'hui
montée à 40-45 %, alors que la province pèse, selon les
années, 20 à 25 % du PIB canadien. Le capital-risque québécois s'appuie d'ailleurs sur des structures originales. Dans
les années 1980, au plus fort d'une crise économique sans
précédent, le premier syndicat québécois, la FTQ, a lancé
un fonds d'investissement pour soutenir les PME fragilisées,
en faisant appel à l'épargne des travailleurs. Initiative révolutionnaire à l'époque, elle a d'abord été contestée par les
autres syndicats, puis finalement imitée. Elle témoigne d'un
sens du collectif dont la société québécoise ne s'est jamais
départie. Aux côtés d'une structure dominante – l'Église
jusqu'en 1960, l'État ensuite –, elle a toujours connu
d'autres réseaux, basés sur l'organisation en communautés,
d'abord linguistiques, les anglophones d'un côté, les francophones de l'autre.

À défaut d'avoir des entrepreneurs individuels, le Québec, dominé par les capitaux anglophones jusqu'à la Révolution tranquille, a joué la carte du collectif. Le Mouvement
Desjardins, une coopérative financière née il y a plus d'un
siècle pour soutenir la population pauvre et francophone
dans ses projets de développement, est issu de cette tradition de réseaux collectifs. Créé pour recueillir l'épargne

dans les campagnes et financer ainsi des prêts aux artisans et agriculteurs locaux, il a facilité l'émergence d'un secteur coopératif puissant. Grâce à cette solidarité financière, le Québec a vu naître des entrepreneurs collectifs francophones, première étape vers l'émancipation économique. La tradition perdure aujourd'hui à travers l'économie sociale, qui a accepté, il y a une dizaine d'années, de se structurer pour prendre le relais de l'État sur certaines missions d'intérêt général. « On est passé d'un État acteur à un État accompagnateur », explique ainsi Jean-François Lisée.

L'arrivée à la tête de la province, en mai 2003, d'un gouvernement libéral a relancé le débat sur le rôle de l'État dans l'économie. Son bras armé, la Caisse de dépôt et placement, va voir sa mission transformée. Créée en 1965 pour contribuer au développement de la province tout en assurant de bons rendements aux déposants, elle devra désormais se consacrer au rendement optimal de ses investissements en prenant ses distances avec l'intérêt du gouvernement. Malgré l'opposition entre défenseurs d'un secteur public fort et partisans d'un secteur public *a minima,* les fondements du système ne sont pas remis en question. Personne n'est vraiment prêt à renoncer à cet État qui indique clairement les priorités collectives et incarne à sa façon l'identité nationale moderne. En même temps, il n'a jamais été l'unique gestionnaire des affaires publiques, et les autres joueurs – entreprises privées, syndicats, mouvements communautaires –, ont toute leur place sur l'échiquier, à condition de prendre leur part de responsabilités. Le Québec a ainsi inventé un modèle d'économie véritablement mixte, dans lequel la puissance publique partage le pouvoir avec d'autres forces issues de la société civile et rend des comptes aux citoyens. Chaque ministère publie un rapport annuel d'activité. Un capitalisme familial et ambitieux, un État soucieux d'innovation, des syndicats prêts à investir dans les entreprises et une économie sociale dynamique : c'est le cocktail gagnant de la Belle Province.

DES ENTREPRISES D'ENVERGURE INTERNATIONALE

Qui sait que les camions et les voitures circulant dans le tunnel sous la Manche empruntent des navettes Bombardier ? Que ce même Bombardier, leader mondial de la construction ferroviaire, emploie plus de la moitié de ses effectifs en Europe ? Tout comme Alcan, dont 54 % des 88 000 salariés sont désormais sur le Vieux Continent ? Qui sait que trois quarts des magazines français sont imprimés par Quebecor, ou que les séjours vendus par Look Voyages sont gérés par le québécois Transat ? Que Cascades est le premier fabricant de cartons plats en France ?

La croissance de ces entreprises s'est faite discrètement, mais sûrement, ces quarante dernières années, stimulée par l'impérieuse nécessité de sortir de l'étroit marché québécois. Elle a été soutenue par des acquisitions audacieuses, souvent guidées par un opportunisme de bon aloi. « Notre stratégie de croissance n'est pas axée sur une région géographique en particulier, expliquait en février 2004 David McAusland, vice-président des fusions et acquisitions d'Alcan, devant la Chambre de commerce française au Canada. Elle vise plutôt à saisir les occasions là où elles se trouvent, celles qui présentent le potentiel le plus intéressant[1]. » Luc Lavoie, vice-président aux affaires publiques de Quebecor, qui possède cent soixante-cinq imprimeries dans le monde, dont

---

1. Intervention devant la Chambre de commerce française au Canada, Montréal, 26 février 2004.

une douzaine au Québec, ne dit pas autre chose : « Notre groupe se qualifie lui-même d'opportuniste acquéreur. » Cette croissance s'est souvent appuyée sur les institutions financières locales, tantôt publiques, avec la Caisse de dépôt et placement du Québec, tantôt coopératives, avec le Mouvement Desjardins.

D'origine généralement familiale, ces entreprises n'ont pas non plus hésité à franchir le pas de la cotation, grâce à une disposition très particulière du droit boursier canadien où deux catégories d'actions, à droit de vote multiple (A) et à droit de vote simple (B), coexistent. Il suffit de détenir la majorité des actions à droit de vote multiple pour garder le contrôle de son affaire, tout en se finançant sur les marchés ! Voilà comment, avec 38 % seulement du capital, la famille Lemaire dirige toujours le groupe Cascades, créé en 1964. Idem chez Bombardier, où la famille Beaudouin reste aux commandes, et chez CGI où les fondateurs emmenés par Serge Godin tiennent bien le gouvernail, avec 30 % du capital.

L'ancrage dans la famille se double d'un enracinement dans le territoire, caractéristique de ces entreprises québécoises qui ont réussi à sortir des frontières. Le groupe d'informatique CGI, dont le fondateur Serge Godin est originaire du Saguenay, est resté fidèle à cette région. Montréal accueille le siège de CGI, mais le bureau basé à Jonquière emploie 340 salariés, travaillant majoritairement pour Alcan, et pas seulement pour ses usines locales. « Quand on est issu d'une région périphérique et isolée comme le Saguenay, on garde toujours une sensibilité à son territoire », assure Paule Doré, vice-présidente exécutive de CGI, elle-même née au « pays des bleuets », l'autre nom du Saguenay-Lac-Saint-Jean, où poussent ces petites baies bleues ressemblant à nos myrtilles. Une sensibilité partagée par les frères Lemaire. En 1964, leur père a racheté un moulin désaffecté à Kingsey Falls, dans la région des Bois-Francs, à la limite de l'Estrie, avec une idée en tête : produire du papier à partir de fibres recyclées. Quarante ans plus tard, le papetier Cascades affiche plus de 3,2 milliards de dollars de chiffre d'affaires et emploie plus de 15 000 salariés au Canada, aux États-Unis, en Allemagne, en Angleterre, en France et en Suède. Mais le groupe a gardé son siège social dans ce petit village de 2 000 habitants. Il y a installé son centre de recherche et son centre de technologies de l'information, regroupant le développement de logiciels informatiques pour toutes les unités de Cascades dans le monde. Il offre même une aide financière aux salariés désireux de s'établir à Kingsey Falls !

Dans la mythologie entrepreneuriale québécoise figure un autre village célèbre, toujours dans l'Estrie : il s'agit de Valcourt, où Joseph-Armand Bombardier, mécanicien de génie, a vu le jour et travaillé des années pendant l'entre-deux-guerres pour mettre au point un véhicule motorisé capable de circuler sur la neige. Inventeur de l'autoneige en 1937, il a installé dans son village natal son premier atelier de production en 1941. C'est là qu'il a également dessiné et fabriqué la première motoneige en 1958. Cet engin révolutionnaire inaugurait une longue lignée de produits récréatifs, de la motoneige à la motomarine, aujourd'hui encore issus des usines de Valcourt. Celles-ci ont été cédées l'an dernier par le P-DG, Paul Tellier, appelé en janvier 2003 à la tête du groupe familial confronté à d'importantes difficultés financières. Pour redresser l'ensemble, Paul Tellier n'a pas hésité à supprimer des milliers d'emplois et à vendre l'activité des produits récréatifs, pourtant hautement symbolique aux yeux de la famille. Ce fut d'ailleurs un crève-cœur pour Laurent Beaudouin, le gendre de Joseph-Armand Bombardier, qui a dirigé l'entreprise de 1966 à

1999. Il n'a jamais vraiment pardonné à Paul Tellier cette décision et a fini par l'écarter de la direction fin 2004.

Bombardier, comme Alcan, Cascades ou Quebecor, a grandi par acquisitions, et certaines se sont révélées plus difficiles à digérer que prévu. Notamment celle de l'allemand Adtranz en 2000, auprès de Daimler Chrysler. Plus de 20 000 employés, des usines dans près de vingt pays sur quatre continents, Bombardier signait là un rachat ambitieux qui le propulsait au premier rang mondial de la construction ferroviaire, devant le français Alstom. Jusqu'alors, le groupe avait réussi à intégrer les différentes sociétés reprises en tirant le meilleur parti de leur savoir-faire. L'inventeur de la motoneige a su en effet saisir les opportunités lui permettant de se diversifier : candidat à la fabrication du métro de Montréal en 1974, il remporte le contrat... et doit apprendre à construire des trains. Qu'à cela ne tienne, il transforme pour l'occasion une usine de motoneiges en atelier ferroviaire ! Cette audace lui ouvre ensuite les portes des États-Unis, où il gagne un appel d'offres pour le métro de New York. Il saura plus tard intégrer ANF Industrie, le deuxième fabricant français d'équipements ferroviaires. En 1986, quand le gouvernement fédéral veut vendre Canadair, principal avionneur canadien, il rachète l'entreprise à bon prix et s'appuie sur cette acquisition pour développer de nouveaux appareils, les Regional Jet, premiers jets régionaux qui ringardisent définitivement les avions à hélice et assurent la fortune du groupe dans les années 1990. Grâce à cette intuition géniale, Bombardier est devenu le troisième constructeur aéronautique mondial derrière Airbus et Boeing. Avec lui, Montréal s'est imposé comme un centre d'excellence dans le secteur, juste derrière Seattle et Toulouse. Après avoir cédé les produits récréatifs, le groupe va d'ailleurs tenter une sortie par le haut. Il devrait autoriser, début 2005, le lancement d'une nouvelle gamme d'avions de 110 à 135 places. Un pari osé de 2 milliards de dollars américains !

Dans la course à la croissance externe, difficile d'éviter le sans-faute. Quebecor, leader mondial de l'imprimerie, en sait quelque chose. Sa dernière opération d'envergure, le rachat du câblo-opérateur Videotron, a lourdement pesé sur ses comptes. Le groupe en a pourtant vu d'autres. Il a été bâti par Pierre Péladeau, fils cadet d'un riche homme d'affaires bientôt ruiné... et enterré. L'orphelin, né en 1925, n'aura de cesse de prendre sa revanche sur le destin. Jeune étudiant brillant et anticonformiste, il emprunte 1 500 dollars à sa mère pour racheter en 1950 un hebdomadaire de quartier, le *Journal de Rosemont,* auquel il adjoint bientôt un deuxième, puis un troisième et un quatrième titre de la presse locale de Montréal. Dès 1954, il rachète une rotative pour imprimer ses journaux. En juin 1964, il profite de la grève des typographes frappant *La Presse,* le quotidien francophone de référence de Montréal, pour lancer son propre quotidien, *Le Journal de Montréal.* Sur ce succès, il fonde en 1965 Quebecor. Dès lors, le groupe grandit par acquisitions, aussi bien dans les médias que dans l'imprimerie. Il participe largement à la consolidation de l'industrie, se risquant d'abord hors du Québec, puis aux États-Unis et en Europe, pour racheter des usines. En 1987, quand il devient propriétaire de la papetière Donohue, privatisée par le gouvernement québécois, le groupe peut s'enorgueillir de réaliser une acquisition par mois ! En 1990, il reprend Maxwell Graphics en Grande-Bretagne. En 1993, il réussit sa première incursion en France, prélude au rachat de Jean Didier en 1995, et, en 1999, Quebecor signe sa plus grosse opération avec le rachat de World Color Press aux États-Unis, qui propulse sa branche imprimerie, rebaptisée Quebecor World, au premier rang mondial. Parallèlement à l'impression, le groupe continue d'enrichir son offre de contenus avec des journaux aussi bien anglophones que francophones, des maisons d'édition et même une télévision, TQS.

Télévision Quatre Saisons entre en 1997 dans le giron de Quebecor. Voilà dix ans que Pierre Péladeau rêvait d'une télé et il a à peine posé cette nouvelle pierre de son empire qu'il disparaît, quelques mois plus tard, victime d'un arrêt cardiaque. Son fils cadet, Pierre-Karl, reprend très vite le flambeau et accentue la croissance dans les médias. En 2000, la cession du câblo-opérateur Videotron offre à Quebecor l'opportunité de passer la vitesse supérieure dans la diffusion de contenus. Le troisième câblo-opérateur canadien et n° 1 au Québec est mis en vente par son propriétaire et fondateur André Chagnon. Celui-ci a promis l'affaire au canadien anglophone Rogers. Mais Quebecor n'entend pas laisser filer une si belle occasion. Avec 1,5 million d'abonnés payant environ 40 dollars chaque mois, Videotron est une formidable source de cash, « une machine à imprimer des dollars », selon Luc Lavoie. À condition d'être bien gérée : jusqu'à sa mise en vente, la société est déficitaire. Convaincu de pouvoir la redresser, Quebecor se lance dans une longue bataille boursière. Il emporte finalement l'affaire pour près de 6 milliards de dollars canadiens, au nez et à la barbe de l'ontarien Rogers, grâce à l'aide de la Caisse de dépôt et placement du Québec, actionnaire historique de Videotron aux côtés du vendeur, la famille Chagnon. L'enjeu, pour la Caisse, était clair : ne pas laisser le contrôle de Videotron tomber aux mains des Canadiens anglais. En fait, sans la Caisse, Quebecor n'aurait jamais pu racheter Videotron. Pour l'occasion, une société commune, Quebecor Media, a été créée. La Caisse a apporté ses actions et y a ajouté 3,7 milliards en cash ! Quebecor a mis dans la corbeille ses actifs dans les contenus et 220 millions de dollars... Le groupe a fait grimper sa dette de façon vertigineuse et plombé ses comptes pour deux ans. Mais, dès 2003, il avait renoué avec la rentabilité. Il faut dire que, chez Quebecor, l'orthodoxie de gestion est la règle : « Le groupe s'est développé en rachetant des entreprises mal en point et en les redressant, explique Luc Lavoie. La productivité est notre obsession. Si les coûts augmentent, même de 1 %, il faut une très bonne justification pour l'accepter, et même si leurs arguments sont bons, la direction demandera aux gestionnaires de l'activité de réduire ces coûts. » Témoin de cette orthodoxie financière, le siège sans éclat de Quebecor construit dans les années 1960 à Montréal. Pour la première fois depuis quarante ans, des travaux y ont été entrepris : les fuites devenaient vraiment trop nombreuses ! Quebecor Inc, la holding qui chapeaute Quebecor World (imprimerie) et Quebecor Media (contenus) compte une dizaine de salariés et n'occupe qu'un étage au sommet de la tour Quebecor. Pas de chauffeur, de salle à manger ni de secrétaire. Les avocats du service juridique plaident eux-mêmes leurs dossiers et le groupe ne recourt jamais aux cabinets de conseil. « Nos seuls prestataires extérieurs sont les comptables car la loi nous y oblige », résume Luc Lavoie. La clé du succès de Quebecor ? « Des gens simples, avec une vision simple », assure le bras droit de Pierre-Karl Péladeau. Et avec l'appui de la société québécoise, pourrait-on ajouter.

En effet, sans l'intervention de l'État, Quebecor ne serait pas aujourd'hui une multinationale. Bombardier non plus. Et bien d'autres encore. « Si le Québec dispose aujourd'hui de multinationales puissantes, c'est grâce à la collectivité, explique Benoît Lévesque. Ces entreprises, souvent d'origine familiale, ont une dette sociale envers le pays. » Au Québec, la société d'économie mixte est une réalité, fruit d'un compromis entre l'initiative privée et le coup de pouce nécessaire de l'État. Sans l'appui de la Caisse de dépôt et placement du Québec, Quebecor n'aurait pas été en mesure de racheter Videotron et de mettre la main sur l'une de ses pépites, TVA, la première télévision privée québécoise, le TF1 du Québec. Dix ans plus tôt, la Caisse avait aussi permis au groupe d'acheter les activités d'impression du groupe Maxwell. Ce rachat avait fait changer de dimension l'imprimerie de Quebecor, qui a ensuite poursuivi son expansion avec Jean Didier en France, puis avec WorldPress aux États-Unis. À l'image des hommes de Quebecor, les entrepreneurs québécois ont su s'appuyer sur les institutions locales pour solliciter leur soutien au moment opportun. Le rôle de la Caisse de dépôt, de la Société générale de financement, deux sociétés publiques, ou encore du Mouvement Desjardins, a été tel dans le développement du Québec Inc, que la cession d'une société québécoise privée à des capitaux étrangers peut faire l'objet d'un débat à l'Assemblée nationale ! « Nos multinationales ne peuvent pas se vendre sans scrupule », souligne Benoît Lévesque. Si le distributeur Provigo a fini par tomber dans l'escarcelle de l'américain Loblaw, les gâteaux Vachon sont restés québécois grâce à l'investissement du Mouvement Desjardins. Les grandes entreprises québécoises savent que leur existence est intimement liée à la communauté dont elles sont issues.

Ainsi, l'an dernier, CGI a dû réaffirmer par la voix de son fondateur, Serge Godin, que son siège social resterait à Montréal, malgré l'expansion internationale du groupe qui compte désormais 25 000 salariés, dont un tiers seulement au Québec. La plupart sont en effet répartis entre les autres provinces canadiennes, les États-Unis, l'Europe et même l'Inde. « Nous avons un rêve, assure Serge Godin, de faire de cette compagnie une institution mondiale, basée ici. » Il est vrai que les plus grands clients de CGI sont encore québécois : Alcan, le Mouvement Desjardins, la Banque nationale du Canada, la Caisse de dépôt et placement... et le gouvernement. L'essor de CGI, fondé en 1976, doit beaucoup aux grands contrats publics conclus avec le Parti québécois au pouvoir pour moderniser l'État. Une expertise que CGI est ensuite allé vendre à Ottawa. Gestion du système d'assurance automobile, informatisation des administrations, le premier contrat privé de CGI n'est venu qu'au début des années 1970 avec Alcan. C'est grâce à l'appui de Bell Canada que CGI a pu mener depuis dix ans une formidable politique d'expansion, réalisant des acquisitions majeures aux États-Unis. « Le 1er janvier 1998, CGI comptait 3 000 salariés. Le 1er juillet 1998, nous étions 6 000. Cinq ans plus tard, nous étions 20 000 et 25 000 le 1er juillet 2004 », résume Paule Doré. « Nous avons une solide tradition d'acquisitions et d'intégrations réussies qui ont mené à une augmentation des bénéfices », pouvait se féliciter Serge Godin en bouclant le rachat de l'américain AMS au printemps 2004. CGI a acquis en quinze ans une cinquantaine de sociétés ! Pour autant, le groupe n'a jamais enregistré de résultat négatif et peut se targuer d'afficher le taux de départ volontaire le plus faible de son secteur : – 5 %.

Bombardier, Cascades, CGI, Quebecor, tous ces groupes sont condamnés à la croissance externe, hors du Québec et hors du Canada. Ils ont depuis longtemps atteint les limites de leur marché local. L'Europe, et en premier lieu la France, représente bien évidemment une cible privilégiée. On l'a vu avec Bombardier, repreneur d'ANF Industries, avec Cascades, qui a racheté la Rochette, et on devrait le voir encore avec CGI ou Quebecor. Le groupe de services informatiques se contente pour l'instant d'un discret bureau avenue de l'Opéra, à Paris, en attendant une opportunité. Quant au géant québécois de la communication, après une tentative ratée dans le web – il avait lancé la déclinaison française de son site d'information *canoe.qc.ca* alors que la bulle Internet éclatait –, il vise aujourd'hui le marché français du disque, ébranlé par le piratage. Depuis l'automne 2004, Archambault France a pignon sur rue à Paris, en partenariat avec Warner Music France. Quebecor ne renonce pas pour autant à ses ambitions pancanadiennes et pourrait bien se lancer dans le cinéma si la bonne santé de la production locale se confirme. Une fois de plus, ce sera une (simple) question d'opportunité...

Opportunistes, les Québécois le sont sans embarras. Les Mousquetaires français en ont fait l'expérience. À la fin des années 1990, au cours d'un raid en motoneige, un adhérent Intermarché rencontre un adhérent d'un réseau québécois de distribution spécialisé dans la quincaillerie et la rénovation, Rona. Fondé en 1939, Rona, raccourci de Rolland et Napoléon, les prénoms de ses deux premiers coprésidents, est organisé en coopérative. Son modèle est très proche de celui d'Intermarché et de son pendant dans le bricolage, Bricomarché : ce sont des groupements indépendants de marchands. Séduit par cette similitude, l'adhérent français convainc sa direction de rencontrer les dirigeants de Rona. Un dîner est organisé à Paris entre Robert Dutton, le patron de Rona, son directeur général et le président des Mousquetaires, accompagné de son secrétaire général. L'échange est informel, chacun évoque ses projets, et Robert Dutton lance qu'il réfléchit à une introduction en Bourse pour accélérer le développement. Hauts cris du côté des Mousquetaires, pour qui la Bourse est le grand méchant loup. « Il vous faudrait combien ? » s'enquiert Pierre Gourgeon, le président. « Trente millions de dollars », répond le patron de Rona. L'affaire est conclue. En décembre 1997, Intermarché prend 16 % du capital de Rona et obtient le contrôle négatif de la société. Pour les Français, il s'agit avant tout d'un investissement philosophique, presque affectif, visant à défendre leur modèle de gestion dans une société francophone qui leur ressemble. Les Québécois, eux, vont profiter de l'opération pour atteindre leurs objectifs de croissance.

En 2000, Rona rachète une chaîne de magasins en Ontario et, à cette occasion, Intermarché porte sa participation dans le groupe à 20 %. En 2001, il réinvestit à nouveau dans l'affaire québécoise, aux côtés de la Caisse de dépôt et placement et de la Société générale de financement, lorsque Rona acquiert une autre chaîne de magasins, cette fois-ci dans l'Ouest canadien. Finalement, en novembre 2002, Rona entre en Bourse et en profite dans la foulée pour avaler son principal concurrent, Reno-Dépôt. « En fait, Rona a utilisé l'argent apporté par Intermarché pour se faire plus belle avant de se présenter aux marchés financiers », résume l'avocat d'affaires Jean-Baptiste Guillot, associé du cabinet français Reinhart-Marville-Torre, qui représentait le Groupement des Mousquetaires dans cette opération. En 2003, Intermarché a revendu l'intégralité de ses parts... et plus que triplé sa mise. Le français n'a donc pas perdu au change... si ce n'est ses illusions sur la fraternité d'affaires franco-québécoise ! Grâce à l'investissement des Mousquetaires, Rona est devenu en cinq ans le n° 1 canadien de la distribution non alimentaire, avec 530 points de vente, 20 000 salariés et un chiffre d'affaires de 4 milliards de dollars canadiens. Il n'était que le n° 3 québécois en 1997 !

Au sein des réussites québécoises, la plus intrigante, pour des Français qui ont vu disparaître Pechiney en l'espace d'un an, reste celle d'Alcan. Ce groupe, longtemps contrôlé par des capitaux britanniques et dirigé par les descendants de son premier président, Arthur Vining Davis, est né en 1928 de la scission des activités internationales de l'américain Alcoa. Son siège est basé à Montréal, alors capitale économique de l'est du Canada. La première coulée d'aluminium au Québec a eu lieu en 1901, et l'aluminerie s'est développée en même temps que l'exploitation des ressources hydrauliques, principalement dans la région du Saguenay où travaille encore aujourd'hui plus de la moitié des salariés canadiens d'Alcan. Ex-division export d'Alcoa, Alcan a l'internationalisation dans ses gènes et son histoire après guerre est une succession de rachats, de l'Amérique du Nord à l'Australie en passant par l'Inde, le Japon, l'Europe et l'Amérique latine. Jusqu'à cette année 1999 où le groupe annonce un projet de fusion à trois avec le français Pechiney et le suisse Algroup (nom de code : APA). Objectif : créer le n° 1 mondial de l'aluminium et des emballages flexibles. Mais la Commission européenne ne l'entend pas de cette oreille et exige des concessions sur lesquelles le canadien et le français ne s'entendent pas. En 2000, l'accord est abandonné en ce qui concerne Pechiney, mais Alcan poursuit les discussions avec Algroup et réussit la fusion. Cette expérience le prépare parfaitement à l'opération de l'été 2003 : le canadien réussit l'intégration des activités suisses et, dans la foulée, celle d'une entreprise allemande d'emballage. De 1999 à 2002, son chiffre d'affaires est passé de 7,5 milliards à 12,5 milliards de dollars américains, sa présence s'est étendue de 30 à 42 pays, et le nombre de ses salariés a grimpé de 36 000 à 54 000. Alcan a aussi tiré les leçons de l'échec du projet APA et étudié de près les contraintes imposées par Bruxelles.

En janvier 2003, il considère que le moment est venu de relancer le projet de rapprochement avec Pechiney. Devant le refus de l'industriel français, Alcan décide de passer à l'offensive : « La planification de notre offre a sans doute été aussi efficace et aussi méthodique que celle exigée par une opération militaire d'envergure », reconnaît aujourd'hui

David McAusland[2]. Les sept membres du comité exécutif se répartissent la tâche. Trois partent en France : le P-DG Travis Engen, le vice-président aux fusions et acquisitions David McAusland, et le vice-président aux affaires publiques Daniel Gagnier. Ils travaillent dans leur chambre d'hôtel ou dans les bureaux de Publicis, leur agence conseil. Un bras droit de Travis Engen s'installe à Bruxelles. Pendant ce temps, trois autres dirigeants assurent la bonne marche de l'entreprise pour tenir les objectifs de résultats. « Nous étions prêts à ne pas réussir », raconte Daniel Gagnier. Mais rien n'a été laissé au hasard : des contacts préliminaires ont été pris avec la Commission européenne avant même le lancement de l'OPA, pour vérifier la faisabilité de la fusion. Des courriers sont adressés aux 600 élus locaux concernés par la fusion. Des rencontres informelles sont organisées avec les fédérations syndicales, les clients et les fournisseurs. La dimension culturelle est habilement exploitée pour faire ressortir les racines québécoises d'Alcan. Véritable opération commando, l'OPA d'Alcan sur Pechiney, lancée le 7 juillet 2003 pour la coquette somme de 5 milliards de dollars, est bouclée le 16 décembre de la même année : Travis Engen devient alors P-DG de Pechiney et, dès le lendemain, tous les ordinateurs du groupe sont connectés au même système informatique ! Une vingtaine de cellules de travail sont constituées, impliquant plus de cent personnes, pour mettre en œuvre l'intégration. Au printemps 2004, les plans de restructuration sont arrêtés et, à l'été, l'intégration est presque achevée. Les doublons administratifs dans les sièges sociaux sont supprimés. Les activités laminage sont regroupées dans une nouvelle entité, cotée en Bourse. Une efficacité redoutable ! Parmi les hauts dirigeants de Pechi-

---

2. Intervention au séminaire du Centre de recherche informatique de Montréal le 5 février 2004.

ney, une seule rescapée, Christel Bories, patronne des emballages. Dans les usines, on ne parle plus désormais des cousins du Québec, mais de l'ogre canadien !

« Alcan est un microcosme de la société mondiale », assure Daniel Gagnier. Son comité exécutif est parfaitement paritaire et véritablement multiculturel : deux Canadiens, deux Américaines, un Britannique et une Française. Pour autant, le groupe d'aluminium reste attaché à ses racines québécoises. Après le référendum de 1981, quand des multinationales quittent la « Belle Province », effrayées par l'éventualité de l'indépendance, Alcan consacre 40 millions de dollars à l'aménagement de son siège mondial sur la rue Sherbrooke à Montréal. En 1998, il investit 3 milliards de dollars dans la construction d'une usine de 425 000 tonnes à Alma, au Québec. En 2001, il regroupe ses services informatiques dans la région du Saguenay, à Chicoutimi, et fait grimper les effectifs de 20 à 600 salariés. En 2004, il ouvre dans cette même région une unité de produits usinés destinés à l'automobile.

Existerait-il un modèle d'affaires québécois ? « Oui, répond Paule Doré, chez CGI. L'entreprise québécoise accorde une grande confiance à l'individu et à sa créativité. Les entrepreneurs qui ont bâti les entreprises du Québec moderne aiment s'entourer d'autres entrepreneurs. » L'entreprise québécoise, vu la petite taille de son marché d'origine, est condamnée à croître, quel que soit son métier. De cette contrainte, elle a souvent fait un atout, développant une capacité à s'ouvrir sur l'extérieur, à négocier des acquisitions, sans arrogance mais avec beaucoup d'efficacité. Cette dimension se double d'une approche très décentralisée. Qu'il s'agisse de CGI ou d'Alcan, chaque unité d'affaires bénéficie d'une grande autonomie, assumant la responsabilité de ses activités – exploitation, résultats, investissements. Contrepoids à cette décentralisation, des cultures d'entreprise très solides, autour de la figure du fondateur et/ou de ses descendants et de l'ancrage territorial.

On pourrait multiplier les histoires à succès. L'une reste cependant discrète et atypique : celle de la famille Desmarais et de sa très influente société, Power Corporation. Créé en 1925 par deux financiers anglophones de Montréal pour investir dans les compagnies d'électricité naissantes, Power Corp a été repris en 1968 par Paul Desmarais, un Canadien français né en Ontario. Il a fait de cette société de gestion et de portefeuille l'un des acteurs les plus puissants de l'économie canadienne. Power Corp a bâti un groupe de services financiers pancanadien et détient le premier groupe de quotidiens francophones du Québec, avec notamment *La Presse* à Montréal et *Le Soleil* à Québec. Mais plus de la moitié des actifs de Power Corp se trouvent à l'extérieur du Canada, aux États-Unis, en Europe et en Asie. À travers la holding Pargesa, où elle est associée au financier belge Albert Frère, la famille Desmarais est ainsi actionnaire de Total, BNP-Paribas et Bertelsmann. Paul Desmarais peut se targuer de n'avoir jamais reçu le soutien financier du gouvernement québécois, contrairement aux entrepreneurs du Quebec Inc. Fédéraliste convaincu, il a toujours été plus proche d'Ottawa que de Québec. Pour Michel Kelly-Gagnon, directeur général de l'Institut économique de Montréal, Paul Desmarais incarne le seul vrai capitaliste québécois. « Le capitalisme d'État du Québec est une anomalie en Amérique du Nord », relève ce libéral convaincu. Power Corp mis à part, l'État n'a jamais été bien loin dans la réussite des entreprises québécoises, créant une communauté d'intérêts très forte entre fortunes privées et deniers publics. De la même façon, il montre le chemin en privilégiant l'innovation dans ses politiques.

UN ÉTAT QUI MISE SUR L'INNOVATION

L'innovation est, au Québec, un souci constant et partagé par tous les gouvernements qui n'ont cessé de l'encourager depuis plus de trente ans. Il y a une dizaine d'années, la province a clairement affiché ses priorités, au premier rang desquelles figuraient les technologies de l'information et les biotechnologies. Mais l'État québécois se préoccupe des sciences et des technologies depuis les années 1970. En 1971, un comité ministériel des politiques scientifiques a été chargé de définir une politique scientifique pour le Québec et, un peu plus tard, en 1972, le Conseil de la politique scientifique (CPS) a vu le jour. À cette époque, la province cherche à combler son retard par rapport au reste du Canada. En 1970, alors qu'elle représente 30 % de la population canadienne, elle n'accueille que 10 % des investissements en recherche et développement du pays ! Il faut attendre 1998 pour que le gouvernement se dote d'un ministère de la Science et de la Recherche, aujourd'hui disparu et fondu dans un grand ministère du Développement économique et régional et de la Recherche. Peu importe, jamais le Québec n'a baissé la garde sur ce sujet jugé fondamental. En trente ans, la province a accompli un formidable saut en avant, dépassant souvent le Canada et la moyenne des pays de l'OCDE pour ce qui concerne la dépense intérieure en recherche et développement, le niveau d'études de sa population – il se décerne plus de diplômes par habitant au Québec qu'aux États-Unis et en France –, la performance des jeunes aux examens de mathématiques et de science, le pourcentage de chercheurs dans la main-d'œuvre totale et le dynamisme des entreprises de hautes technologies.

Dans les années 1970, le CPS a d'abord dressé un état des lieux qui a conduit le Québec à se doter des premiers laboratoires gouvernementaux et de programmes dédiés. L'État québécois cherche alors à susciter l'innovation en finançant des infrastructures et des projets de recherche. Au début des années 1980, le gouvernement péquiste de René Lévesque élabore une véritable stratégie. Elle est énoncée en 1982 dans un document intitulé « Le virage technologique », qui fera date. Il met l'accent sur la nécessité de diffuser la technologie auprès des entreprises, de soutenir la recherche scientifique, de faire circuler l'information et d'assurer une veille technologique. Dans la foulée, des fonds sont créés pour subventionner la recherche dans des secteurs-clés, et des structures sont mises sur pied pour faciliter la concertation et le transfert de technologies entre universités et entreprises. Le CPS est transformé en Conseil de la science et de la technologie (CST). Son rôle est tout à fait original : il rend des avis, mais peut s'autosaisir. Il transmet régulièrement et obligatoirement un rapport de conjoncture qui fait le point sur l'état et les besoins de la recherche et de la technologie. Ses membres sont issus à la fois de l'industrie, de l'enseignement supérieur et de l'administration, mais ils siègent à titre personnel et recourent à des experts extérieurs, ce qui garantit l'indépendance des travaux. Né en 1983, le CST perdure aujourd'hui, alimentant les réflexions sur les politiques futures et conseillant les différents gouvernements.

C'est également dans les années 1980 que le Québec adopte une fiscalité particulièrement favorable aux entreprises actives en recherche et développement. Plusieurs fois bonifié et adapté, ce régime a permis à la province de dépasser le Canada en part du PIB consacrée à la R & D (2,7 %

contre 2 % en 2001). Basé essentiellement sur des crédits d'impôt, il a joué un rôle très fortement incitatif. Grâce à ce système, une entreprise peut réaliser deux fois plus de R & D pour le même montant investi. Selon le ministère des Finances, de 1988 à 1998, les montants annuels accordés en crédits d'impôt R & D ont plus que triplé, jusqu'à 325 millions de dollars, et ont bénéficié à près de 4 000 entreprises. Ce dispositif très généreux est complété par le congé fiscal de cinq ans pour les chercheurs et experts étrangers. Résultat : le Québec offre aux investisseurs les encouragements à la recherche-développement les plus avantageux en Amérique du Nord, auquel s'ajoute le taux d'imposition des sociétés le plus bas au Canada !

Le gouvernement fédéral ayant initié au milieu des années 1990 une vaste politique pour relancer l'effort national de recherche, le gouvernement provincial s'est largement associé à ces programmes. La Fondation canadienne pour l'innovation propose de financer sur concours des projets d'infrastructures à hauteur de 40 % ? Le Québec offre d'étudier en amont les dossiers et d'apporter un financement équivalent (40 % du montant). Du coup, les candidats n'ont plus qu'à trouver 20 % de leur budget. Le Québec est ainsi la seule province canadienne dotée d'un processus décisionnel en amont des décisions de la FCI. La méthode a fait ses preuves. Québec a reçu, en 2004, plus du quart des investissements consentis dans l'ensemble du Canada, alors que le Québec compte pour 23,7 % de la population canadienne et 21 % du produit intérieur brut canadien. Chaque année, le gouvernement investit plusieurs dizaines de millions de dollars pour soutenir des dizaines de projets, qu'il s'agisse de la modernisation ou de la création d'infrastructures de recherche dans les universités, hôpitaux, collèges de toute la province. En 2001, le Québec s'est donné de nouvelles ambitions, avec la « politique québécoise de la science et de l'innovation », un an avant que le gouvernement fédéral lance sa « stratégie de l'innovation du Canada ».

Dans les années 1990, porté par la vague Internet, le gouvernement a aussi stimulé le développement des nouvelles technologies de l'information et du multimédia, notamment par un système de subvention à l'embauche dans ces secteurs – jusqu'à 40 % des charges et ce sur cinq ou dix ans – et par la mise à disposition d'infrastructures propices à la recherche, aux échanges et au démarrage d'entreprises. Ce sont les sites dédiés, comme la cité de la biotech à Laval, la cité du multimédia à Montréal ou encore la cité de l'optique à Québec. Toute entreprise venant s'installer dans ces lieux bénéficiait d'aides particulières. Mais l'élection, au printemps 2003, d'un nouveau gouvernement, libéral, a donné un coup de frein à ces aides. Plus aucune nouvelle subvention n'est accordée dans les technologies de l'information et le commerce électronique. Seules les biotechnologies ont échappé à ces restrictions. Il n'empêche : le secteur des logiciels s'est démarqué sur les marchés internationaux par des percées dans des créneaux spécialisés, comme le multilingue, avec Alis Technologies, ou le e-commerce, avec Mannequin virtuel, tandis que Montréal s'est imposé comme l'une des capitales mondiales du jeu vidéo. La société française Ubisoft y emploie plus de salariés (800) qu'en France (500). La moitié de ses productions sont réalisées dans la ville québécoise, qui est aussi un centre d'excellence pour tester les jeux.

Ces entreprises doivent maintenant convaincre l'État qu'elles méritent encore son soutien ! Elles peuvent aussi s'appuyer sur un important réseau de capital-risque. Aux initiatives originales, venues des syndicats, comme le Fonds de solidarité de la FTQ ou des coopératives, comme Desjardins Capital de risque, se sont ajoutées toute une série de structures publiques : la Société générale de financement et ses douze filiales, Investissement Québec et ses filiales pour soutenir l'investissement étranger, les Innovatech pour encourager l'investissement dans les territoires... Au total pas moins de vingt structures ! Selon le rapport Brunet, publié en décembre 2003, le gouvernement y a investi plus de 3,6 milliards de dollars entre 1993 et 2002, dont près de 80 % entre 1998 et 2002. Sur la base de ce rapport, le nouveau gouvernement entend faire plus de place au secteur privé. À plusieurs reprises, le ministre du Développement économique et régional, Michel Audet, a rappelé que les deux tiers des investissements en capital-risque au Québec ont un caractère public, alors que des fonds privés pourraient prendre le relais. Selon lui, malgré l'intervention massive de l'État et la grande générosité des mesures fiscales, le Québec n'a pas réussi au cours des dix dernières années à infléchir la tendance à une sorte de sous-investissement du secteur privé. Plutôt que d'entretenir un régime généralisé de subventions, le gouvernement veut donc favoriser l'investissement privé et, pour cela, mettre sur pied des sociétés mixtes de capital-risque. « Notre objectif est d'accroître la disponibilité du capital de risque pour les entreprises, pas de la restreindre, assure Michel Audet. Nous voulons prendre appui sur le secteur privé, pas prendre sa place. » Le rapport Brunet propose notamment la création d'un fonds mixte privé-public, spécialisé dans les hautes technologies, et de fonds mixtes publics-privés en région, pour financer des projets de petite taille. Le gouvernement y contribuerait à hauteur de deux dollars pour un dollar investi par le secteur privé. Autant dire que, même sous le règne libéral, le désengagement de l'État québécois n'est pas pour demain ! D'ailleurs, le ministre chargé du dossier ne cesse de répéter que le gouvernement, par ses sociétés d'État, ses dispositifs fiscaux et ses programmes, va demeurer un acteur dynamique dans le financement des entreprises et dans l'innovation. « La recherche et l'innovation sont des moteurs importants de la performance dans les économies qui s'appuient sur le savoir. La productivité et la survie des entreprises passent par l'innovation, martèle Michel Audet. C'est la seule voie de succès dans un contexte de mondialisation[3]. » L'actuel gouvernement s'est d'ailleurs fixé un objectif ambitieux : porter à 3 % du produit intérieur brut l'effort du Québec en recherche-développement d'ici à 2008, pour rejoindre la moyenne des pays du G7. Il est actuellement de 2,5 % contre 1,8 % pour le Canada et 2,2 % pour la France.

Les sciences et technologies sont donc, avec l'éducation, l'une des priorités constantes et absolues de tous les gouvernements québécois, quelle que soit leur couleur politique. La province dispose de quarante-huit collèges d'enseignement général et professionnel (postsecondaire), sept universités dont quatre francophones, et plusieurs grandes écoles dont certaines – HEC Montréal, Polytechnique – n'ont pas à rougir de la comparaison avec leurs homonymes françaises. L'innovation bénéficie d'un réseau de quarante-trois centres de recherche publics qui relèvent des gouvernements provincial et fédéral, et parfois d'une association industrielle. Les campus des universités de Montréal sont aujourd'hui de vastes chantiers accueillant la construction de nouveaux pavillons, pour recevoir des équipements flambant neufs et des équipes de chercheurs réputés, attirés par un pays où l'innovation est aussi bien valorisée.

---

3. 3,9 % sur dix ans au 31 mai 2004. Source : Fonds de la FTQ.

Des syndicats qui investissent dans les entreprises

« Est-il possible que des syndicalistes se transforment en investisseurs ? » La question a taraudé les syndicalistes français de la CGT, de FO et de la CFDT, au point de les inciter à faire le voyage au Québec pour découvrir cet objet syndical étrange, le fonds de solidarité créé par la Fédération des travailleurs et travailleuses du Québec (FTQ), premier syndicat québécois avec plus d'un demi-million d'adhérents. À l'époque, Nicole Notat, la présidente de la CFDT, en était revenue admirative.

Le fonds de solidarité de la FTQ a fêté ses vingt ans en 2004. Il compte aujourd'hui 555 000 actionnaires, tous salariés et, pour une bonne majorité d'entre eux, syndiqués. Pour 45 % de ses souscripteurs, il représente leur premier compte épargne-retraite. Et 15 % de la population active du Québec a investi dans ce fonds ! Celui-ci participe au capital de quelque 2 150 entreprises québécoises et peut se targuer d'avoir contribué à créer ou maintenir plus de 95 000 emplois. Son actif net a dépassé les 5,2 milliards de dollars en mai 2004. C'est bien moins que les 140 milliards de la Caisse de dépôt et placement, mais plus que les 2 milliards de la SGF, autre grande société publique. Le Fonds de solidarité est un acteur économique incontournable dans la province : présent sur tout le territoire grâce à ses dix-sept fonds régionaux et quatre-vingt-six fonds locaux, actifs dans de multiples secteurs à travers une quarantaine de fonds spécialisés – agroalimentaire et foresterie, biotechnologies, environnement, aéronautique, informatique, hautes technologies –, il est devenu indispensable. Il le doit d'abord à un homme, Louis Laberge, président de la FTQ de 1964 à 1991, disparu en 2002. Son buste trône dans le hall d'entrée du complexe bâti à Montréal, à deux pas de l'auto-route métropolitaine. Surmonté d'une de ses citations célèbres : « À force d'être utile, on devient nécessaire, et à force d'être nécessaire, on devient indispensable. »

Le Fonds de solidarité représente à lui seul 40 % du capital de développement sous gestion au Québec. Il est concurrencé par Desjardins, la SGF, la Banque de développement du Canada, mais reste le plus gros investisseur. Ses prises de participation se font à 70 % dans l'industrie traditionnelle. Historiquement, c'est le secteur le plus créateur d'emplois par million de dollars investi. Le Fonds est ainsi actionnaire d'entreprises spécialisées dans l'exploitation minière, les planchers de bois, les produits de la mer, ou encore les transports. Conçu à l'origine pour apporter des capitaux aux PME en difficulté, il a vu sa mission s'élargir au fil des ans : soutien à la modernisation, à la restructuration ou encore au lancement de nouvelles entreprises. Son plus grand succès reste une entreprise de biotechnologie, BioChem Pharma, inventeur du 3TC, l'un des médicaments de la trithérapie contre le sida. Le Fonds occupe aujourd'hui une place essentielle dans le financement des sciences de la vie au Québec : il est au capital de 40 % des entreprises de ce secteur !

Le Fonds a conféré à la FTQ une grande crédibilité. D'abord décrié par les autres syndicats, il a été rejoint en 1996 par la Centrale de l'enseignement du Québec et copié la même année par la Confédération des syndicats nationaux (CSN), le deuxième syndicat québécois, qui a lancé FondAction. Le Fonds a aussi été dupliqué dans d'autres provinces canadiennes – Ontario, Colombie-Britannique, Manitoba. Mais son succès n'a jamais été égalé. Un triple succès même. Économique : en vingt ans, de 1984 à 2004, il n'a connu que deux années de rendement négatif (2002 et 2003) et il a offert à ses actionnaires un rendement annuel moyen de 5 %, selon Pierre Genest, l'actuel P-DG. L'exercice 2004 a même été un très bon cru, avec un rendement de 5,2 %. Social : « Issu d'une centrale syndicale, porteur d'une mission économique, le Fonds a changé le visage du syndicalisme au Québec », explique Benoît Lévesque, professeur de sociologie économique à l'Uqam. Il a ouvert la voie à une coopération entre syndicat et patronat, qui n'exclut pas le conflit mais sort de la confrontation pure et dure. Succès politique enfin : les salariés qui préparent leur retraite et les patrons qui ouvrent leur capital au Fonds participent ensemble au développement économique du Québec.

Comment ce petit miracle a-t-il pu se produire ? Une fois de plus, la volonté de survie et le pragmatisme ont fait leur œuvre. Au début des années 1980, le Québec connaît une récession majeure, la plus grave depuis la crise de 1929 : faillites, fermeture d'usines, mises à pied, le chômage touche 15 % de la population active tandis que les taux d'intérêt grimpent et atteignent des sommets inégalés de 20 %. L'économie québécoise vacille, deux ans à peine après l'arrivée au pouvoir du leader souverainiste René Lévesque et du Parti québécois, aux engagements trempés dans la social-démocratie. « Plutôt que de prononcer des discours incantatoires dénonçant le capitalisme et réclamant le plein emploi, la FTQ a décidé d'agir », raconte Fernand Daoust, secrétaire général de la FTQ lors du lancement du Fonds et président du conseil d'administration du Fonds jusqu'en 1996. Avec sa voix douce, ses lunettes et sa barbe blanche, on a du mal à imaginer cet homme aux allures de grand-père bonhomme dans la lutte syndicale. Et pourtant, il a joué un rôle de premier plan aux côtés de Louis Laberge pour la création de cette structure inédite.

En pleine crise économique, la FTQ se rend à l'évidence : les PME québécoises manquent cruellement de capitaux. Souvent récentes, elles sont trop dépendantes des emprunts bancaires. Au bord de la faillite, certaines font appel aux travailleurs pour qu'ils investissent leurs économies dans l'outil de production. Les dirigeants syndicaux y voient un grand danger pour les salariés, celui de perdre à la fois leur emploi et leur épargne. Louis Laberge témoigne alors d'une audace visionnaire. Au sommet économique de Québec, organisé par le gouvernement en 1982, il propose de créer un « fonds pour l'emploi » : il s'agirait de recueillir l'épargne volontaire des travailleurs pour investir dans les PME créatrices d'emplois. L'idée n'allait pas de soi, loin de là. « Dans les années 1970, Louis Laberge voulait casser le système », rappelle Jean-François Lisée. « Les débats internes ont été intenses, se souvient Fernand Daoust, mandaté par Louis Laberge pour plancher avec une petite équipe sur le projet. Le rôle d'un syndicat n'est-il pas plutôt de lutter pour de meilleures conditions de travail et de meilleurs salaires ? » Mais la FTQ, du fait de son organisation nord-américaine, regroupe des syndicats implantés au cœur des entreprises : « Nous avons les deux pieds bien enracinés dans l'entreprise, souligne Fernand Daoust. Nous négocions au niveau de chacune, nous connaissons bien les enjeux, les difficultés. La santé économique de l'entreprise nous a toujours préoccupés : la qualité et la pérennité des emplois en découlent. » La FTQ, qui défend la souveraineté et a appelé à voter pour le Parti québécois en 1976, est soucieuse de la survie économique du Québec. Ce n'est pas « l'économie capitaliste » qu'il s'agit de sauver, mais bien « notre économie ». Proche du parti au pouvoir, elle obtient son soutien. Un soutien indispensable : pour convaincre les travailleurs, les « gagne-petit », d'investir dans ce fonds, il fallait offrir des incitations fortes. Le gouvernement accorde un avantage fiscal tel que si le salarié débourse 300 dollars, cela revient pour lui à placer 1 000 dollars, gelés jusqu'à sa retraite. C'est le cadeau de naissance du PQ au nouveau bébé de la FTQ... et une des clés de son succès.

En 1983, une loi établit le Fonds de solidarité des travailleurs du Québec. Ouvert à tous les épargnants, il est alimenté par des cotisations volontaires sous forme de fonds de retraite individuels. En contrepartie d'un généreux crédit d'impôt, le plafond d'investissement maximum est fixé à 5 000 dollars et les modalités de retrait sont assez strictes. De son côté, le Fonds doit remplir certaines obligations : il doit investir au moins 40 % de son actif dans des placements sécuritaires, les 60 % restants pouvant être consacrés au capital de risque. Chaque investissement est limité à 100 millions de dollars, mais ce seuil pourrait bientôt tomber à 50 millions, pour éviter de nouveaux désastres financiers comme celui de la Gaspesia[4]. Le Fonds ne prend jamais de participation majoritaire dans les entreprises (la participation cible varie de 10 à 40 %) et se définit comme du « capital patient » : il reste cinq à dix ans dans les entreprises. Depuis 1997, il peut intervenir à l'étranger à condition que chaque dollar investi ait une retombée au moins équivalente au Québec. Le modèle est tout bénéfice pour les salariés, qui se constituent à peu de frais une épargne-retraite. Mais l'État en profite aussi. Selon les calculs, il récupère en moins de trois ans l'équivalent de la valeur des crédits d'impôt consentis aux actionnaires du Fonds à travers la fiscalité liée à l'activité économique générée par les investissements du Fonds.

---

4. Projet de développement d'une usine de papiers qui a tourné au fiasco.

En 1984, la première campagne de collecte du Fonds est lancée. Le patronat est sceptique, les autres syndicats crient carrément à la trahison. Pour la CSN, le Fonds de la FTQ dénature les finalités du syndicalisme. Mais Louis Laberge a du charisme et sa force de conviction fait merveille : les salariés souscrivent. Le président de la FTQ a réussi le tour de force de concilier deux causes : celle, collective, de l'emploi et celle, individuelle, de l'épargne. Pour recueillir l'argent auprès des travailleurs, le Fonds s'appuie sur une véritable armée de volontaires, tous syndiqués, présents sur le terrain, dans les usines et les bureaux. Ils font la promotion du Fonds et encouragent leurs collègues à souscrire de manière indolore, par une retenue sur le salaire. Ces « responsables locaux » sont aujourd'hui presque 2 200 et forment un véritable réseau de courtiers bénévoles !

Ce n'est pas la seule des innovations du Fonds. Car la FTQ, d'accord pour capitaliser les PME, a aussi posé ses conditions, au premier rang desquelles la formation des travailleurs à la gestion économique. Toute entreprise dans laquelle le Fonds investit s'engage à verser 40 dollars par an et par salarié pour alimenter le budget de la Fondation de la formation économique. C'est une condition préalable à tout apport en capital. Pour la FTQ, il s'agit de faire de ses membres, et plus largement des travailleurs, des interlocuteurs avertis et responsables. La formation est dispensée par des salariés du syndicat. En 2004, 2 800 salariés en ont profité. Ils apprennent à déchiffrer le bilan financier de leur propre entreprise. Le patron doit donc jouer le jeu de la transparence, ouvrir ses livres, et même répondre aux questions. Une pratique originale qu'il a fallu « vendre » à la fois aux entreprises, réticentes, et aux conseillers financiers du Fonds. Car une fois l'outil créé, la FTQ a recruté des spécialistes de l'investissement et des placements : ce n'était pas aux syndicalistes de gérer l'argent recueilli. Autant dire qu'au départ, ces professionnels n'étaient guère favorables à l'obligation de formation, une pratique propre à rebuter les entreprises.

Mais l'exigence de la FTQ a porté ses fruits et même transformé sa propre approche des réalités : peu à peu, le syndicalisme a changé de visage, passant d'un réflexe d'opposition à une culture de proposition, voire de coconstruction, tandis que le patronat a appris à pratiquer l'ouverture et la confiance envers le personnel et les syndicats. Le tiers des entreprises dont le Fonds est actionnaire a bénéficié de cette formation sur deux jours pour leurs salariés. Une fois le pas franchi, les patrons, conquis, en redemandent. À l'image du président de RD Tech, leader mondial de l'examen des fissures dans le métal : « Après avoir résisté pendant quelques années, il a voulu que tous ses employés en profitent, tant cette formation avait contribué à faire évoluer les mentalités », raconte Pierre Genest. Aujourd'hui, des entreprises sollicitent le Fonds d'abord pour cette raison : « Initialement, c'est pour la formation économique que j'ai courtisé le Fonds, et non pour l'argent, reconnaît Yvon Fortier, le P-DG des entreprises Maska-Laforo, un fabricant de poulies en métal. Parce que, à partir du moment où les employés comprennent bien les objectifs de l'entreprise, nous pouvons travailler main dans la main à son succès. C'est toute une différence ! »

Autre préalable à chaque investissement du Fonds : le bilan social de l'entreprise, effectué par un professionnel de la FTQ. Il vient s'ajouter à l'évaluation financière et fait partie intégrante du dossier de sélection. Il s'agit d'examiner le comportement de l'entreprise vis-à-vis des normes sociales et environnementales, le style de gestion, le climat et les conditions de travail, tout autant que la qualité des relations entre employeur et employés. En revanche, la syndicalisation ne figure pas au nombre des critères d'investissement ! Certains points jugés insatisfaisants peuvent donner lieu à négociation pour pousser l'entreprise à s'améliorer avant l'entrée du Fonds au capital. De l'aveu même des chargés d'investissement, ce bilan social est devenu au fil des ans un élément indispensable pour mieux apprécier la viabilité de l'entreprise. Il est loin d'être une formalité et la vigilance reste de mise une fois le partenariat conclu : à l'automne 2003, le Fonds a décidé de se retirer de l'entreprise de vêtements de sport Gildan dont il était actionnaire depuis 1996. Motif : le fabricant s'était opposé à la syndicalisation de ses ouvriers dans une usine du Honduras. Le Fonds démontre ainsi qu'il est un actionnaire très impliqué, soucieux du développement à long terme des entreprises partenaires, mais exigeant sur le respect de certaines valeurs. Contrairement aux sociétés de capital-risque classiques, il ne cherche pas le rendement le plus haut, mais plutôt le plus régulier. En quelque sorte, il a fait de l'investissement socialement responsable avant l'heure.

Le Fonds de solidarité est juridiquement indépendant de la FTQ mais les deux organisations sont très imbriquées. Près de la moitié des actionnaires du Fonds sont adhérents de la FTQ. La formation économique et le bilan social sont assurés par des membres du syndicat. La collecte de l'épargne repose sur des responsables locaux de la FTQ. Sur dix-sept sièges au conseil d'administration du Fonds, la FTQ en détient dix. Elle pèse donc de tout son poids sur la nomination du P-DG du Fonds et sur la stratégie d'investissement. Néanmoins, la ligne de démarcation subsiste entre le Fonds, actionnaire d'entreprises, et sa maison mère. « Quand le Fonds investit dans une entreprise, il n'est en aucun cas la courroie de transmission du syndicat vers la direction, assure Fernand Daoust. Une entreprise accueillant le Fonds dans son tour de table ne doit pas croire qu'elle achète la paix sociale. Un conflit peut survenir même si le Fonds est actionnaire. » D'ailleurs, le Fonds n'investit pas uniquement dans des entreprises syndiquées. Preuve en est son engagement dans les nouvelles technologies, où il a soutenu de nombreuses start-up, en multimédia ou bio-pharmaceutique.

Cette politique audacieuse, à l'heure de l'euphorie de l'Internet, lui a d'ailleurs valu ses premiers déboires, sur fond de crise de croissance. La belle invention de la FTQ a grandi très vite, la machine s'est emballée : elle a recueilli auprès des épargnants jusqu'à 875 millions de dollars en 2001-2002, alors que sa capacité annuelle d'investissement dans l'économie québécoise serait de 300 à 400 millions de dollars, 500 millions au plus, selon son actuel président. Du coup, le Fonds s'est trouvé entraîné dans une course à l'investissement, au risque de surévaluer les rendements et les coûts d'entrée dans certaines entreprises ou certains secteurs. Il a également pris de plein fouet l'éclatement de la bulle technologique en 2001 : un tiers de son actif était investi dans les nouvelles technologies et un tiers dans des PME cotées qui ont subi une perte de valeur plus forte que l'ensemble des indices. Résultat, il a connu sa première restructuration depuis sa création... et ses premiers licenciements. Nettoyage dans le portefeuille des participations (200 millions de dollars de désinvestissement de 2002 à 2004), spécialisation des équipes par secteur, autolimitation des montants investis à 350 millions de dollars par an, renforcement des critères de sélection en portant une attention croissante à la qualité et à la diversité des équipes de direction, une nouvelle rigueur s'est imposée. « Pour bien réussir, c'est au Fonds d'aller chercher les entreprises, et non l'inverse, estime Pierre Genest, P-DG depuis janvier 2002, artisan de la restructuration. Or, les entreprises avaient pris l'habitude de venir voir le Fonds quand elles affrontaient des difficultés. » Pierre Genest lui-même en avait fait l'expérience lorsqu'il dirigeait la SSQ, une société d'assurance-vie : pour la sauver de la faillite, il avait lui-même sollicité le Fonds et d'autres institutions financières québécoises. « Le Fonds avait été le plus réactif ! », reconnaît-il.

Aujourd'hui, le Fonds a retrouvé les moyens de ses ambitions. Il a collecté 555 millions de dollars en 2004 et table sur une souscription de 700 millions en 2005 ! Son président voudrait bien participer à la consolidation des entreprises québécoises et favoriser des regroupements pour créer de nouveaux champions nationaux, à l'image des Bombardier et autres Quebecor, capables d'affronter la compétition mondiale. « Nos PME sont condamnées à la croissance ou à l'extinction », estime Pierre Genest. Sans diminuer son soutien aux petites entreprises, il cherche aussi à investir dans des entreprises de taille plus importante pour les accompagner dans leur croissance, à l'occasion du rachat d'un concurrent ou du développement d'un nouveau produit. Il négocie avec le gouvernement le droit d'investir jusqu'à 5 % de ces actifs dans ce sens.

Forte de sa spécificité québécoise, la FTQ a osé affronter le choc des cultures, entre logique syndicale et logique financière. Avec le Fonds de solidarité, elle a créé un outil soumis à de fortes tensions. Les discussions sont animées, les divergences fréquentes, les intérêts s'opposent. « Au lieu d'être paralysantes, ces tensions sont créatrices », observe Benoît Lévesque. Elles ont permis d'inventer une nouvelle forme de gouvernance qui explique en partie les succès économiques du Québec. « Une partie de l'énergie syndicale est canalisée dans l'entreprenariat, et cela contribue à la capacité de concertation entre patronat et syndicat », analyse de son côté Jean-François Lisée. Le désir de trouver un terrain d'entente l'emporte sur la volonté de défendre à tout prix son point de vue.

UNE ÉCONOMIE SOCIALE DYNAMIQUE

Cette capacité à réunir des acteurs traditionnellement opposés trouve une autre belle illustration dans l'économie sociale. Tradition vieille de cent quarante ans au Québec, elle a connu un renouvellement exemplaire ces dix dernières années. L'économie sociale a d'abord été celle des coopératives : la loi permettant aux producteurs, notamment agricoles, de se regrouper dans une entreprise collective existe depuis 1865 ! Aujourd'hui, le premier employeur privé du Québec est une coopérative financière : le Mouvement Desjardins. Il compte quelque 36 000 salariés au service de ses 5,5 millions de membres. « L'approche collective, à travers la coopération, est apparue dans la première moitié du XXᵉ siècle comme le seul moyen de développer une économie francophone face à la domination anglophone », rappelle Benoît Lévesque.

C'était une approche ancrée dans le monde rural, conservatrice et antiétatiste. Quand Alphonse Desjardins fonde la première caisse populaire, le 6 décembre 1900, à Lévis, sur la rive sud du Saint-Laurent, face à Québec, son idée est simple : il veut offrir aux plus pauvres un moyen d'épargner et d'emprunter. Il est convaincu que l'État ne peut répondre aux problèmes économiques et sociaux des petites gens, pour la plupart des Canadiens français. À ses yeux, la lutte contre le capital n'est pas une solution, car le capital est indispensable au développement. Il se propose donc d'organiser le crédit populaire à partir de l'épargne populaire pour libérer les paysans et les ouvriers francophones de la pression des usuriers et les aider à développer leurs propres activités économiques. « Ce dont je rêve, écrivait Alphonse Desjardins en 1911, c'est d'un régime économique couvrant tous nos groupements français. La caisse n'est qu'un prélude. » Ancien journaliste devenu sténographe à la chambre des communes à Ottawa, il a échangé deux ans durant avec des correspondants européens pour étudier la structure coopérative. Mais, contrairement au modèle européen, Alphonse Desjardins veut associer épargne et crédit. À l'époque, il faut payer 5 dollars – le revenu hebdomadaire moyen d'un ouvrier – pour acquérir une part sociale et devenir membre de la caisse locale. Un siècle plus tard, le montant de la part sociale n'a pas changé ! Objectif : garantir l'accès de l'institution à tous, quel que soit le profil du client. Aujourd'hui, 70 % des Québécois sont membres d'une caisse Desjardins ! L'actif du Mouvement atteint 100 milliards de dollars. Un patrimoine collectif inaliénable puisque la structure coopérative empêche toute OPA.

Les caisses Desjardins ont été le reflet de la société québécoise et de son évolution. Elles ont d'abord incarné la philosophie sociale de l'Église, en jouant sur la solidarité rurale. Desjardins s'était en effet tourné vers le clergé, pour cautionner son projet. « Toutes les caisses étaient situées face à l'église ou au presbytère », rappelle la députée Louise Harel. Elles portent encore très souvent le nom des paroisses auxquelles elles étaient rattachées. Concentrées initialement sur le crédit productif, elles se diversifient après guerre dans les assurances générales et l'assurance-vie. Au début des années 1960, elles s'ouvrent au crédit à la consommation. Jusqu'à la fin des années 1970, la démarche sociale l'emporte sur la logique économique. La croissance des caisses est fulgurante, mais leur faible capitalisation les fragilise. L'une des grandes spécificités de Desjardins, c'est en effet la fameuse ristourne : en fin d'année, chaque caisse reverse à ses membres une partie de ses excédents sous forme de ristourne sur le coût des prêts. Elle est calculée au prorata du volume d'activité de chaque membre avec sa caisse. Mais pour ristourner sans risque, il faut disposer d'un capital solide. Or, pour éviter l'impôt sur les excédents, les caisses privilégient la ristourne au détriment des réserves.

Au début des années 1980, un énorme travail de restructuration est donc engagé pour consolider l'ensemble. Réduction des coûts, limitation des risques, harmonisation du système informatique, Desjardins a compris que la meilleure garantie de son indépendance était sa rentabilité financière. À la fin des années 1990, nouvelle pression sur le modèle coopératif : l'industrie des services financiers devient de plus en plus compétitive, les réseaux de distribution se diversifient, il faut optimiser le service au client pour rester dans la course. Le groupe se lance alors dans une refonte complète de son organisation commerciale. Il automatise au maximum les opérations courantes, quitte à réduire drastiquement les heures d'ouverture de ses agences, il renforce le conseil aux membres et place la vente au cœur de sa stratégie. C'est une petite révolution pour le Mouvement, plus habitué à répondre aux demandes du client qu'à prendre les devants pour lui offrir des services. « Ce fut un virage douloureux, analyse Jean-François Lisée, mais aujourd'hui, un nouvel équilibre est atteint. » Car dans le même temps, Desjardins n'a pas renoncé à la « distinction coopérative ». Il l'a même réaffirmé en 1998, en énumérant ses principes fondamentaux. Participation à la propriété, au pouvoir, partage des résultats, engagement dans le milieu, promotion des valeurs coopératives, entraide entre caisses, pratiques commerciales transparentes et non restrictives, gestion prudente et rigoureuse. N'importe quel client, même en difficulté financière, est accepté par le réseau. À chaque sociétaire une voix et leurs élus sont au cœur du processus de décision. De ces signes distinctifs, Desjardins a décidé de faire un atout concurrentiel. Sa vocation sociale lui a évité les grandes débâcles, car le Mouvement n'a jamais investi dans l'immobilier ni dans les très grandes entreprises. Sa clientèle est essentiellement composée de particuliers et de PME. Aujourd'hui, plus de 85 % des caisses offrent la fameuse ristourne, et en 2001, 2002 et 2003, elles ont versé plus de la moitié de leurs excédents à leurs membres.

Fidèle à son engagement originel, « l'argent au service du développement humain », le Mouvement Desjardins n'a jamais eu peur d'évoluer, sous la férule de ses membres, à la fois propriétaires et clients, intéressés à la fois à une meilleure performance et au meilleur service possible de leur Caisse. En 1999, le congrès, qui se réunit tous les trois à cinq ans, a décidé, pour plus d'efficacité, de doter le Mouvement d'un organe central. Ainsi est née la Fédération des caisses Desjardins du Québec qui regroupe toutes les activités communes de support (sécurité financière, gestion de trésorerie, émission de cartes de crédit, transport de fonds, etc.). Mais elle dépend de l'organisation démocratique du réseau coopératif. Alors qu'en France, certaines banques coopératives ou mutualistes rêvent de devenir des entreprises comme les autres, le Mouvement Desjardins cultive toujours sa différence. À tel point qu'il est devenu pour la Fédération nationale des caisses d'épargne un cas d'école et une source d'inspiration. Pour les économistes de la FNCE, le Mouvement Desjardins est véritablement remarquable par son efficacité commerciale, sa performance financière et sa bonne gouvernance. Première institution financière du Québec, sixième au Canada, Desjardins affiche en effet des résultats tout à fait rassurants pour ses membres : 13,8 % de rendement en 2003 quand la n° 1 canadienne, la Royale, annonçait 16,2 %. En 2002, Desjardins a même fait mieux que le leader : 15,6 % contre 15,1 %, affichant ainsi la meilleure performance de toutes les banques canadiennes ! En plus d'un siècle d'existence, le Mouvement n'a jamais enregistré de résultat négatif. Pour Alban d'Amour, son président, « Desjardins ne vise pas la rentabilité maximale mais une rentabilité optimale et une productivité maximale ». « Il assure une double mission, renchérit Benoît Lévesque, rentabilité et intérêt général. »

Parallèlement à la croissance du Mouvement Desjardins, la coopération non financière a également pris un poids considérable dans l'économie québécoise, notamment dans le secteur agricole avec les coopératives de production. Aujourd'hui encore, 80 % de la production agricole québécoise a recours à la mise en marché collective. La Coopérative fédérée de Québec figure parmi les dix premiers employeurs privés de la province. Agropur, leader de la transformation alimentaire, est aussi une coopérative. Aujourd'hui, les coopératives, financières et non financières, représentent près de 80 000 emplois et réalisent 16 milliards de dollars de chiffre d'affaires annuel ! Elles sont regroupées depuis 1940 dans le Conseil de la coopération, fondé par le père Georges-Henri Lévesque. Là encore, l'influence de l'Église a été déterminante. Mais avec la Révolution tranquille, l'État est apparu comme le principal levier pour moderniser l'économie, le modèle des entreprises publiques s'est imposé, les coopératives ont perdu de leur importance en même temps que l'Église perdait de son influence sur l'organisation économique et sociale de la province.

Dix ans après la mise en place de l'État providence, la crise d'octobre 1970 voit le Québec secoué par le terrorisme ;

la province se trouve régie par des mesures de guerre pendant plusieurs semaines. Ce choc conduit à la remise en question de la toute puissance de l'État et de ses interventions centralisées. Émergent alors des mouvements dits communautaires, très ancrés dans le tissu local. Ils reprennent les solidarités antérieures, débarrassées du joug de l'Église. Malgré le développement de l'État québécois, les initiatives citoyennes ne se sont en fait jamais relâchées. Déconfessionnalisées, elles ont connu un regain de dynamisme, portées par des approches plus progressistes, en phase avec la société moderne : mouvements féministes, écologiques, de jeunesse, culturels, de quartier, ils ont formé le terreau de la nouvelle économie sociale.

Installée dans une ancienne caisse populaire Desjardins, au cœur du quartier Hochelaga-Maisonneuve, à l'est de Montréal, le bastion ouvrier et francophone de la métropole, Nancy Neamtan, une brune dans la cinquantaine énergique, en est l'âme. C'est une pionnière de l'économie sociale. Avec moins d'une quinzaine de salariés, elle anime depuis 1996 le Chantier de l'économie sociale, une structure unique au monde, d'abord créée pour deux ans, permanente depuis 1999. Le Chantier rassemble tous les acteurs de l'économie sociale, son conseil d'administration compte une trentaine de membres. C'est à la fois un lieu de représentation, de concertation... et souvent de contradictions : « L'économie sociale recouvre des acteurs très divers, reconnaît Nancy Neamtan, et les intérêts peuvent s'opposer entre une coopérative forestière et un mouvement environnemental. » Tout l'art de la chose consiste à miser sur les points de convergence plutôt que de s'attarder sur les divergences : « On n'est pas obligé d'être d'accord idéologiquement sur tout pour commencer à travailler ensemble », remarque judicieusement cette femme très pragmatique.

L'économie sociale québécoise réussit ainsi la prouesse de sortir du face-à-face antagoniste capital-travail.

De la même façon qu'en 1983 une profonde crise économique avait donné naissance au Fonds de solidarité de la FTQ, au début des années 1990, une nouvelle crise oblige le Québec à repenser ses modèles. En 1996, à l'initiative du gouvernement péquiste, le sommet sur l'emploi et l'économie réunit autour de la même table patrons, syndicats et, c'est une première, responsables de mouvements locaux ou communautaires. Face au problème crucial du chômage, ce sommet reconnaît le rôle de l'économie sociale. L'État et l'entreprise privée ne peuvent être les seuls acteurs du développement. Et il ne peut y avoir de développement économique sans développement social. Un plan d'action « Osons la solidarité » est lancé avec un objectif ambitieux : créer 25 000 emplois en cinq ans. Pour ces promoteurs, il est essentiel d'assurer la capitalisation de ces entreprises d'un nouveau genre. « Il faut investir dans des projets économiquement viables et socialement rentables », proclame Nancy Neamtan. Un outil financier, le Réseau d'investissement social du Québec (Risq), est créé, alimenté pour moitié par l'État et pour moitié par des fonds privés. Un comité pour la formation de la main-d'œuvre est mis sur pied, de même qu'un réseau de recherche avec l'appui d'universitaires.

À travers ce plan et la création du Chantier, l'économie sociale s'est en quelque sorte institutionnalisée et imposée comme un nouvel acteur. Cela n'a pas été sans crainte, les uns voyant là une concurrence nouvelle et déloyale pour le secteur privé, les autres une occasion trop facile pour l'État de se décharger de certaines missions. Craintes que Nancy Neamtan balaie d'un revers de main : « Nous allons vers une économie plurielle où différents modes de production coexistent. Au Québec, l'hydroélectricité relève du secteur public, la construction de routes et d'avions du secteur privé, et les centres de la petite enfance de l'économie sociale. » Coopératives de solidarité, mutuelles, organismes à but non lucratif, « l'économie sociale a pris le relais du public et du privé pour assurer un certain nombre de services de proximité, comme le logement, l'aide à domicile, le recyclage », confirme Benoît Lévesque. Quatre ans après le lancement du plan « Osons la solidarité », un millier d'entreprises étaient nées et 15 000 emplois créés !

À travers le Chantier, Nancy Neamtan a construit une sorte de réseau de réseaux, en nouant des partenariats. Avec les chercheurs pour l'analyse, avec le milieu financier pour l'investissement (Risq), avec les employeurs pour la formation de la main-d'œuvre. Elle a ainsi milité pour amener les entreprises sociales à recourir à d'autres instruments financiers que les subventions. Le Chantier, financé en grande partie par le gouvernement du Québec, a aussi développé ses propres revenus – un tiers du budget – en vendant ses conseils jusqu'au Canada anglais, ou ses services par exemple, aux instigateurs de la Tohu. Le projet de la Tohu est, à bien des égards, exemplaire de l'économie sociale. À Saint-Michel, un quartier défavorisé de Montréal où s'était déjà installé le siège social du Cirque du Soleil, est née l'idée de créer une Cité des arts du cirque, qui serait à la fois un pôle culturel pour le Québec et un outil de développement économique et social local.

Lancé en 1999, le projet est d'abord initié par le Cirque du Soleil et l'École nationale du cirque pour doter Montréal d'équipements dignes d'une capitale internationale du cirque. Il s'enrichit rapidement d'un volet environnemental, pour réhabiliter les terrains d'un ancien dépotoir à proximité et en faire une vitrine des techniques les plus innovantes de « réparation » de site. À terme, un parc urbain s'étendra sur les 192 hectares occupés autrefois par une carrière, puis par des déchets. Enfin, il prend une dimension communautaire. Avec ses installations, et notamment une salle circulaire de 800 places, unique structure permanente dédiée aux numéros de cirque en Amérique du Nord, la Tohu dote le quartier Saint-Michel de son premier lieu culturel. Tous les employés de la Tohu en contact avec la clientèle ont été recrutés parmi les jeunes du quartier. Quand la salle n'accueille pas de représentations de cirque, elle fait office de maison de la culture. Son inauguration, en août 2004, a donné lieu à une grande fête populaire sur le modèle des « Fallas » de Valence, en Espagne, où les habitants fabriquent des marionnettes géantes qui sont brûlées à l'issue d'un défilé.

À sa manière, la Tohu marche sur les pas de la première grande réussite de l'économie sociale québécoise. C'était à la fin des années 1980, à Pointe-Saint-Charles, dans le sud-ouest de Montréal, avec la création de Reso auquel Nancy Neamtan a activement participé. Il s'agissait de revitaliser un quartier de 70 000 habitants, menacé par la désindustrialisation et la misère. Mouvements locaux, syndicats et entreprises avaient travaillé ensemble et imposé leur projet aux élus, finalement conquis. Quinze ans après, l'enjeu dans ce quartier n'est plus de combattre la pauvreté mais de gérer la croissance. Logements et entreprises ont fleuri sur d'anciennes friches. « Malgré toutes nos différences, nous sommes d'accord sur une chose au Québec : nous occuper nous-mêmes de nos affaires », assure Nancy Neamtan. La collégialité prévaut sur la concurrence. Toujours cette impérieuse nécessité de solidarité !

« L'économie sociale répond à la fois à l'échec du système financier traditionnel, de l'État providence centralisé, et aux aspirations nouvelles des citoyens », analyse Benoît Lévesque. Elle annonce une économie plurielle capable de mobiliser une grande variété de ressources, financières ou non, privées et publiques, syndicales, patronales et associatives. Pour Nancy Neamtan, quelles que soient les alternances politiques, « le développement de l'économie sociale au Québec est irréversible. Ce mouvement a toujours existé, le Chantier lui a redonné du dynamisme et, après avoir été soutenu par le gouvernement provincial, il a été reconnu par l'échelon fédéral. En dix ans, l'économie sociale est devenue un mouvement identitaire très fort ». À tel point que la présidente du Chantier donne des conférences de Porto Alegre à Bruxelles. Bien sûr, l'un de ses grands défis reste la collaboration avec le mouvement coopératif. Hélène Simard, présidente du Conseil de la coopération, elle-même issue du développement communautaire, reconnaît volontiers que l'économie sociale apporte au monde coopératif un nouveau souffle. Encore faut-il relier les deux.

Le Mouvement Desjardins offre une passerelle idéale. Sa culture de la proximité, son implication sur le terrain en font un partenaire très légitime des initiatives locales. « Des opportunités invisibles de loin sont flagrantes de près, explique Benoît Lévesque. Dans une entreprise associative ou coopérative, le risque est très réduit si l'association est forte. Mais cela ne se lit pas dans le bilan. Seule une proximité forte permet de l'identifier et donc de rentabiliser des investissements qu'une institution financière centralisée ne saurait repérer. » Le meilleur exemple en est la Caisse solidaire, caisse du Mouvement Desjardins spécialisée dans l'économie sociale, sans doute la plus rentable du groupe.

Le Mouvement est naturellement devenu un partenaire clé de l'économie sociale. Selon certaines estimations, il en assure, par ses différentes branches, 80 % du financement.

Il compte six fonds d'investissement régionaux, dispose d'une filiale, Capital régional et coopératif Desjardins, pour financer les entreprises coopératives et plus de la moitié des caisses ont créé des fonds d'aide au milieu. « Le Mouvement Desjardins représente un bel exemple d'économie sociale, déclarait d'ailleurs en 1999 Nancy Neamtan au journal montréalais *L'Édition*. Personne ne peut venir au Québec et acheter Desjardins. Cette institution appartiendra toujours aux Québécois. Une des différences fondamentales, c'est qu'il s'agit d'un fonds de propriété, d'une coopérative. L'économie sociale possède la particularité de répondre à des besoins collectifs. »

Grâce à ces institutions financières résolument ancrées sur le territoire – le Fonds de solidarité de la FTQ et ses multiples fonds régionaux, le Mouvement Desjardins et ses 600 caisses –, le Québec s'est protégé des excès de la financiarisation de l'économie sans jamais renoncer à l'initiative individuelle ou citoyenne. « Ce qui donne un supplément d'âme à ces institutions, c'est leur volonté de garder une économie francophone au Québec », analyse Benoît Lévesque. Cet objectif rempli, les ambitions dépassent les frontières de la province. Ainsi, c'est fort de sa dimension mutualiste que le Mouvement Desjardins envisage sa croissance future avec l'ambition de devenir la première coopérative financière pancanadienne.

CONCLUSION

Les leçons québécoises

À l'heure du village global, le Québec nous montre la voie. Pays menacé dans son identité, il a choisi d'adopter une attitude offensive, de se lancer à la conquête du monde sans arrogance ni retenue, mais avec persévérance. Les Québécois ont compris que, pour être diffusée, la culture devait être aussi populaire, sans que cela nuise à la qualité. Ils savent que leur langue est un trésor en danger et que son affaiblissement aurait des conséquences dramatiques sur leur culture, et donc leur existence. En inventant des mots, ils continuent à faire vivre leur différence. Ils ont saisi l'opportunité des nouvelles technologies pour bousculer les frontières. Ils ont accepté d'amender le capitalisme sans jamais le rejeter, de se mettre au diapason de la mondialisation sans renoncer à leurs exigences sociales, comme l'égalité et la solidarité. Depuis 1960, le Québec s'invente de nouvelles formes d'organisation. Il a su bâtir une société moderne où il fait bon vivre malgré les contradictions, une société ouverte où chacun contribue à définir l'identité, en acceptant qu'elle soit en devenir. Avec l'alternance politique de 2003, il s'est lancé dans une redéfinition de son propre modèle, non sans difficultés mais sans heurts majeurs. Après une première vague de décisions brutales, la concertation a repris ses droits : chassez le naturel, il revient au galop ! Les Québécois pourraient bien encore nous étonner : rendre l'État plus performant et la mondialisation plus humaine semble à leur portée. Il est à parier qu'ils nous donneront alors une nouvelle leçon d'efficacité.

À se poser sans cesse la question de leur existence collective, les Québécois ont pour l'instant réussi à maintenir la cohésion de leur société. Au-delà des enjeux politiciens et de l'affrontement récurrent entre indépendantistes et fédéralistes, le discours politique y affirme en permanence des valeurs que personne n'oserait remettre en question. Il a créé des consensus forts sur des sujets essentiels : l'immigration, la langue, la culture. Dans ces domaines, les stratégies se suivent et se ressemblent... Une leçon de continuité politique pour les dirigeants français.

Depuis sa fondation, le Québec n'a jamais été une puissance, ni politique ni économique, il a dû apprendre à toujours tenir compte de l'autre, le colonisateur français, puis anglais, les autres provinces, le pouvoir fédéral, le voisin américain. Aujourd'hui, pour le Québec, il n'y a pas de petits ou de grands pays, il n'y a que des partenaires, tantôt Régions – Rhône-Alpes et Aquitaine en France, Catalogne en Espagne, Bavière en Allemagne –, tantôt pays – quand les premiers ministres québécois et français partent ensemble en mission commerciale au Mexique –, tantôt institutions internationales – l'Unesco, la francophonie. Peu importe la taille, seule compte l'ingéniosité : choisir le bon partenaire au bon moment pour faire avancer et partager sa cause. Une belle leçon d'humilité.

Bien avant la France, le Québec a fait l'expérience de l'appartenance à un grand ensemble politique. Depuis plus de deux cents ans, il vit au sein de la fédération canadienne, il est passé maître dans l'art de la négociation entre deux niveaux de gouvernement et de la conciliation d'intérêts divergents. La France, ex-grande puissance, n'est plus aujourd'hui qu'un pays parmi les 25 de l'Union européenne élargie. Sa langue et sa culture y sont minoritaires. Certes, la Commission européenne a pour l'instant adopté vingt et une langues de travail, mais il n'est un mystère pour personne que l'anglais est en train de devenir la *lingua franca* de l'Europe. Et cela préoccupe davantage les Québécois que les Français... Que nous impose aujourd'hui la construction de ces grands ensembles tels que l'Union européenne ou la Zone de libre-échange des Amériques ? Non pas le repli, mais la lucidité : être capable de faire valoir sa différence dans le respect de l'autre. De se rassembler et de vivre ensemble sans forcément se ressembler.

Le Québec, province canadienne, membre de la francophonie et de l'Alena, jongle avec ses identités multiples, les additionne sans vouloir vraiment choisir l'une plus que l'autre. Avec raison sans doute. Il a inventé une sorte de droit à la différence collective, qui ne s'incarne pas dans un État souverain mais dans une expression populaire. Irréductibles, les Québécois le sont pour le plus grand bonheur des Canadiens, des Français, des Américains et de tous ceux à qui ils ne ressemblent pas et ne ressembleront jamais. Ils nous disent que la modernité est dans la diversité.

Repères bibliographiques

Beaunoyer Jean, *Dans les coulisses du Cirque du Soleil*, Éditions Québec-Amérique, 2004.

Freed Josh, *Vive le Québec Freed*, Éditions Boréal, Montréal, 1996.

Godbout Jacques, *Les Têtes à Papineau*, Éditions du Seuil, 1981.

Grescoe Taras, *Sacré Blues, portrait iconoclaste du Québec*, VLB Éditeur, 2002.

Helly Denise, *Le Québec face à la pluralité culturelle. 1977-1994, un bilan documentaire des politiques*, Les Presses de l'Université Laval, 1996.

Lacasse Roger, *Bombardier, le rêve d'un inventeur*, Éditions Libre Expression, 1988.

Lamonde Yvan, *Allégeances et dépendances, l'histoire d'une ambivalence identitaire*, Éditions Nota Bene, 2001.

Legaré Anne, *Le Québec otage de ses alliés, les relations du Québec avec la France et les États-Unis*, VLB Éditeur, 2002.

Plourde Michel (sous la direction de), *Le Français au Québec, 400 ans d'histoire et de vie*, Conseil supérieur de la langue française, Éditions Fides, mai 2003.

Séguin Philippe, *Plus Français que moi, tu meurs ! France,*

Québec, des idées fausses à l'espérance partagée, Éditions Albin Michel, 2000.

Venne Michel (sous la direction de), *L'Annuaire du Québec 2004,* Éditions Fides, novembre 2003.

Québec, guides Gallimard, 1995.

Québec, guide de voyage, Éditions Ulysse, 1996.

Le Fonds de solidarité, un cas exemplaire de gouvernance, CRISES, 2000.

REMERCIEMENTS

La rédaction de ce livre n'aurait pas été possible sans la disponibilité, l'appui et les apports de nombreuses personnes, rencontrées tant en France qu'au Québec. Je tiens à les remercier chaleureusement, en particulier :

Suzanne Ethier, Louise Roy, Suzanne Sauvage, Raymond Bachand, André Coupet et Georges Poirier pour leurs précieux conseils.

Merci à tous ceux qui ont accepté de me consacrer du temps pour me parler de « leur » Québec ; ils sont les acteurs et personnages de ce livre qui a pris vie grâce à eux. Ils sont trop nombreux pour que je les cite ici, mais ils se reconnaîtront au fil des pages.

Merci à tous les amis français installés au Québec qui m'ont fait partager leur aventure québécoise et m'ont accueillie là-bas.

Merci aux équipes de la Délégation générale du Québec à Paris pour leur aide, notamment Clément Duhaime, le Délégué général, Robert Trudel, directeur des communications et des affaires publiques et Nathalie Heneman, chef des services de presse.

Merci à Nicole Lion et Georges Poirier pour leur relecture très attentive.

Merci au directeur de collection, Yannick Le Bourdonnec, pour sa confiance, son soutien et son suivi à la fois exigeant et bienveillant.

Enfin, ce livre n'aurait jamais vu le jour si, en juin 1992, je ne m'étais pas envolée pour le Québec grâce à un programme de l'Office franco-québécois pour la jeunesse...

Table des matières

CET OUVRAGE COMPOSÉ
EN GARAMOND C. 13 A ÉTÉ
RÉALISÉ PAR GRAPHIC HAINAUT
À CONDÉ-SUR-L'ESCAUT (NORD)
ET ACHEVÉ D'IMPRIMER SUR ROTO-PAGE
EN JANVIER 2005
PAR L'IMPRIMERIE FLOCH
À MAYENNE

DÉPÔT LÉGAL : FÉVRIER 2005
N° D'ÉDITION : 0089
N° D'IMPRESSION : 62028

IMPRIMÉ EN FRANCE

ISBN 2-84545-094-X